消滅する契約法

契約の時代におけるコモンローの危機

Vanishing Contract Law: Common Law in the Age of Contracts

キャサリン・ミッチェル　著
山口裕博　訳

尚学社

日本語版の読者に向けて

このような形で『消滅する契約法』の日本語訳を出版したい旨を山口教授から頂いて驚くとともに嬉しくも思いました。本書はイギリス契約法の観点から書いたものですので、その内容が本書の主たる関心事であるコモンロー・システムの外で共感を得るとは考えもしませんでしたが、すべての法システムは、現代の契約化された社会はどのように規制されるべきであるか、私たちは法の諸原則およびそれらを適用することを任としている裁判官から何を欲するのかに取り組まなければなりません。私は、本書で提起したこれらの争点に対するイギリス法のアプローチへの窓が慧眼を得ておりかつ価値あるものであることを望んでおりますとともに、本書を日本の皆さんと共有する機会を与えてくださった山口教授に感謝申し上げます。

キャサリン・ミッチェル

序文

契約は現代社会において強力な道具である。契約により私たちは、新しい能力と可能性、すなわち地位を変更しかつ以前には存在していなかった権利および義務を創設する一つの方法を付与される。私たちの最も重要な関係は、任意に引き受けられ、同意に基づきかつ法的に強行可能な義務により創設され、構成化され、もしくはそれらを構成要素としている。契約は、私たちの日常的用途の多くを満たすだけでなく、私たちの生活に意味を与える大きな企画や計画を遂行する手段でもある。契約規範は私たちの生活に浸透しており、私たちが象徴的表現およびイメージと触れ合う機会は横溢している。すなわち、値段交渉と握手、細かな印刷と署名、約束と履行、約束と制約である。契約の装飾はあまりにありふれているので、私たちは契約自体の意義を見過ごしがちなのであり、とりわけ多くの現代的契約活動がオンライン環境において自動化された方法を通じてなされる場合にはことさらである。私たちのほとんどが契約に対して浮動的な態度を示しており、私たちが欲しいものを得ようとすると必然的に大目に見ざるを得ないのであるが、そのことは、社会において契約規範が次第に優勢になっているだけでなく、広く行き渡っているのにほとんど私たちの目をすり抜けていることを意味している。

そうしたことはまた、契約法に注目することを怠っているように思われる。イギリス契約法は、契約責任の土台となるとともにそれが機能する見えざる骨組みを提供するのである。しかしながら、私たちの契約を監視する一般的な契約法の役割は消滅点に近づいている。社会の契約化を背景にして、本書は現代契約を規律する際のイギリス契約法の役割を検討する。その観察により以下のことが明らかとなる。すなわち、私たちの生活において契約の役割が拡大したにもかかわらず、裁判所により適用されて発展させられる契約法の一般的諸原則は性質上ますますフォーマルでかつミニマリズム的なものとなり、悪評紛々たる古典的契約モデルの教えへと立ち戻るのである。契約法はこれまで何回も、死んだ、もしくは瀕死の状態であるとされているが、契約自体はハツラツとしていて元気であって、伝統的な契約法の規制を（あまり）受けていないことは明らかである。本書では契約法の収縮を考察し、その結果を導き出し、さらにコモンローの復活について、もしあればその可能性を査定していく。契約に過度に依存している社会において契約法という制度が著しく弱体化していることは、契約法に代わり得る他の規制形態が多数存在しており、一つの問題であるとは見なされていないかもしれない。しかし私は、それは何が問題化を確認して取り組むべき意味を有していると信じている。契約法に関心のあるすべての者がそこに何らかの価値を見出すことを期待している。

謝辞

私は二〇一九年以降、断続的に本書の調査および執筆を行い、その過程でさまざまな助力を賜ることになった。私が最初に感謝申し上げたいのは、リーバーヒューム財団（Leverhulme Trust）である。私は幸運にも同財団から特別研究員フェローシップを与えられたので、二〇一九年から二〇二〇年に本書のプロジェクトを遂行するためバーミンガム・ロースクール（ＢＬＳ）での授業義務を一年間免除された。ＢＬＳで私の代わりを務めてくれたシンダ・オバジ（Synda Obaji）に感謝申し上げたい。ハワード・ソパー（Haward Soper）は優れた調査助手を務めてくれ、彼の形式的契約はずっと前に終了したにもかかわらず継続してくれた（教訓とすべきである）。私はまた、ロジャー・ブラウンズワード（Roger Brownsword）、ヒュー・コリンズ（Hugh Collins）およびクリスティアン・トゥィグ＝フレスナー（Christian Twigg-Flesner）にも謝意を申し上げたい。シーナ・ロベルトソン（Sheena Robertson）は、右記フェローシップの管理を手伝ってくれた。バーミンガム大学芸術・法学部は同特別研究員フェローシップの直前に研究休暇を与えてくれたので、研究を開始するのに役立った。ＢＬＳにおいて私は、キャサリン・メーザー（Katharina Möser）、ロレイン・タルボット（Lorraine Talbot）、リチャード・ヤング（Richard Young）および同ロースクールの規制とガバナンス研究グループのメンバーに謝意を捧げるものであり、彼らはランチタイム・セミナーにおいて本研究の最初のアイデアを自分たちのものとするとともに、いくつかの有益な意見を示してくれた。私は二〇一九年二月にダブリンシティ大学においてロナン・コンダン（Rónán Condon）の主催する最上級生向けセミナーに講師として招かれたのであり、そこでの参加者にも同様に謝意を申し上げたい。二〇一九年九月、セントラル・ランカシャー大学における法学者協会会議で私が基調講演を行った契約、商事および消費者部門に出席した、契約における学術面でのパートナーにも感謝したい。フィノーラ・オサリバン（Finola O'Sullivan）、マリアン・ニィルド（Marianne Nield）およびケンブリッジ大学出版局における多数の匿名査読者にも感謝申し上げます。本書における誤りおよび不十分なところはすべて私の責任である。

本書の大部分は新型コロナウイルス感染症禍の真っただ中で執筆された。その前例のない時期の間に提示された様々な挑戦を目の当たりにして、私の度重なる電話を無視することなくまた一つ悩み事を減らしてくれたトム（Tom）に感謝したい。最後に、ロックダウン中および生涯の私の伴侶であるアレックス（Alex）の支援と励ましがなければ、このプロジェクトを完成させるまでにたどり着くことはなかったであろう。私は愛と感謝を込めて本書を彼に捧げる。

目次

※訳文中の［　］は、訳者による注記・補足を表す。

消滅する契約法——契約の時代におけるコモンローの危機

第一章　消滅する契約法

一・一　はじめに

私たちは「様々な地位の時代」[1]に生きているといえるが、また私たちは契約の時代に存在していることは明白である。契約は社会組織を支える規範的構成の主要なものの一つである。私たちにとって非常に重要な関係の多くは、任意に引き受けられた、合意によりかつ強行可能な義務により、創設され、構造化されるかもしくは構成されている。そのため、契約法は契約化された経済および社会において重要な役割を営んでいると思われるかもしれない。[2]ある意味では、これは正しいといえる。契約法は理論上、契約過程の様々な側面を支配している。すなわち、どのようにして私たちは契約に拘束されるか、どのようにして私たちは契約が課す債務から合法的に免れることができるか、何が契約上の債務の中身となりまたなりえないのかについてであり、かくして、契約は市場が機能する主軸なのである。[3]しかし、もう一つ別の重要な意味において、契約法、とりわけ裁判所が創設したコモンローは消滅の途をたどっている。契約法は、私たちの契約経験の実態から加速度的に遊離している。恐らくは直観とは逆に、二〇世紀後半以降の社会における契約および私的な規律化の進展により、再び活性化したコモンローが出現することにはならなかった。むしろコモンローは、合意を一般的に規制する役割を果たすものとしてはそうした領域からほぼ完全に撤退し、要約されたフォーマルな古典的法契約モデルを彷彿とさせるものへと立ち返り、その主たる目的は契約の明示条項を強行することであるとして、合意には無効とする要因がないとの結論を導き出すプロセスを提供することになった。(4) 契約および契約のプロセスを裁判所が審理する場合には、そうしたものはほとんどの場合コモンローの個人主義的な契約規範に反していないと判示されるのである。もっとも、フォーマルな契約はその構造として、最も単純な取引であっても任意性と同意というリベラルな契約理念を具現化しないことは珍しくないが。契約自由と契約の神聖性は、契約的言質の基本的となるDNAとして再び自らの存在を誇示している。それは、主として商事契約者を視野に入れた契約モデルである。

特定の見方をすれば、契約法の弱体化という展望は回避できず、それ自体気づかれてなく、また必ずしも契約に限定されるものではないように思われる。(5) 契約に関するコモンローは補充されかつ修正されており、(6) その内容は、契約法理の具体的領域もしくは一定種類の契約関係に関する立法により完全に廃棄されている。(7) 契約を細分化すること、および消費者保護や被用者に認められる雇用上の権利のような領域を規律する個別的な規範や規制領域を創設することから、契約法の一般原則がしばらくの間は関連性を保持していくかについての疑念を生じている。(8) 個人の法的権利関係を確認して正当化することは、市場全体を調整することを目指す現代版の規制強行システムにより周縁に追いやられている。非法規範、例えば名誉の保護を図ることは、多くの契約者に今なお重大事であり、合意通りの履行を行う強力な誘因を提供している。(9) 契約法はまた、紛争解決における現代的な流れのからも圧力を受けている。個々人はインフォーマルな手段を通じての紛争解決を求めることができる。例えば、サプライヤーまたは当該産業の支配者が指示する紛争解決手続に従うかもしくは紛争解決を促進する役割を担った専門家組織に未解決の争点を委ねることが多くなるのである。表出する法的な主張は、オンライン上での速やかな紛争解決を約束する電子プラットフォームを通して処理できる。[10]さらにまた、訴訟および事実審理手続が制限されることや高額な費用を必要としてアクセスが容易ではない裁判システムに関しては構造的な問題が存在する。契約法は商事契約を監視する際には伝統的役割を復帰させたのであるが、商事領域における契約管理については法に代替する手段が多数存在している。独立した企業間の取引に関する複雑な経済活動形態においては、契約に関するコモンロー上の諸準則は、当事者が別異の定めをしていない限り、ほぼデフォルトである。[11]コモンローの停滞状態は、市場における新しい取引形態の出現によりさらに増幅され、国家の司法制度の網を潜り抜けることに特化して開発された新しい技術により促進されるものと思われる。この問題について分析する何人かのコメンテーターの見解とは逆に、こうした変化はコモンローを転換させる所与の前提とは限らないのである。[12]

契約法が古典的スタイルのモデルへ回帰することは、一定のクラスに属する商事契約者以外のすべての人に由来する裁判所が創設した契約諸準則への需要が減退状態にあることに対する、自然で避けることができない反応かもしれない。しかしそれは私たちの契約生活の大部分を効果的な法的精査と挑戦から隔離するので、問題を発生させる反応である。現代社会では、社会的組織の主要な一構造としての契約の増殖により契約規範は見逃すことができないレベルで軽視される例がいたるところに転がっており、その結果として裁判所および裁判官から効果的な反応を得ることはほとんどない。オンライン上でショッピングをしている顧客は、購入するかもしくは「同意」と記された囲いをクリックするだけで小売商の標準的販売条件に合意したものと見なされることは、そのほとんどの部分が私たちの契約法の帰結である。同様にドライバーは、公共の駐車場に乗り入れて車を駐車させる行為により、規定時間を超えて停留すると罰金の支払いに合意したものと推定される。被用者が使用者に対する性的ハラスメントの主張を引っ込める場合、和解条件の一つとして公開しない旨の合意に署名することを要求される。隠密かつ惰性による契約上の約束を後押しする官僚的で計画的な契約モデルを合法化することについて、コモンローは疑わしい遺物を後世に残すことになった[13]。しかし、コモンローが基底的な政策問題と密接な関わりを有していることは、こうした文脈、とりわけ両当事者間に経済的不平等が存在すると指摘できる場面ではほとんどない。契約自由の原則が機能することを制限するのは、国会の役割であって、裁判所ではない[14]。その結果として、自治、個人主義および客観主義という古典的な法の知的お荷物がコモンローにおいて君臨することになり、私たちの契約の理解を捻じ曲げるとともに、契約正義、および集団的行為ならびに責任に基礎付けられた代替的な基準を排斥するのである[15]。

契約活動の中の大部分のものは、効果的な法的精査もしくは支配を超えたところで行われていることは重要問題ではないのであろうか。また裁判官は、契約判決における価値判断を通してコモンローが縮減することにどの程度まで力を貸しているのであろうか。とどのつまり、こうした問題は単一の問題へと煮詰まることになる。すなわち契約が、根底において不動の法的諸原則を欠いている私たちの最も重要な関係のいくつかについて、それを組織化し、構成しかつ理解するための主要な社会制度として第一位の地位を占めているとすると、何が問題であろうか。契約による私的秩序付けに過度に依存している社会において、バラバラにされたかもしくは消滅途上にある契約法がどのような意味を有するかを問うのは時期を逸しているように思われる。以下の章において、私たちは契約法が、契約活動の一般的な監督者としての役割をどのようにして放棄し、限定的な範囲で適用される希釈されたモデルの方を採用したのかを解明する。契約法に取って代わったものは何かを検討する。最終的には、契約がそこ彼処にある時代においてコモンローが衰退することの意味すること、およびコモンローが復活する可能性があるかについて考察する。

本章の残りの部分においては、本書のより広いテーマが提示され、本書の残余部の情報を示す最初の議論が紹介されるとともに、一定範囲の予備的争点のいくつかを扱う。はじめに本書ではイギリス契約法が扱われることに留意されなければならない。その体系は概ね教義的である。すなわち、裁判官の発言は基礎となっている様々な価値を額面通り正確に表現しているものと見做され、その結果、判例法はコモンローの動向を示す主たる証拠として当然視されるのである。しかしながら現実的なものは、コモンローは契約規制の全体を表現するものではなく、多くの側面で他の形態の契約統治に置き換えられているとされている。こうした現実的認識を念頭に置いているので、本書は過度に私法理論を論じるものではない。恐らくその理由は、何らかの統一的理論によって粉々になった契約領域を説明し正当化するのは困難だからである。とはいえ、いくつかの理論（とりわけ法の経済分析）が影響力を保持していることは、現代の契約行為に影響を及ぼすいくつかの喫緊の政策的争点からコモンローを解放する問題に貢献しているのである。加えて、本書の著者にとっては長い間、広い意味での関係的契約理論だけが多様な考察および契約ならびにその規制に影響力を及ぼす力の獲得に近づいているのが真相であるといえるように思われる。そのため、この理論の諸側面については、考察することが特に関連性を有する場合には言及されることになる。

一・二　縮小する契約法

本書での主張の一つは、契約法、とりわけ裁判官の手になるそれは範囲および意義を縮小させていることである。この縮小の主張は、契約法の変化の傾向を検討する**第二章**および**第三章**においてさらに十分に考察される。かいつまんで述べると、その主張の中身は契約判例における近時の形式主義的価値観の復活により契約法は貧弱なものとなり、契約規制の一般的な道具としては不適切になっているということである。一見するとこの主張は支持できないように見える。第一に、裁判所に提起される契約事件数は減少していないように思われる。上級審裁判所は、契約法の重要な領域に関して近年いくつもの判決を下している。すなわち、契約の成立[16]、違法性[17]、救済方法と違約金[18]、契約の解釈[19]、黙示条項[20]、コンシダレーション[21]および一般に用いられる契約条項の法的妥当性[22]の領域である。関係的契約の概念は下級審裁判所において発展させられたもので、ある文脈では、利己的で敵対的な商取引という古典的契約法モデルを修正しようとする。[23] こうした例は、契約コモンローが依然として意義を有しかつ活力にあふれていることを示していると見なされるであろう。しかしながら、縮小の議論に反論するには、裁判所が契約事件において相変わらず影響力を保持していることを示すだけでは不十分である。さらに問題なのは、判決から導き出される準則の種類であり、それに加えて判決が契約規制にどの程度の貢献をしたかである。関係的契約という特別類型を展開する試みも、古典的契約法が停滞状態にあることを何ら示すものではない。ひいき目に見ても、関係的契約法学は例外的であり、取引に合った利益および当事者自治の遵守を約束する、増殖するばかりのフォーマルローに囲まれた飛び地なのである。[24] 上級審裁判所はその発展には黙したままであり、関係論者の痕跡が見受けられる法理の発展にははっきりとした支持を表明していない。[25]

二つ目の最初の批判は、本書は契約に関するコモンロー上の諸準則が果たしている機能を誤解しているとするものである。そうした準則の狙いとする目的は、法的助言へのアクセスが容易である複雑な市場において活躍している熟達した商事契約者間の契約を機能させることである。[26] 不誠実な行為で最悪のものをコントロールするいくつかの基本的法準則を別とすれば、契約法が果たす役割は、市場を規制することではなく、自己規制を容易にすることにある。かくして、契約法における古典的価値の復活は、縮減の証拠ではなく、諸準則が資する経済団体の利益と契約法との当然な調整のそれである。コモンローは、取引の文脈における私的秩序化（private ordering）を強行する最初の役割に立ち返り、コモンローが憲法上も制度的にも絶えず実行できないままでいる仕事である、交換活動における公益の確定と保護に対する責任を、制定法および行政規則に委ねている。[27] コモンローが二〇世紀後半において試みた取引力不均衡の特質を有する合意を規制しようとすることは、今や幸いにも放棄された異常事態であった。

こうした一連の議論に対しては直ちに三つの返答を示すことができる。第一にそうした議論は、取引志向的契約モデルを下支えする契約自由および当事者自治の有する諸価値が、実際には安定的でも時間の経過により不変でもなく、偶発的で評価の分かれる、より広範囲の政治的動向をどのように反映するかを曖昧にする。[28] またその議論は、契約法の発展は価値中立的であるとしており、古典的契約法モデルが契約に関する特定の見解とどれほど符合しているかを隠蔽し、他のタイプの契約が契約法に影響しているのは承認されているのに、それを過少評価している。コモンローは生来単一の途をたどるものではなく、そのことについては実質的に同一のジレンマに直面した場合、イギリス法とは別の途を選択した他のコモンロー圏を精査すれば夥しい数の証拠が示される。[29] 事実、こうしたコモンローの特性は、イギリス法において代わりとなる関係的契約法学の発展に本腰を入れていないことにも反映されているのである。

第二にそうした議論は、自己満足に過ぎない。現代の契約法は一世紀前もしくはそれ以前に契約法に要求されたような仕事を行う必要がないことは事実である。専門家の規制領域は、かつては契約法および裁判が主要なコントロール形態であったと思われる領域に侵入してきている。[30] しかしそれでもそうした役割を果たしている一般契約法は少なからず存在している。この中には、古典的契約法に関連付けられた具体的な契約類型には容易に適合しそうにない関係、例えばフランチャイズ、サプライチェーン、ジョイントベンチャー、および販売代理店を規制すること、および消費者保護を最優先目的とする法律により利益を得ない中小企業保護を図る発展途上のものが含まれている。コモンローはまた、広範囲でかつ往々にして予想もできない程多様な契約のシナリオにおいて、直接関係する権利および準則の主たる源ともなりうるのである。アーノルド対ブリトン事件（*Arnold v. Britton*）は、コモンロー以外の別のまとまった法規範が適用されない非商事契約（休暇用別荘の賃貸借契約）の良い一例である。[31] 同様にパーキングアイ対ビービス事件（*ParkingEye v. Beavis*）[32] は、規制を行う制定法がしばしば狭く解釈適用されることから、コモンロー上の諸準則を前提とする一般的な契約シナリオを示している。アルゴリズム的契約からの落とし物はさらなるコモンローの最先端を示すことになるかもしれない。[33] 憂慮すべきは、通常のビジネスの場において相対的に穏当な形で機能しているように思われ、しかもその法的意味合いが固定している契約条項が、異なった契約環境においてはいとも簡単により狡猾な効果をもたらすために配備されてしまうことである。例えば、営業秘密を保護する使用者と被用者間の守秘義務関係（confidentiality）条項と、不正行為を隠蔽する目的の情報不開示合意（non-disclosure agreement）条項とを比較してみてもらいたい。ある状況において展開された諸準則が、別の場面において重要な法的考慮を伴わずにそのままの形で適用されるべきとする可能性があるのは理不尽である。しかし、契約法の現代的傾向は、契約条項を支持しようとするあまり契約の文脈を避け、こうした二つのシナリオをいとも簡単に省略してしまうのである。

第三に、さらに実務的ではあるが、立法および行政規則がコモンローを完全に余計なものとすることはほとんどない。契約を規律する法は往々にし、法律の諸規定、特定の規制領域およびコモンローにおける様々な準則が不恰好につぎはぎされたものである。[34] こうした異なる源が一緒になっていることを考えると、それらから一貫した、包括的なもしくは規範的に魅力ある法状況が生み出される保証は何ら存在しない。このことは、コモンローが減衰していることの根拠を確かなものとするかもしれない（なぜ立法および行政規則の上に裁判官が創った諸規範を据えることで争点をいたずらに複雑なものとするのか）。しかしむしろ、規制による負荷が大き過ぎるという問題は、単一の問題に対応する目的の立法および行政規則に影響を及ぼしている。立法が首尾一貫している必要はまったくないのに、コモンローにおける一貫性は重要な制約である。[35] 単純で、広く適用可能な諸原則は、コモンローから生み出される類のものであり、法領域を統一化する手助けをし、一つの状況において最適な基底的諸価値を類似した状況に適用可能なものとすることができる。裁判所が下す判決は、規制制度下においてコモンロー上の権利もしくは救済方法を与えるかについて有権的判断をするところまで権限が及ばない規制者を必要とするかもしれない。加えて契約の明示条項は、有効化もしくは保護的効果を伴う立法措置の影響を逆転させるかもしくは弱体化しようとすることがしばしばある。[36] 法律の規定の周辺において契約当事者が契約を締結する能力に対する諸々のコントロールに、立法自体の中で見つけられる。法律の規定の周辺で契約締結を可能とすべきかについて立法上沈黙が保たれていても、その場合には契約締結能力を制限しようとする免責条項の解釈は司法的判断に委ねられている。(37) コモンローの適用は外見とは裏腹に、商事契約に限定されるものではない。かくして、コモンローの一般原則を維持することは重要なのである。

一・三　現代契約法における形式主義の復活

本書において提示した議論の一つは、社会の契約化は裁判所における契約法の形式的装いが一段と進行した状態へと立ち帰るのと軌を一にしていることである。形式主義と古典的諸価値の再浮上は、ここ数年にわたる契約法上のいくつもの発展の中で観察することができる。これらの諸変化が示していることは、裁判所がそれまで採用していた文脈的で諸基準に基礎を置く度合いが比較的高い法的推論方法からの司法的後退である。それらの変化に含まれるものは、明白な意味に重きを置く契約解釈への復帰、(38) 確立された契約法理の適用を抑制して契約の明示条項を支持することの強調、(39) 下位裁判所が契約の関係的カテゴリーを開発し、信義則の役割を拡張させようとする試みに対する上位裁判所の一般的に否定的な反応、(40) 一般契約法の下では契約当事者に認められると思われるコモンロー上の主張と権利の効力を契約条項により無力化することの承認の急増、(41) および契約の明示条項を挑戦から隔離させようとする場合を除いたエクイティの疎外化である。(42) これらの動きは、契約法が商事的利益を支える方向へと歩みを加速させること、および「形式的、単純、かつ……古典的」法によりこれらの利益に最も資するとの信念を反映しており、強化するものである。(43)

知的に表現すれば、契約の法的推論における商的関心および利益の優位性の保持は、契約研究者における契約法の経済分析により促進されてきた。経済分析は契約のコモンロー上の法準則が説明される理論的枠組みの主たるものであり、同時にそうした準則を擁護する強力な形式主義者および自由主義者の正当性根拠を示すのである。[44]効率性に焦点を当てることにより、契約法が市場において活躍している商事契約者の経済的目的を達成する観点では、道具としての契約法を正当化しようとする。ダーガン（Dagan）とヘラー（Heller）の主張するところでは、契約法は商取引と同義となり、他の契約（婚姻、消費者もしくは雇用関係に関する）が一般法に及ぼす影響を最小限としている。[45]市場を機能させることに契約法が貢献していることは、実際には契約と市場活動を同化させることだが、[46]契約理論に大きな影響を与えている。まずありえない契約事件ですらも市場を支える場面に据えられて説明されている。[47]コモンローは、両当事者は合意により法的義務を創設する意思を有する必要があるとする準則を通じて、さらにまた公序を通じて、忍び寄る契約化の波をいくらかはコントロールしている。夫婦財産契約の位置付けに変化が見られるのは良い例である。そうした合意は、（長い間裁判所の採用していた立場では、公序に反するので無効とされていたのを覆して）離婚に際しての財産分与の定めにそれなりの重みがあるとすべきだとする最高裁判所多数意見に対する一部反対意見において、レディ・ヘイル（Lady Hale）［元イギリス最高裁判所長官］は、結婚を考えているカップルに対して法的確実性および当事者自治という商事契約上の規範を適用することの問題点に注意を喚起した。[48]

商事契約規範は、他の点においても契約の法的理由付けを支配するようになってきており、その中でも恐らく特に著名な例は、明示条項が含まれている物理的（もしくは電子）テキストを「契約」と同質化することに見られる。書面による契約は、ますます内省的な性質を示すようになってきている。契約条項は、目前の契約環境を支配し、そうした書面に書き込まれたテキスト以外は一切の権利義務の創設を妨げることもできるのである。「契約書記載以外の表示への依拠禁止の確認（acknowledgement of non-reliance）」条項は、不実表示訴訟を提起する原告の主張を阻止できる。[49]「完全合意（entire agreement）」条項は、主たる明示的条項および条件の外側で発生する付随的保証および義務を阻止できる。[50]口頭変更禁止条項（no oral modification clauses）は、合意したもののインフォーマルな変更に照らして契約締結時のオリジナルな文言を台無しにしようとすることを阻止できる。[51] 裁判所は、こうした契約条項を有効とすることで満足しているようであり、契約書面上で権利義務を明らかにする権限を強めるばかりである。商事的利益を寛大に扱おうとする姿勢は、他の場所でも見ることができる。違約金に関する準則の効力をある程度緩和する動きはある。契約違反から生ずる原告の蓋然的損失以上の、確定損害賠償額もしくは罰金のレベルを定める条項は、主たる契約義務が履行された場合の正当な利益を証明し、主張されている額がその正当な利益に見合っていると、強制力を有することになる。[52] 確定的損害賠償額条項が強制力を認められない基準は高く、その額は不釣り合いであるか、そうでなければ「法外で、途方もない、もしくは非良心的」でなければならない。[53] そうした条項は消費者契約では法律上のコントロールの対象とすることは可能であるが、商事契約における規制はコモンローの問題である。コモンローの内部における形式主義的価値の再主張はコスト無しではない。これから主張されることになるのは、こうした形式主義への移行の一つの帰結として、契約法および社会の契約化に起因するいくつかの反復する問題との間がうまくかみ合わず、そうした問題が判断を求めて裁判所に持ち込まれた場合でも、裁判所は何らのかの広範囲にわたるあらゆる規制的役割を担うのを躊躇するのである。契約法における形式主義的転換については、**第三章**で考察する。

一・四　私的秩序化と規制

一般契約法が一般的な契約規制においてあらゆる重要な役割から撤退したとすると、それに置き換わったのは何であろうか。本書のテーマの一つは、私的秩序化が契約統治の主要形態として契約法を補完していることである。最も広義での私的秩序化は、法を作る国家権力に直接由来する規範＝準則の創設および強行の領域であり、国家の独占する力の行使に依存するものではないことを示すのである。[54] こうしたことは商事契約においてはありふれたことである。

私的秩序化は、少なくとも商事契約当事者間では、往々にして国境を越えて広範囲に広がりを見せる貿易のグローバル化への一つの反応であるが、国家の枠組みを超えた私的な規制に限定されるものではない。(55)私的秩序化は契約を拠り所とすることができるが、このことで契約法は必然的に契約の内容、支配力もしくは強制力をもたらすメカニズムとなるものではない。各システムは、背後での強行と合法性のために法規範を拠り所とすることができるが、一旦このことが間違いないとなると（法的に有効とされる契約締結を通じて）、それらは相対的に法システムとは独立して機能する。契約自体が規定するのは、引き受けられた債務や、サンクション、強行および紛争解決手続の方法である。他の諸制度は契約遵守において重要な役割を果たすことになる。すなわち、事業者団体、公の規制当局および仲裁裁判所のような国際的組織がそれである。

多くの点において、このことは全面的に前向きな動きである。例えば商事契約の当事者は彼らの関係を統制するため、法がもたらすあらゆるものよりも、より詳細かつ目的に合うように作られる一団の準則を創設できる。他の文脈においては、私的秩序化および規制は、国家が自国の富と自律的意思決定を模索する中で抑圧的もしくは上から目線の介入を行うことから契約当事者を擁護する。(56)しかし私的秩序化は契約の増殖を伴う。もっとも、あらゆる側面において新しいことではないが、契約を通じての私的秩序化が蔓延することは、従前は公有もしくは公営であった社会および経済の様々な部門の私有化と市場化の一つの結果である。(57)数多くの領域において国家による直接的な対策は、市民とサービス提供者間の私的契約を通じてのサービスの提供、(58)および国家からの助成を受けた組織内における域内市場の創設(59)により増加するかもしくは補完されている。契約制度については、一九八〇年代以降イギリスの歴代政府が様々な政策目的を遂行する目的で使用しており、その中には市民の社会的統制および社会福祉改革が含まれる。(60)過去四〇年間の私有化により達成しようとした狙いを分析することは本書の範囲を超えるが、市場領域、そして同時に契約が拡大することに占める私有化の役割は否定できない。経済組織、企業の生産方法および技術革新が市民の商品やサービスを入手する方法に影響を与えてきている様々な変化は、自由主義社会における契約の拡大、とりわけ標準書式条項に基づく契約のそれは、背後に潜んでいるが重要な社会的駆動輪であった。市場メカニズムを反映した契約規定への移行により、市場価値に優先的地位を与えるレトリックを伴うだけでなく、こうした色々な選択肢が予定されている状況を切り抜けるのに必要な能力を有した消費者を念頭に置くタイプの解釈が登場する。すなわち、他人に頼らない主義で、利己的で、かなりの程度熟知していて、しかも個人責任の感覚がある消費者である(61)。このような市場価値は私たちの社会的枠組みに横溢し、契約規範は一定の姿勢とるかもしくはそれを促すために象徴的に配備されるまでになっているが、明らかに不適切な文脈においてであることがしばしば見受けられる(62)。契約法は、契約が私たちの社会において現在占めている地位を支配的なところまで高めるのに重要な役割を果たしているが、契約行為における明らかな変化と契約規範の拡大に直面してただ為すすべがないことも珍しくはないのである。

私有化はまた、特別な市場規制を伴っている。規制は中央集権的な立法の一形態であり、市場全体を通じたもしくは特定の契約類型または特別な契約の問題に適用される(63)。規制が市場全体に焦点に当てるのは、契約を締結する私人と企業の権利を下支えしている契約法とは対照的である。しかしながら、規制国家の出現は、コモンローの展開に顕著な影響を及ぼしている。専門機関である規制当局は現在、市場の行為（例えば私有化された公益事業もしくは金融サービス）を監督する中心的な役割を果たしており、契約法の実際上の諸機能の多くを担っている。規制者は、特定の市場、例えば消費者信用もしくは銀行サービスに参入しようとするサプライヤーの必要要件を決定するゲートキーパーの役割をする。彼らは、様々な是正措置を用いることができ、その中には名誉に影響するようなネガティブ広告、裁判所を通じての民事上の執行手続、および最終的には遵守しない会社に加える刑事上のサンクションがある(64)。規制者には、調査および証拠収集のための広範囲の権限が認められており、製品の供給における上限価格を決定することや重要な情報開示ルールを開発することで、最終的には市場へ直接介入できる。制定法制度を機能させることを前提として、規制組織は特定の市場における事業行為規範を発することができるし、そうしたものはある意味では国家法としての権威がある。(65)市場の内部で契約から生じる組織的な諸問題に対するこうした反応は、契約法規範を適用する裁判所の権能を超えている。とどのつまり規制および立法は、裁判所が行えないやり方で透明性をもって公益に焦点を当てることができるのである。

契約法と規制環境は「異なったパラダイムを表している」(66)が、それぞれ完全に独立して機能することはできない。立法および規制は欠損のない法的領域を作り出すことはできないが、一般的な私法上の権利は規制と共存し重複することが可能である。規制組織が発する規則と手続きは、裁判所が解釈適用する一般法の下での個人の私権に立脚した立場と協同するか、もしくは対立するかもしれない。加えて、規制がコモンローに優先されることはほとんどないが、私法は個人もしくは企業が規制者の行為に異議を唱え、規制権限の限界をテストするか、もしくは規制解釈を決定するために用いることができる。同様に、規制者はコモンロー上の権利と責任に関する「指針」を出すことができるし、そうした指針は権威を有してなくても、必須の法が要求しているものは何かに関する規制者の解釈を述べているのである。この指針は通常、立法もしくは規制の対象であり、実際に規制されている商品およびサービスの提供者に向けられたものである。(67)法と規制との接点については、**第四章**においてさらに検討するので、ここでは契約に関するコモンローを活性化させる諸原則は規制目的としばしば衝突することがあることだけ指摘しておく。多くの事件において、コモンロー、立法および規制の権威的な法的解釈は裁判所だけが行うことができるが、コモンローと立法とは往々にしてズレを生じる。その結果として、契約関係における適切な行動とは何か、および契約のメカニズムを通じて何ができ何ができないかについて、契約の基底的規範に基づく明確もしくは一貫したメッセージというものは何ら提供されないのである。

一・五　コモンローの発展――冗長な企てか

本書での試みは、コモンローを当然そうあるべき程度以上に重要性があるとする調査の誤りを繰り返しているとの誹りを受けるかもしれない。コモンローは契約諸規範の源としては、立法、市場限定的な規制および実際の契約慣行に比べて相対的に重要度は低い。債権債務関係に関する私法は、こうした代替的な契約統治システムを生み出す諸々の社会的な力に影響を受けず、それ自体の法理にそうしたシステムを取り込むことはめったにないように思われる。こうしたことを認めることは、当事者自治もしくは契約の神聖性といった一団の具体的諸原則を取り巻く一貫性を志向するコモンローの願望を脅かすであろう。(68) かくして、すべての一般的規制役割には不十分で、残留している不活発な法はそのままである。そうした法が訴訟の気まぐれに依存していることは、コモンローが一貫した改革もしくは発展プログラムを積極的に追求することを妨げる。これらの特徴から、コモンローは相対的に狭い範囲の契約者により支配されることになるのである。訴訟は多くの人にとって手の届かないところにあり、契約法が多様な契約問題にさらされないという問題を増幅させている。二〇一二年法律扶助、犯罪者の量刑および処遇に関する法律（Legal Aid, Sentencing and Punishment of Offenders Act 2012）が契約訴訟の中軸的な紛争としているのは、事情に通じており、十分に準備していて、しかも法律専門家を代理人とする複雑な商業的組織の間のそれであるとしている。契約法がそうした組織の関心事を反映し、組織の利益を保護するのに適合したものとされていることは驚くに足りない。そのような契約者は、曖昧な基準、政策的考慮、もしくは様々に異なった契約文脈を通じて容易に適合する発展途上の一般的契約諸原則に由来しうる公益に基礎を置くことの正当化事由には頼らず、合意した契約条項を支持する法を好むかもしれないのである。(69)

ここでの議論で問題となるのは、当然のことながら、コモンローの諸準則は商事契約者だけに適用されるわけではないことである。契約法の発展は事実審理および判決に至るまで訴えを提起できるのはだれかに関する様々な外因的ファクターに影響されることは疑いないし、こうした力がコモンローを他の文脈においてまったく無駄なものとしたこともない。裁判所の法的推論にさらされることから有益なものを得ることになった契約問題は多数存在している。すなわち、契約化という手に負えない厄介ないくつかの問題についてコモンローの立場を形成する上においてであるとか、またこうした契約問題を解決することがコモンローの発展にも影響を与えることを認める場合である。**第五章**においてこの問題についてもう少し詳細に述べるが、ここでは以下のことを述べておけば十分であろう。すなわちコモンローは重要な公衆向けの役割を担っているが、そうした役割は、契約諸原則自体、商業契約者が彼らの周辺で契約を締結することを促進するためのデフォルト・ルールの立場に追いやられる場合には、簡単に抑え込まれるのである。[70] このことは契約法のコミュニケーション機能を見逃している。すなわち、「デフォルト・ルール・プロジェクトが行えるのは、せいぜいのところ一つのメッセージ、すなわち私たちの社会は契約上の公正さより自治の方に価値を置いていることの表明[71]」である。契約の規範的側面は、効力を無効にする諸要素に関した命令的法準則を通じてもっとはっきりと表明される。しかしこうした法理、例えば非良心性、もしくは公序は、商取引の観客の要望に応えるべく仕立てられ、法の市場における競争力を維持しようとする契約法の前では影が薄いのである。当然のことであるが実のところ、契約の根底に横たわる諸々の価値を反映している諸準則は大部分のありふれた（見返りがあまり見込めない）契約紛争では無視できる程度のものであり、いずれの場合でも訴えることは難しいのである。不実表示や非良心的取引等は複雑であり、したがって専門的な知識があまりない契約者が法的助言を受けずに裁判所において訴えを提起することは簡単ではない。こうした法領域における諸々の法原則の多くは難解でしかも重複しており（例えば、不当威圧と経済的強迫、錯誤と不実表示）、最近違法性法理において試みられているリステイトメントのようなことを行う機は熟している。契約に関する開かれた多くの規範的法理（非良心性法理、不当威圧）であるとか、契約と不法行為の諸原則やコモンローと立法とが交錯したりする場面においてそれらをどう位置付けるかについてのエクイティ上の根拠は、他の領域で提唱されている技術的な法議論に直面して、責任の証明を困難なものとし、失敗しやすくしている。契約に関するコモンロー上の準則は、概ねそれらを必ずしも拠り所とする必要がない者（明示条項により法の領域で契約を締結することができる十分な資力を蓄えた商事契約者）のために容易に役立つようになり、その一方で、契約の安全性をより一層高めることで利益を得る可能性のあるコミュニティのそれらの部分はほとんど迂回するのである。

一・六　コモンローの正当性

形式主義がもたらす効果の一つは、裁判官に、契約法の著者および発展者というよりは、契約を強行する者としての消極的役割を担わすことである。契約の法的推論において形式主義の重要度が増したことは、司法的法形成の正当性に絶えず何らかの懸念を映し出している。こうしたものに含まれるのは、コモンローにおける司法積極主義および透明性に関する懸念である。このような難問が存在するので、コモンローの法典化を求める声が再び高まった[72]。裁判所が果たす役割の本質に関する批評は、法学者のそれぞれ異なった立場ごとに様々である。もっとも有名なのは新形式主義の契約モデルであり、法と経済学運動に根差しているが、今日ではしっかりと確立されていて、契約法理論に根強い影響を及ぼしている。このため契約法を適用する裁判官の役割は、私的自治に関する強力な見解を支持し、両当事者の自律に強制力を与えても、最終的判断を強いることではない[73]。考慮すべき最も重要な点は、強行可能性がほぼ確実であることおよび安定的でかつ予見可能な準則を適用することであり、裁判所の介入が制限されることを保証する代替的スキームを契約で約定できるようにすることである。道徳的正当化事由もしくは規範的な諸価値（効率性以外の）を当該諸準則の中に浸透させることは、こうした目的からは余計なことである。[74] 相互的な公正さは非契約規範であると見なされており、契約法を強行する裁判所は契約者に何か強制力を及ぼす立場にはないのである。[75] こうしたことから、契約法の役割は契約自由に資することやそれを維持することであり、契約自由への介入が正当化される状況を命じるものではない。その結果として、トラックマン（Trakman）が述べているように、「両当事者に責任を課すような規範的諸価値を援用することを裁判所は躊躇する」ことははっきりしている。[76] 法的推論の本質に対するより政治的な攻撃は批判法学の動きから発せられており、それは法的推論の政治的中立性、自律性および決定的であることを否定している。[77] 既存の法的素材における法的問題について適切な一団の法技術を用いることでその答えを発見できるとすること、およびコモンロー上の推論において一貫性に欠ける一団の判例法を調整して理にかなった説明を築こうとするのは、法的推論が高度に裁量的で本質的に開かれていることを曖昧にする神話であるとして批判した。反司法的なものに縁どられた環境において、形式主義的判決へと後退し、当事者自治および契約自由に頼ることは理解でき、正当なものとすることができるとする。

私法理論にまで広げると、ヘドレイ（Hedley）は、私法の正当化事由に対する狭く、内部的なアプローチが意味することは、「集団的行為もしくは目的の不信」であり、[78] 諸々の法制度（しかも私法自体）は、公の目標達成の手段となり得るか、もしくは公益のために機能するということの否定であるとする。[79] アティア著『契約自由の盛衰（*The Rise and Fall of Freedom of Contract*）』を論じる中で、ヘドレイは次のように述べている。すなわち、アティアは契約自由について、福祉国家主義もしくはパターナリズムという他の競合的政策により容易に修正されるか、または全面的に交換が可能である政策選択の一つと見なしたとした。[80] 契約自由はそれ以来、契約法の根幹をなす中立的原理と呼ばれ、また契約に強制力を付与する主たる正当化事由とされるに至ったのである。私法に関するこうした見解は国家の介入が疑問視される時代においては共感を得ており、そこでは法が個人の自由を損なうのは容易いことであり、[81] しかも裁判官は政治的判決を下すと批評されるとの信念がある[82]が、そうしたことは恐らくは偶然ではないであろう。多くの契約理論家に共通している考えであるが、契約法は何らかの公共目的を促進することにほとんどといっていいほど関与していない。私的な契約の約定において公益が存在するとの考えは、この種の説明では大幅に希釈化されている。ヘドレイによれば、「裁判目的の疑念」および政策の争点に取り組む裁判官の不適切性は、私法へのこの種のアプローチの特徴であるとされる[83]。契約法の古典的でフォーマルなスタイルがもたらす様々な利益が再評価され、それに伴い判決の根拠も変移したとしても少しも驚くには足りない。アティアの観察によれば、一九世紀の裁判官は、「民事法においても、判決が人々の将来の行動に及ぼす影響に関心を寄せることが多かった。民事法ならびに刑事法を含むすべての法がもたらす長期的な影響の方が、個別的な事件において正義をもたらすことよりも重要であった」[84]。この意見と、「裁判所は紛争解決のために法を適用する」[85]、「商事法の目的は商事当事者が望む契約法を提供することである」[86]とするより個人主義的な見解とを比較すべきである。しかし、こうした契約の個人主義的で道具的であることの正当化事由は、契約に公益が存在しないとした場合、なぜ国家は強制力を付与する仕組みを創るのかという基本的問題には適合しないのである[87]。

裁判所の権能に対する制約の問題は契約法においてとりわけ影響するところが大きく、その領域におけるほとんどすべての司法的発展は、裁判所が法形成を行っているとして、もしくは当事者自治や法的確実性を脅かしているとして批判されている。アーノルド対ブリトン事件においてノイベルガー(Neuberger)卿は、契約解釈における司法積極主義に対する次のような明確な警告を発している。すなわち、「合意の解釈を行う場合に、当事者を自らの無分別もしくは低レベルの助言の結果から救済することは裁判所の役割ではない。したがって、契約を解釈する際には裁判官は、賢明ではない当事者を助けようとして、もしくは抜け目ない当事者に灸を据えようとして、契約を書き換えることは避けなければならない」[88]。この抑制は多くの契約研究者に歓迎されたことであろう。なぜなら、コモンローの法的推論に制度的で民主主義的な制約を加えること[89]、ならびに自己制御および紛争の効果的な処理をしやすくする商事契約社会に適した安定した法を促進することを裁判所が承認したからである[90]。こうした姿勢の兆候は、契約に信義則義務が含まれるという考えに対して契約法が否定的反応を示していること、契約法が契約過程に対して法の個人主義的アプローチを採用し、さらに実体的正義よりも手続的正義を強調することにおいても見ることができる。これは、契約が歓迎されないかもしくは否定的な社会的効果を有するかもしれないことについて、裁判所は認識していないというわけではない。しかしながら、これらに対処することは裁判所の任務ではないように思われる。むしろ、責任の所在は契約条項を変更する当事者にある、すなわち契約が機能することにより生じる問題は、異なった契約を締結することにより解決されるべきである[91]。さもなければ問題解決の責任を負担するのは、問題の根底に横たわると思われる市場の失敗に対処できる政府機関なのである。

法発展における政策評価が個人主義的形態での分析と推論に置き換えられたことは、契約法を通じて明らかである[92]。例えば違約金に対するコントロールでは、規定された支払額が損失の事前評価額そのものか、刑罰ではないかという政策に基づいた判断基準を放棄して、契約者は他方当事者に主たる債務の不履行ではなく、その履行を促すにあたり「合法的利益」（これは比較的容易に証明できる）を有していたかという事実に基づく判断を行うことが大勢を占めている。合法的利益が存在することは、蓋然的な損失以上の支払いを正当化できる。同様に、均衡という言葉は違法性、違約金および損害賠償の領域における契約法理に浸透しており、そのことから裁判所の役割は、最も重要なファクターは何かを確定する場合に種々考慮すべきものがどのような相対的な力を有しているかを評価することであることは明らかである[93]。このことから裁判所が契約上の権利を決定する照準は、「上から下への」規範的正当化事由から離れ、当事者の利益に見られる相対的なメリットを「下から上に」評価する方を優先するのであり、その場合そうしたメリットは加重できることを前提にしている。タン（Tan）が記すところでは、「かくして均衡は、複合的かつ競合的な諸価値を調整することを実質的に正当化する仕組みとして現れる」[94]のである。しかしながら、均衡の推論においてバランスのプロセスに頼っていながら、これらの価値のいくつかはフォーマルで古典的な契約法において推定的地位を享受しており、代替案に訴えることでそれらが証言することを難しくしている。このように当事者自治と商事契約者が契約条項による保護を求めると思われる経済的利益は、企業間取引契約においてほとんど圧倒的に重要であるが、もっともこうした価値については、他の諸価値との「均衡」に関する中立的かつ実利的であるとされる分析を通じた調停を伴うことになる。[95]法的推論をそうしたバランスをとる営みへと落とし込むことは、裁判所が羽目を外すとの恐れを和らげるかもしれないとしても、用いられた諸価値はすぐに他の文脈、例えば企業対消費者契約に簡単に移し替えられるので、こうした動きの妥当性に関する懸念を生じると思われるより広い政策上の争点は周辺へと追いやられることになるのである。

一・七　将来の挑戦と復活の可能性

紛争解決方法の変化、および政府が反訴訟の一般的なメッセージを発していることで、裁判所および代替的紛争解決手段の促進に関心がある者は、契約法の形式主義化の動きを加速させることになりそうである。契約訴訟はすでに商事契約者の支配下にあるが、今後ますます取引利益を反映してそれらに奉仕するようになるであろう。その結果、イギリス法が国際取引契約社会における準拠法に留まるべきとの圧力が加わることで、形式主義的傾向はさらに加速することが予期される。この問題とそれに関連する正義の私有化に関する問題については、**第六章**において検討する。契約過程の自動化が進むことを動力として、契約において形式主義へと追いやる推進力が生まれるのかもしれない。これまで契約法は、私たちが交わり、その結果として私たちが合意を形成して履行する方法における技術的な進化に照らすと、変化することに顕著な抵抗を示すことが分かっている。全世界的かつヨーロッパ的レベルでの規制の試みはあっても、コモンローは、例えば、電子メールを交換する過程で正確に何時契約が締結されるか、シュリンクラップ（shrink-wrap）、ブラウズラップ（browse-wrap）およびクリックラップ（click-wrap）などの過程を通じて当事者は契約条項に拘束されるのかなどの特別な争点に答えを出すことに後れを取っている。多くの人は、この点を契約法に生来の適合力が備わっている心強い兆候ととらえるであろう。新しい技術を扱う特別法を欠いていることは、商事契約者は技術革新に照らして何ということもなく業務慣行を調整する一般的な能力を有しており、彼らの行為に法的にどのような意味があるかの判断を下す必要がないのは確かなことを示しているようである。ここでは契約法の信頼を損ねるようなものは何もないので、一九世紀以降諸準則が明確に発展していなくとも、契約法は背後にあってすべての人をほぼ整列させることを強行する役割を果たしている。このことから一見すると、新しい技術は契約に関するコモンロー上の諸準則を阻害してはいないようであるが、そのモデルが捻じ曲げられてまったく新しいものになるかもしくはまったく余計なものとなってしまうまで、どこまで拡大されるかは疑問である。

新たに出現している情報通信技術、例えば分散型台帳（distributed ledger）、ブロックチェーン（blockchain）およびスマート契約（smart contract）などにより、国内の契約法はこの争点に対峙することを強いられている。揺籃期ではあるが、これらの技術は諸々の国家機関が特定の合意を強行する要件を撤廃する可能性を秘めていて、そうした要件はコンピュータソフトや暗号を通じて電子的にスムーズに行える形態の私的で自律的なコントロールに置き換えられるのである。[96] スマート契約による取引が合意を自動的に履行する際によすがとするのは、土台となっているコンピュータコードや暗号である。そのためスマート契約の履行はコードにより自律的に保証されることになり、契約法に代わるさらなる選択肢の可能性を示している。イギリス法が現在採用している自律尊重の立場は、このようにして契約を支えていると思われる。両当事者がスマート方法を通じて合意を実行することに同意した場合（両当事者の意思は、契約法が合意において何らかの役割を果たしているとする）、消費者保護立法もしくは今後発展されると思われる他の特別誂えの規制の下でも、恐らくそれ自体は強行可能であろう。契約法がこのように契約の自動的な履行が可能である（しかも潜在的に不可逆的である）とすることへの可能性にゴーサインを出してしまうと、詐欺、錯誤、不実表示、違法性などを理由として取引が影響を受けるような場合を除くと、契約法が果たす役割はほとんどなくなってしまうように思われる。アルゴリズム契約から今までは予想もできなかったようなチャンスと課題とが生み出されるとすると、契約法がこうした課題にどのように反応するかは、契約自由がどこまで拡大するかの重要な判断基準となるであろう。この点については、さらに**第六章**で考察される。

第七章においては、コモンローが復活する可能性について調べる。可能性の中で中心となるのは、関係的契約概念に見られる潜在的な力である。関係的契約を法的に承認することで、形式主義者が契約法を掌握する影響力を弱めることができる。契約法は関係的契約の考え方を真剣に検討することに着手しているが、その展開は実験的であり、しかも伝統的な契約法理、とりわけ黙示条項に取り込まれようとしている。これは、フォーマルローの確実性を脅かすとされるあらゆる発展に対して示される当然の反応である。イギリス法はこの点について著しく消極的であり、他のコモンロー法域では特定の関係的契約法を基礎付ける一般的な基本原理を明らかにしているのとは対照的である。イギリス法はこうした措置を講じていないが、恐らくはイギリス法における確実性を損ないたくないとの思いに駆られてのことであり、商事法および紛争処理に関する国際市場における法的サービス部門の魅力に影響を及ぼすからであろう。

一・八　おわりに

契約を通じての私的秩序化は過去四〇年以上にわたり著しく拡大し、その結果、私有化および以前は国有もしくは国が管理していた経済部門の市場化においても様々な発展が見られた。技術的な発展により、以前は契約形式に依存していなかった一般的な活動を「契約化する」ことは容易になった。契約が成立し、拘束力ある義務を観念的に創設する方法は変革された。消費者は今では、自らの手から完全に離れた標準書式条項に基づいた遠隔的でかつ自動操作のプロセスを通じて契約を締結する。こうした契約活動の大部分は、消費者領域だけでなく商事領域においても、真摯かつ持続的な法的精査を免れているのである。契約のコモンロー上の権利について裁判所が行う判断は、多くの領域において私的に運営されている紛争解決手続に置き換えられている。いくつかの特別な市場における契約は、裁判所ではなく、規制機関が制定して強行する諸準則を前提としている。こうした発展に対するコモンローの反応は、司法の法的推論における広く古典的な諸価値、とりわけ契約自由および当事者自治に対して強くこだわることであり、それらを再び主張することにより自己排除ともいうべきものを示している。ほとんどの契約法の諸準則をデフォルト——しかもこのことから個人の意思に基づく行為に従い不可欠である——として把握する方向へ向きを変えることにより、契約法がもたらす唯一の価値として自律を第一位に据え、契約法に特有なその他の規範的な諸価値、例えば分配的正義、社会福祉の促進、信義則および当事者の合理的期待の保護を覆い隠している。フォーマルで古典的な契約法準則のシステムは商事契約者には都合が良いかもしれないが、そうした契約法の有する意義はこの契約者集団の枠を超えることになる。契約規制のパターンにギャップが生まれた場合、とりわけそれが取引に関する交渉力が比較的弱い当事者に影響を及ぼすため、主として商事契約者向けに仕立てられているコモンローの諸準則が不適切であることはすぐに露呈する。こうした貧困化がもたらす効果の一つとして、多くの契約は効果的なコントロールの範囲を超えているようであり、多くの契約問題は未解決のまま取り残され、契約の拡大はほとんど歯止めが利いていないのである。経済的取引に道徳的基礎を提供する代わりに、裁判所の掌握している契約法は完全にオプショナルなものとなり、私的紛争解決の世界では弱小勢力となる危機に瀕している。契約法における形式主義者的諸価値への回帰は、契約に過度に依存している社会においては、それが何であるかを確認して綿密に調査されるべきことを暗示しているのである。以下において、本書の目的は次の仕事を行うことである。

まず、契約法の動向を検討することから始める。このことは二つの目的に役立つ。第一に、それはコモンローが縮小しているとする主張の下地となる。コモンローは広範囲に波及している契約活動の変化に対応する能力をかつては備えていたこと、および柔軟性へのこうした傾向がいかに後退したとの外観を呈しているかについて述べる。第二にそれが例証することは、契約法で契約自由を実現するとしても、影は無く、偶発的なことである。当事者自治は、法において追求される唯一の価値ではなく、他の目的の追求とバランスがとられるのである。

第二章　契約コモンローの動向

契約法の発展を概観するだけで、コモンローにおける契約自由への強いこだわりは、より広範囲の社会的、経済的および政治的環境における諸変化に応じて流行り廃りがあることを示している。近年裁判官は、契約自由は市場において交渉力の比較的弱い当事者の取引から生じる社会福祉への関心が高まりに呼応して修正される必要があること、および政策目標は法を通じて追求されうることを認識している。このように契約の社会的効果を認識しようとすることは、他のところでは自律志向的法の枠の中で異常ではないが、契約に関する裁判所の管轄権の中心的局面であり、様々な理論装置を通じて発展しているのである。本章では、契約に関するコモンローは、例えば取引の促進、自律もしくは効率性という単一の価値について、それ自体としてしばしば提示できても不変的に実現しようとしたのではないことを立証するために、契約法の歴史を手短にたどることにする。現代の契約法が契約自由および自律をこのように強調するのは、それゆえ大量の消費者契約が提示した異常事態に対処するために一時的に放棄された元々の立場を自然に再調整することではない。むしろそのことは一つの選択を反映している。商事的な関心と利益は、契約法が社会における契約の役割が変化するのに対応する確立された伝統とは対照的に契約法を把握することを認められている。契約法に単一の目的を与える現代的な傾向は、ある意味では当然のこととして特定の利益集団と軌を一にするので、契約法および契約そのものに関する私たちの理解を捻じ曲げかねない。契約法が商事契約と密接に関連することに起因した契約法概念の減衰と減少は、契約法の複雑な歴史、とりわけ初期にエクイティと協働していたところからは外れ、しかも市場におけるほとんどすべての契約の実態と経験から契約法を遠ざけることになるのである。

二・一　古典期以前の契約法

ほとんどの法制史家と法律コメンテーターは、現行の契約法は「基本的には一九世紀の産物である」ことに賛同している。(1) 古典期以前の契約法の性質については、意見はまちまちである。イベトソン（Ibbetson）は、契約の知的思考に関する詳細な歴史において、自然法理論のお陰で中世にまで影響を及ぼしたアリストテレス流の契約概念の組織原理は、合意ではなく交換的正義であったと述べている。(2) こうした確信は、契約法が市場経済の出現に伴い活躍していた初期商人階級の要求を満たすべく適応するのに伴い、次第に衰微した。(3) それ以前の法においては顧みられていた諸々のエクイティ上の考慮が周縁化することは、古典期に関する多くの説明において繰り返し取り上げられるテーマである。アティアは一九世紀における商的関心に応える際に、契約法はエクイティ上の基準や信義則の要件を包含する契約モデルから離脱したと述べている。(4) ワダムズ（Waddams）もまた、明らかに不公正な契約を覆す際にエクイティが果たす役割は、一九世紀の経過とともに衰退したとし、当時は契約法における確実性と予見可能性の重要性が主張されたと述べている。(5) マンスフィールド（Mansfield）卿は、商慣行をコモンローに繰り込む先駆的努力を行うことで契約法の商的特徴を開拓したとしてしばしば名前が挙げられるが、(6) その動機となったのは、商事上の必要性と並んで契約法の形成におけるエクイティおよび大陸法であった。(7) その結果同卿の判決は、エクイティ上の基準と一段上のプラグマティックな諸価値を反映していた。(8) 同卿が信義則の考えを契約法に導入し、コンシダレーションに付された意義を最小限に留めようとしたことは、最終的には何ら実らなかったが、その企てから明らかなように、「マンスフィールドは契約自由の疑いなき支持者であったとは見なされることはできない」(9)のである。

古典的契約法の発展はまた、コモンロー上の手続きの諸改革により実現した。スワイン（Swain）が述べるところでは、一八〇〇年代に現代契約法へと変容する背後にある、当時における契約に関する最も重要な駆動力の一つは民事陪審の消滅であった。コモンロー上の諸準則は、それまでは陪審により決定されていた事実問題、例えば両当事者は合意形成に至ったかの問題に置き換えるために必要とされた(10)。陪審の衰退はまた契約法に実体的影響を及ぼすことになったが、そのことで「漠然とした裁量的慈悲の源」は不要とされたからである(11)。その他の手続的特徴、例えば訴訟方式（引受訴訟、捺印契約訴訟）などは、令状体系が一八三〇年代から一八五〇年代の期間に改革されるまで契約に関するコモンローの一貫した発展を効果的に阻止したのである(12)。こうした諸々の変化の前には、一団の契約諸準則を創設する機会もなければ、その要求もなかった。コモンロー上の法理およびグランド・セオリーは、令状体系が機能することについて何ら説明力を有していなかった。そのためベーカー（Baker）は、「この新しい［古典的］法は、公正性とエクイティの黄金時代を反映したそれ以前の一団の法に置き換わったと見なすのは(13)」誤りであるとしている。しかしながら、私たちにとって日頃身近な契約法は、それを創り出す方法が何もなかったため一八〇〇年以前は存在していなかった(14)。陪審および訴訟方式の衰退があってはじめて裁判官たちは実体法上の諸原理および契約法の諸準則を発展させるインセンティブを獲得したのである。準則に基礎を置いた契約法のための知的バラストは、揺籃期における法積極主義の理論に見出すことができた(15)。最も著名なポティエ（Pothier）とその後のチィティ（Chitty）に代表される論文やテキストの著者たちは、古典的契約法の法源を議論する中で一定の役割を果たしたが、古典的契約法では主題に関する一貫した構造が実際上欠如していたので、彼らはしばしばそれを強制した。このように契約法の明白な一貫性を希求することは、何時までも続いていた自然法理論からの影響を反映したものであるかもしれない(16)。しかしながらそれが及ぼした影響には、例えばエクイティのような、モデルにピッタリ合わない他と違う行動をする厄介者の意義を最小限にすること[17]、および契約責任の柱としての合意および個人の意思の重要性を擁護することの二つがある[18]。

明らかに法の歴史を極めて表面的に一瞥したに過ぎないところから確固たる結論を導き出すのは困難である。しかしながら、古典的契約法が形成される以前の契約に反映された諸価値に関する議論は、エクイティがどの程度前古典的契約法に影響を及ぼしたかに焦点が当てられており、それが何らかの影響を及ぼしたかではない。そのため初期の契約法を特徴付ける規範は、統一性というよりは有為転変というようなものを反映している。陪審が衰退したこと、一七八八年に王座裁判所首席裁判官としてのマンスフィールド卿の時代が終焉を迎えたこと、および契約法理を確固たるものとする力が働いたことにより、特定の場合に即応した不確かなエクイティ法体系として認識されていたものをうまく切り離したのはほぼ間違いないように思われる[19]。エクイティを最小限に留めておくことは、契約紛争において裁判官の裁量権が機能する範囲を減少させたかもしれないが、それはまたコモンローに組み込まれたいくつかの限定的な法理が機能する場合を除き、コモンローを取引における良心の考慮から分離する役割を果たした。コモンローとエクイティを融合させる一八七三年および一八七五年最高法院法（Supreme Court of Judicature Acts of 1873 & 1875）の制定によって統一的な法を生み出すのに必要な効果は得られなかった[20]。かくしてエクイティと拡大された形態での裁判官の裁量権とが永続的に共同していたことにより、エクイティは今日に至るまで契約コモンローに及ぼす影響を最小限に留めることになったのである。

二・二　古典的契約法

より厳格な法理に与するコモンローに及ぼすエクイティの影響が衰微し[21]、それに伴い学者の間で契約に関する論文が書かれるようになり、[22] 裁判官の間で先例の遵守が急激に拡大し、その結果として古典的契約法が発展することになった。『アティア契約法入門（*Atiyah's Introduction to the Law of Contract*）』は、一七七〇年から一八七〇年の間を契約法の古典期としている。[23] 合意の観念は、契約上の債務がどのように発生するかおよび法的強制が正当化される理由は何かの説明の柱となった。準則の遵守および先例が機能することはさらに重要となり、商事的考慮が法理上の発展を促すようになった。アティアの主張するところでは、直接の契約関係は商事契約が次第に複雑さを増すことに対して裁判所が示した反応だったのである。[24] 同様に未履行契約の誕生は、将来の交換計画の強行可能性を確実にするが、市場、とりわけ商品市場経済の要求に直接的に結びつけられている。[25] 将来計画の道具として契約を認識したことは抽象的なものとしての契約に力点を置く効果があるので、責任の創設に法的意義が付与されるのは、行為時ではなく合意した時点である。こうした変化は申込みと承諾に関する準則に現れた。[26]

古典的法の理論的支柱には、当事者自治および契約自由への傾倒が含まれる（一九世紀の自由放任主義の政治イデオロギーと合わせて）。古典的モデルが前提としていたのは、両当事者は、強い経済的合理性により知らされる個人の私利の方を、信義則もしくは協力といった継続的で長期間の関係を維持するのに必要とされる、一層上質なものより優先させたことである。より一般的な言葉では、古典的契約法の時期は契約法が保有すべき永続的な諸機能の考えを残した。すなわちそれは、裁判官の裁量には依らずに明確な準則に具体化されること、政治的な話や意見の相違から法の自立を離すこと、および先例に由来しフォーマルで演繹的な法的推論方法を通じて適用可能な具体的概念と原則で構成された一貫した合理的構造物に根拠を置くことである。[27] 契約正義は実体法上の用語よりは手続的なそれにおいて認識された。公正性もしくは相当性というパターナリスティックな根拠により、締結された合意および契約における裁判所の介入に対する強い締め付けから逃れる途は限定的だが存在していた。[28] こうした古典的法の諸価値をある程度は合理的に説明しようとする試みは、契約上の債権債務に関する意思理論、すなわち責任に任意に引き受けられかつ同意に基づくのであって、法が課すものではないとすることに見られる。[29] コリンズ（Collins）の観察によれば、「契約法は、市場経済の社会的関係を理解するのに便利な方法であっただけでなく、国家権力の合法性に関する特定の理論でもあり、契約自由の旗じるしの下で市民の自由を擁護するためにそうした（国家の）権能の行使を制限するものであった」。[30] もちろん、長い間エクイティに与えられた「粗野なもの」[31] との評価は古典的契約法により補強された。商事売買法の制定法化は、エクイティが商事問題に進入することに批判的な裁判官の感情をさらに硬化させた。一八九三年動産売買法（Sale of Goods Act 1893）は売買においてエクイティを余分なものとした。一九二〇年代にはアトキン（Atkin）卿の次の観察では、「商人を対象とする法律において、同時にコモンロー上の権利とは共存するが、同法のいくつもの条文で注意深く規定されている権利とは一貫性がなく、それより幅が広く、しかも同法より前に存在していたエクイティ上の権利を残そうとするならば、コモンロー上の権利に関して精緻な準則の構造を作り出すことは無駄であったであろう」。[32]

古典的契約法が概念上こざっぱりしていることは、その準則や法理にぴったり合うように作り上げなければならない契約取引のより複雑な実態と矛盾している。意思理論を支える特別な力の源は、合意に到達したかもしくはいかなる契約条項によるかという、個人の意思および意図の問題が観念的に何であるかを決定するのに客観的方法が用いられるとする契約法の主張に発している。現実の意思を精査するどころか、両当事者の意図は先例により拡大された契約法準則を用いて確定された。同様に申込みと承諾準則は、契約成立過程に高いレベルの技術的な単純さを強いたので、契約締結前の交渉期の意義を低いものとし、契約両当事者の取引力が実質的に不均衡であるのを誤魔化すようになった。コンシダレーションが存在することを除き、契約法は契約の成立に要式は不要であると見なしていたが、客観性に肩入れしたことで結果的には、契約を両当事者の現実的合意から分離し、契約が記された証書の方を優先させる傾向が生じた。契約責任の範囲は合意により限定され、解釈および黙示条項により補充された。こうした法理は裁判所が合意に介入する余地を与えたが、解釈の場合の明白な意味、および黙示が正当化される場合に関する厳密な準則の実施により、そうしたことが認められるのは限定的であった。このことにより契約法は確実性と予見可能性を与えられたのであり、そのため契約法は取引の安全の基本水準として、また特に独立した企業間においては契約計画の道具として有効であると見なされることになったのである。契約を無効とする諸要因（強迫、錯誤）は認められてはいたが、狭い範囲内においてであった。[33]営業制限を除き、裁判所の間では、契約が機能することで生まれる広範囲の公益問題に対して堅牢なコモンロー上の答えを展開させようとする意欲はほとんどなかった。契約が反競争的行為を証明することにより自由を骨抜きにする目的でも使用可能であったとする問題は扱われておらず、契約自由からこうした競争的行為は強行可能であるということになった。[34]このように裁判官サイドが政策に関わることに消極的姿勢を示しているのは、情報が不十分であること、政策的課題を処理する自信の欠如、および司法府に制度的制約が加わる懸念が組み合わされたことに起因していると思われる。[35]こうした問題が裁判所の手から離れていたことは、概ね二〇世紀中葉まではそのままで推移した。[36]

二・三　契約法の変容

一九八一年、A・W・B・シンプソン（A. W. B. Simpson）は、契約法に関する三つの著作を批評する論文を発表した。論評の対象としたのは、アティアの最近作『契約自由の誕生と衰退（*The Rise and Fallof Freedom of Contract*)』、トライテル（Treitel）の『契約法（*Law of Contract*）』第五版および最新版、ならびにその当時まではゲスト（A. G. Guest）が編集の任を務めていた、『アンソンの契約法（*Anson's Law of Contract*）』二五版である。寛容な評価以下ではあるが、シンプソンはアンソンの著作を「考古学の遺跡」と述べている。[37]彼はまた、トライテルのそれの基本的仕組みは数回版を重ねても変更されないままであったとしている。[38] シンプソンの批評は、一九八〇年代の多くの人が抱いていた、古典的契約法は「急速に崩れかけている」との確信の典型であった。[39] 古典的モデルは学者世界の異なるグループからも攻撃された。契約の社会法学研究や経験主義的研究は、取引関係や市場の活動を機能させる上で契約および契約法の貢献度は低いことを明らかにしている。一九六〇年代、イアン・マクニール（Ian Macneil）は、彼の関係的契約理論の幕開けを告げる論文を発表し始めた。[40] その理論は、古典的契約法の基礎となっていた前提の多くに大きな変革を迫ったが、少なくとも契約は敵対的な他人間における不連続の取引ではないとした。[41] 信頼、協力および信望は、契約の成立、履行および強行において重要な役割を果たしていることが示された。[42] 一九七〇年代にはグラント・ギルモア（Grant Gilmore）は、契約は学問的営為を通じて特徴的な法領域として存在することを強いられた裁判官の意見の緻密なパッチワークに過ぎないと批判した。良く知られているように、彼は、徐々に蚕食する不法行為法ならびに不当利得の諸原理に起因する契約の死を予想した。[43] 古典的モデルの体系に入ったひびはずっと以前に出現していた。私法の他の領域が拡大することは、契約法が自らに課した法理上の諸制約を克服するために必要であると見なされた。不法行為法は伝統的に契約の分野と考えられていた領域にとうとうと流れ込み、直接の契約関係を支える裁判所の関与が弱くなったこと、および純粋な経済的損失の回復を禁止する準則が緩和されたことにより、その流れはスムーズになった。[44] このことから、ある方面において不法行為は契約法の不柔軟性を補っているとする感覚が生まれた。[45] 債務の任意性を基礎に導き出される契約と不法行為との間を厳密に区別することはもはや維持できないと主張する人もいる。[46] 原状回復に関する諸原則は、例えば、当事者間では契約成立を期待されたが実際には締結されなかった場合にすでに行われた仕事に対する支払いを確保するため、[47] もしくは契約違反の事実は認められたが原告が金銭的損失を被っていないことを理由に損害賠償がまったく認められない場合[48]にも、契約法理が働くことで繰り返し発生しているいくつかの問題に対処するために活用されたのである。

しかしながら、古典的契約法の有する説明もしくは正当化する力に対する最も深刻な危機は、二〇世紀の社会全般の変化から生じた。アティアは、実質的に古典的モデルを弱体化する三つの関連要因を確認した。第一は、標準書式契約の出現である。第二は、契約責任の基礎としての自由な選択と意思の衰退であり、その原因の大部分は契約法における複雑性が次第に増加したことおよび市場へのアクセスの推定的平等性に関する健全なシニシズムである。さらに第三は、契約勢力としての消費者の登場である。(49) このうち第一と第三の要因が結びついたことにより、契約に関するコモンローは特に問題であることが明らかになった。消費者契約においては当事者間で交渉が行われない条項が普及しているため、交渉力不均衡の当事者間で交渉が行われていない条項に基づき締結された契約における実体的公平性が担う役割を正面からコモンローの検討対象とすることが要求された。裁判官たちは比較的交渉力の弱い当事者に何らかの保護を与えるために、コモンローを適合させ、発展させることはできても、契約自由および個人の意思を基盤として築かれている法準則はこうした仕事には明らかに不向きのように思われた。標準書式による大衆消費者契約から発生する問題のいくつかは、立法の介入により解決された（主要な法律は、一九七四年消費者信用法（〔Consumer Credit Act 1974〕および一九七七年不公正契約条項法〔Unfair Contract Terms Act 1977〕）。コメンテーターたちはこうした発展を無関係であるとして排除するのではなく、契約法の概要の中に組み込もうと腐心し、契約自由を基礎とした正当化事由から優位性を防止することの重要性を強調するさらなる市場規制モードへと向かう契約法の変容を明らかにしたが、それは交換における等価を確保し、契約取引における協力を支持しているのである。(50) 古典的契約法というよりはエクイティに特徴的な諸価値の再建は、契約事件においてフォーマルな準則に依存することではなく、より文脈的な（基準に基礎を置く）法的推論のやり方を通じて追求された。(51) こうしたダイナミックな法的推論への変化は、節操のないやり方で契約の不公正性に取り組もうとする解き放たれた裁判官の裁量権を意味するものではなかった。一九七七年不公正契約条項法は、いくつかの種類の契約条項については相当性を評価することを裁判官に要求した。裁判官は事件に判断を下すことを通じて関連する基準を発展させることで、こうした表面的には無制限の権限に構造を与えることができたのである。(52)

コモンローの無定形な特性を前提にすると、契約への立法的介入を告げる諸価値は、契約法の他の領域で変化をもたらそうとする司法府が利用し、うまく活用する。裁判官はすでに、コモンローの発展を通じて古典的契約法が引き起こした困難な状況のいくつかを改善している。裁判所は、取引関係の行為に対してより現実主義者的で結果主導型アプローチを実施するため、契約のレッテル、種類および法技術的意味(例えば契約条項たる条件および付随的条項)の裏側をある程度は見ようとしたのである。(53)古典期に特徴的な法理のいくつかは問題視された。特にローコミッションは一九八六年に口頭証拠排除法則の立法改革は不要であると判断したが、その理由は当該法則の意図と目的のすべてはもはや存在していないことであった。(54)よりパターナリスティックなこととして、一九七〇年代には経済的強迫法理の初生および交渉における違法な圧力が承認されたことを目にした。(55)エストッペルのようなエクイティに由来する諸原則は、裁判所がコモンローのフォーマルな諸準則を犠牲にすることで契約問題についてより正当かつ公平なアプローチを実施することを認めた。(56)不当威圧、不公正な契約条項についての新たな立法および黙示条項はすべて、取引力の不均衡な当事者間においてより均衡のとれた公平な立場を達成するために利用されたのである。(57)

このような古典的契約法への浸食は無批判的に承認されたものではなかった。契約法の変化の兆しを察知し、その正当性を疑問視して裁判官の上級メンバーから発せられた警告は、主要なコモンロー改革、とりわけ「取引力不均衡」に向けられた一般的法理を展開しようとすることは、裁判官というよりは立法府が扱う問題であるとするものであった。(58)彼らはまた、商事契約者は法的介入が最小限であることを見込んで自分たちの取引を自由に形成することができたと警告したのである。(59)もっともアティアは一九九〇年代には、契約法は同意なく課せられた債務と推定的債務の混合物であり、(60)信頼に基礎に置く責任という相殺する基準に照らしての古典的契約法の再解釈および改造は少なからず悪いコメントを引き出すことになり、また不法行為責任の拡大局面のいくつかは反転した、と考えるのに何の抵抗もなかった[61]。商事契約上のネットワーク環境においては、リスクの契約上の分配を危うくする目的で不法行為責任を認めようとする動きはほとんど見られなかった[62]。裁判所が契約者行動に対して広い意味での監視機能を担うこと、およびこの任務を果たすために様々な概念（例えば、非良心性、取引力の不均衡、相当性および信義則）の発展を求める要求は、制定法が契約をコントロールする役割を引き受け、裁判官があらゆる強化された役割から手を引いたことにより弱まることになったのである。アティアは、フォト・プロダクション有限責任会社対セキュリコー運送有限責任会社事件（*Photo Production Ltd v. Securicor Transport Ltd*）[63]、およびナショナル・ウエストミンスター銀行株式会社対モルガン事件（*National Westminster Bank plc v. Morgan*）[64]は、この点に関するコモンローの分岐点と見做した[65]。これらの事件における裁判官は、少なくとも商事領域において、契約自由が最優先の原則であり、コモンローは契約上の不公正性を克服するための法理を展開する必要はほとんどないことに全面的に同意したのである。すなわち消費者は一九七七年不公正契約条項法の制定により保護されており、また商事契約者は一般的な統括諸原則を何ら必要としなかったのである[66]。同じ頃、イギリスのＥＵ加盟は、とりわけ企業と消費者間における諸準則の主要な源となっていた。ＥＵが調和のとれた法を通じて単一市場という目的を追求することで、裁判所が契約上の公正性に関する基準に基づいた判断基準を解釈し、適用する必要性は別として、保護主義者的方針に沿ってコモンローを発展させる刺激は何もなくなったのである[67]。裁判官は、例えば契約条項は信義則に反していないか、およびそれから両当事者間の契約により発生する権利義務に著しい不均衡が生じるかという問題に取り組む必要があった。こうした新しい権利は常に消費者に有利に解釈されていたわけではない。**第三章**で見て行くが、裁判所はしばしば古典的契約法の理念を立法上のおよび規制的スキームに取り込んだのであり、そのことは消費者保護の理論的根拠を浸食することになったのである。その時代の雰囲気はディプロック（Diplock）卿によって把握された。一九八〇年代初頭、法廷外の論稿において同卿は、

「一九八〇年代は、裁判所は非良心的取引を支持することはないとの原則の拡大を見るかもしれないのは無理もない」と述べている。しかしながら、契約法の中でこのことから発生する緊張、およびこうした発展により商事契約法がさらされると思われる不安は表面からは決して遠くないところにあったのである。ディプロック卿は続けて次のように述べている。「私としては、［裁判所が］現代の取引および商業がどのように行われているかの実態、とりわけ商取引においては保険がほぼ普遍的に行われていることを念頭に置くことを期待したい(68)」。

二・四 関係的理論と福祉国家主義

当然のことであるが、契約法の混乱した状態は酷評されており、したがって契約の新たな傾向を異常なものとして無視するのではなくそれらを取り込む、古典的契約法の代替的理論モデルを展開することが必要であったと思われる(69)。関係的理論は一挑戦者であった。イアン・マクニールは、契約に関する古典的法の力点がばらばらで抽象的な存在としての契約に置かれており、契約を取り巻く社会関係が網の目のような複雑であることから切り離して分析されるべきものとされていたのを批判した。関係的契約理論は、契約締結に至る社会規範、すなわち信頼、名声の維持および生産的取引関係に焦点を当てたのである(70)。マクニールは古典的契約法が提供できたものよりはるかに豊饒な契約の規範的説明を追求したが、彼自身は自分の理論によりどこまで契約の法的推論を伝えることができると考えていたかは疑問視されていた(71)。関係的理論が不決定的な性格であり、またそれが法的な契約を没却して合意の社会的文脈に着目していたので、裁判官たちが契約紛争の判決を下すのに使用できる手段に変換することは困難であった。しかしながら、関係的理論は契約法学者に多大な影響を与えたのである。一九七〇年代にはアティアは、将来の契約法は裁判所が取引関係の実態にはるかに大きな注意を払うと感じることであろうと予言したのである。彼の主張によれば、「将来の交換を計画する手段としての契約は、同時に行われる交換もしくは短期の交換または長期的関係に取って代わられているのであり、長期的関係においては交換は可能であっても、その関係が続く限り継続的な調整を受けやすい契約条項によるのである」[72]。こうした予言をするにあたり、アティアは恐らく、関係的契約理論およびコモンロー上の契約に対する企業態度に関する経験主義的調査の影響を受けていたものと思われる。

同様に、デビッド・キャンベル（David Campbell）およびヒュー・コリンズ（Hugh Collins）は、経済的関係に関する古典的契約法のモデルが現実とは一致しない個別的契約および利己的な契約当事者という欠陥のある根拠に基づいていると主張するために関係的理論の研究成果を用いた。その結果、個別的モデルは複数の「例外的な」対立規範による補足を必要としたのであり、そうした規範は古典的契約法の構造を実質的に脆弱なものとし、内部の一貫性が欠如していることを露わにしたのである[73]。例外が契約および契約法の古典的モデルへの継続的な挑戦に至ることはなく、それらは「新古典的」契約法の誤った夜明けを告げたに過ぎない[74]。契約法における立法的介入は統一性を構築するのに役立たなかった。制定法は契約法のある特定領域においてだけ機能する傾向があり、しかも完全に取り換えられるかもしくは法典化されるというよりは、コモンローを補充するものとされることが時としてあった[75]。契約法の法準則／逆法準則の構造は完全に中立的であるとする者もいた。すなわち、「一旦は一団の法を創設することだけはできる。明白な法理に服すると、進むべき道はその中で道順を探すことである」[76]。このような研究者からの批判および契約が進むべき将来の方向性に関する予言にもかかわらず、契約法は依然として、行為もしくは関係により発せられる期待ではなく、契約責任の楔としての合意に焦点を当てていたのである[77]。一九九六年の論評論文において、ドナル・ノラン（Donal Nolan）は、「今日契約弁護士の直面している課題は、……古典的契約法の特徴のうち、どれが放棄され、どれを残すかを見極めることである」[78]と記したのである。現代法が古典的モデルの教えの多くを覆したいと願っていても、一九九〇年代中葉においてもノランの疑問は適切であったという事実は、古典的契約法、および契約自由の原理が及ぼしていた影響の証拠であった。

契約法の理論家の中には、二〇世紀を通じての新古典的契約法の発展は、その時代に生じたより広い社会的ならびに政治的諸変化、とりわけ市場への国家の介入が増加したことと結びつけることができるとする者もいた。アダムズ（Adams）とブラウンズワード（Brownsword）は、新古典的契約法について、契約規制が「市場－個人主義者」および「消費者－福祉主義者」の部門に区分されることを反映していると解釈したのである。(79) 市場個人主義は二つのタイプに区分される。すなわち、静的市場個人主義（static market individualism）および動的市場個人主義（dynamic market individualism）であり、前者は個別の市場において活躍する商事契約者たちの関心事を反映した古典的契約法の諸側面と広く一致しており、後者において法は紛争解決に際して長期的協力的な商業関係を連想させるインフォーマルな規範的体系をより重要視した。(80) 契約法は両当事者の合意の社会的文脈に応じてこれら二つの準則セットの間を揺れ動いたのである。契約における福祉国家主義理論は、消費者－福祉主義者が拠り所にしたものであり、一九四〇年代から一九七〇年代に至る数十年間の契約法におけるパターナリスティックな転換から発生し、標準書式条項による大衆消費者契約の出現により促進されたのである。(81) 福祉主義者はこの期間の間、戦後の政府の社会経済政策と調和した契約法の中では行き詰まることになったのであり、そうした政策では基本的な欲求を満たさせる際の国家の役割は、市場を通じては実質的に入手できない公共財および公共サービス（例えば、公共医療、教育および住宅）を市民に提供することにより果たされるとしたのである。(82) 契約に関しては、法思考における消費者－福祉主義者的アプローチは必ずしも消費者契約に限定されることはなかった。消費者福祉主義を活性化させる諸価値は契約法を通じてより一般的に発見でき、諸原則に具体化されているが、その例には、比例原則、不当利得の破棄（もしくは契約法理の突拍子の無さに起因した当事者の一方の棚ぼたを無効とすること）、(83) 取引力の強い当事者による不当な利益獲得からの保護および約定されていない利益を確保するためにフォーマルな契約諸準則に悪意で依拠することの防止がある。(84) 一九九四年までに、『契約法における福祉国家主義（*Welfarism in Contract Law*）』と題する論文集の編者たちにとっては、「［イギリスにおける］現代契約法は相対的に弱い立場の契約当事者に対する保護主義者的関心により区別されるとすることはありふれて(85)」いたように見えたのである。著者たちはこのことと「二〇世紀の国内政治」とを関連付けたが、それは「彼らの干渉政策、その最も顕著な形である現代の福祉国家とは区別された(86)」のである。しかしながら、著者たちは現代契約法の大部分は立法府の定める法律に含まれていたことを認めていた。

その当時、コモンローがどこまで福祉国家主義の砦として見なすことができたかは明らかではなかったものの、裁判所は、分配的正義、取引力の不均衡および判決における市場の失敗の結果に関する争点について気づいてなかった訳ではなかったのは間違いない(87)。このことの一端は、「福祉国家主義」が意味しているものは何か、およびそれが必要とするのは何かが正確さを欠いていることと関連している。福祉国家主義は、ある程度は古典的契約法の教訓に依拠するかなりミニマリスト的な考えを示すことができたのであり、市場で活躍する交渉力の強い当事者により搾取されるリスクはあっても脆弱な個々人（未成年者、判断能力に影響する行為無能力者、強制、強迫等を受けやすい者）のためのセーフティネットを提供する手段により補完され、その結果として、契約上の利益が獲得されるとする他方当事者の利益に何らかの注意が払われなければならない場合にはすべての文脈における契約を基本的には協力的なプロセスとして承認するより広範囲な概念となったのである(88)。より広い福祉国家主義の考えは、福祉国家主義と、形式主義的法理にはあまり期待せずむしろ準則の適用における柔軟性により多く依拠する裁判官の推論スタイルとを関連付けた。このことは、契約の組織化原理は契約の自由もしくは形式主義ではなく、「両当事者の合理的期待」の保護であるとした考えにより具体的な表現を言い出すのである(89)。

契約者の合理的期待に言及することは、すでに一九七七年不公正契約条項法において標準書式による免責条項に関するコントロールの一部として現れた(90)。しかし、「合理的期待」を保護するより広い原則は、不公正条項が機能することの制限を超えて契約法の法理上の様々な発展を説明したのである。こうしたものには、契約違反により契約者、とりわけ価格の差額算定方法では容易に賠償されない損失を受ける消費者の被る様々な種類の損害についてより迅速に対応する契約救済領域を提供しようとすることが含まれる(91)。信頼および第三者の期待保護も、一九九九年に直接的契約関係（privity）準則の例外に対する包括的な立法上の例外が制定されたことにおいて明白であった(92)。同じような発展として、コモンローが手続的規定における信義則と結びつくことがいくつか見られるのであり、特に顕著なのは面倒な条項の契約への組み込みとの関連であるが(93)、契約上の裁量権の行使に加えられる制限を明示する場合にもそうである(94)。コメンテーターの中には、こうした合理性との関係はさらに古い時代における裁判所によるエクイティ上の権限の現代的な現れであると解釈する者もいる(95)。期待に基づく正当化事由は商事領域に拡大したが、合理的期待が占めていた優位性は、少なくともいくつかの商事的文脈においては、利己的な取引に関する全体的仮定を覆すのには十分とはいえなかったのである(96)。コンシダレーション法理は、商事的期待の維持を根拠に正当化された、裁判所の介入による契約修正においてはあまり厄介なものではなくなった(97)。入札シナリオにおいて契約責任を課すことを正当化するのに、伝統的な申込みと承諾の分析ではなく、契約者の「合法的期待」が提示されたのである(98)。契約解釈において「明白な意味」の方法から文脈主義への変遷は明らかに有機的な関連性を有しており、古典的契約法の形式主義からそれに代わる期待に基づく契約モデルへの永久的な交替を示唆していたのである(99)。

福祉国家主義および合理的期待の時代において、古典的契約法を「痙攣死体」として片付けるのは容易であった(100)。それはまた小気味良いくらい整頓された物語を示しており、アティアは『契約自由の誕生と衰退』の最終章のタイトルに使用し、一九世紀における古典的契約法の発展および二〇世紀を通じてそれが死にかけていることから始めている。契約解釈の諸原理は除外されるかもしれないが、福祉国家主義、関係主義もしくは「合理的期待」のいずれかに基づくかは別として、新たな契約法の考えを構築しようと努力する背後で高まりつつあった知的勢いは見られても、司法府には契約法の基本的根拠を、現実主義者の方針に即してもしくはそれを支える倫理としての協力を得て再形成しようとする、制度的もしくは真摯な試みは何ら存在していなかったのである。それでも、これは右記の諸価値を正確に反映していると思われる判例法の展開であった。多くの点において、福祉国家主義者の時期は契約法にとっては逃した機会を示しているのである。近頃のコモンローがいとも容易く新古典的契約法の衣を外観的には脱ぎ去ってしまったことは、結局のところ福祉国家主義者の哲学が示しているのは古典的な教えの全面的拒絶ではなく、妥協的立場であり、残存する足跡や永続的な影響もほとんど残していない、古典的契約法への付け加えに過ぎないとする見解が正当であることを証明しているのである。同様に、「ヨーロッパ化」および契約法のハーモナイゼーション[101]、ならびに単一の民法典の下でヨーロッパの異なる私法体系を統一しようとするより野心的な可能性を探る膨大な文献は奔出したが[102]、「ヨーロッパ化」プロジェクトはイギリス契約法の特徴を認識していないとして[103]、もしくは異なる法体系を縫い目なく統合することは不可能であるとして[104]、一部の方面では批判されたのである。福祉国家主義はパターナリズムと関連付けられているように、契約ならびに選択の自由が有する本質的価値が市場介入を介した公平性の追求および契約の社会的側面を承認する中で犠牲になることを許しているとして、批判を浴びている。要するに、福祉国家主義者の契約法は反契約として非難されたのである[105]。

消費者および社会全体への国家介入のプログラムの誕生に照らすと、契約に関するコモンローがたどることができたと思われる代替経路は恐らく二つは存在した。第一の途は、コリンズが「生産的分解」と呼ぶもの、すなわち消費者契約が引き金となった改革および他の福祉主義者の動向をコモンローとより完全に同化することを経ることであり、その過程で古典的契約法を解体していくのである[106]。新しいコモンローは、契約自由ではなく契約正義の諸原則の周囲に一貫性を構築しようとしたかもしれない。そうした法は、取引力の不均衡の実態、契約の濫用の承認とその規制、および合理的期待の保護を、中心的関心事として組み込んだかもしれない。第二の途は、新たな展開を契約法とは同調しないとして放逐し、取引を促進する道具としてコモンローに再度焦点を当てることである。市場に特化した規制の成長により、コモンローは第二の途に据えられたのである。結局のところ、市場における任意の参加者の保護に寄せる福祉国家主義者の関心は規制において顕在化し、ジェネラリストの裁判所の契約に関する推論においてではないのである。(107) 法システムはその閉鎖的性質が再び主張されたことにより、現代社会において契約が行き渡ったことで生じたより広い社会的関心に呼応して受容力を失うことになった。(108) 規制の出現についてアティアは、当然ながらその範囲を予言できなかったが、いくつかの点において予測していた。アティアは二〇世紀における契約の警告を、増加途上にある市場への国家介入、福祉国家の創設が最高潮に達したこと、産業の国有化プログラム、および結果として資源を分配することおよびこうして拡大した国家機構を司る任に当たる官僚組織の増殖と結びつけたのである。(109) 彼はその様々な社会変化、すなわち民主化、独占の発生と競争の欠如、および労働組合の発達を特定し、(110) それらが行政的ハイアラーキーおよび中央集権的統治プロセスが隆盛して契約が衰退する一因になったとした。彼はこの時期裁判所においては契約自由の遵守が相対的に強かったと指摘しているが、(111) 伝統的には契約の分野と見なされていた領域について行政法がより多くの責任を引き受けていたように思えたようである。(112)

行政法が将来有すると思われる重要性に関したアティアの予言は先見の明があった。(113)「ウェンズベリー＝合理性（Wednesbury-reasonableness）」のような公法上の概念［ウェンズベリー原則は合理性原則とも呼ばれ、控訴院判決の *Associated Picture Houses Ltd v. Wednesbury Corporation* 1 KB 223(1984) に由来する、公的機関の決定に対する司法審査申請を評価する際に用いられる不合理性の判断基準のこと。ある理由や決定が合理的行動をする合理的な人であればそのような決定を下すことができなかったほどに不合理な場合に、不合理とされる］は契約上の裁量的権限行使の制約に関する理由付けに流入しているのであり、(114) 比例原則および合法的／合理的期待は契約法に足掛かりを見つけたのである。しかしながら、アティアが認識できなかったことは、私的紛争解決の急速な成長のもたらす影響、商事領域においては明示条項を媒介とした契約統治全般に及ぶ両当事者の私的立法に直面しても一般的にはそのまま黙認すること（私的秩序化）、および消費者領域における規制の重要性である。契約を統治する適用可能な諸準則の公の提供者としての契約法の役割はそれなりに縮減し、一般契約法が機能する領域は減少することになり、アティアの予言、すなわち「［一九七七年不公正契約条項法］またはEC［不公平条項］指令もしくはその他制定法上の諸規定では捕捉されない事件における非良心的契約を処理するため(115)」依然として何らかの残余の司法権が必要であるとしたことは誤りであることは明らかになったのである。

私たちの生活全般において契約の意義は増大したが、コモンローは消費者契約において発生する問題もしくは取引上の不均衡に関するその他の事例を処理するための準則を発展させるであろうとする期待は実現しなかった。契約の拡大は代わりに市場活動を統治する様々な規制機関を生み出し、それらの機関は契約を強行しかつ救済システムを提供する責任を実質的に引き受けているのである。立法および国家による規制は、契約の使用および濫用を通じてしばしば明らかになった市場の失敗の事例を取り扱う(116)。契約法と規制の関係については**第四章**で立ち戻ることにする。本章次節では、規制の増大が司法の復興、および伝統的な契約法内におけるフォーマルな古典的契約法の諸価値の再主張についてどのように燃料を補給したのかを説明する。

二・五　二一世紀におけるコモンロー契約法——調査プログラムの再生

福祉国家主義者の時代においては伝統的契約法への関与は明らかに薄れていたのであるが、契約法は死滅したわけではなく、私たちは「［古典的契約法の］調査プログラムの退化」を目撃したわけでもない(117)。二〇〇六年におけるブラウンズワードの観察、すなわち「契約の自由が衰退の途上にあるとの提言はさらなる分析を招くのであり、いくらか注意を払ってアプローチする必要がある」は適切であった。[118] 契約に関するコモンローは多くの人により、とりわけ契約の法と経済領域の学者から、契約自由および自律への関与を新たにして商取引の促進という中心的使命であると認められているものに回帰したように思われる。契約の法的推論における形式主義主義者的転換は、企業対消費者取引を規制することに関するコモンローの責任を解放する、自然で、恐らくは必然的でもある結果として解釈することができる。新形式主義もまた標準書式に基づく契約の法的推論および取引慣行の法への組み込みに根差していたのである。[119] 表面的には魅力的ではあったとしても、こうしたコモンローにおける形式主義の復活は、消費社会における標準約款による契約の出現が生み出した諸問題を処理するために一時的に中断された歴史的現状の再主張であるとすることは単純過ぎるのである。ダーガン他（Dagan et al.）の観察するところでは、「市場の下部構造としての法の意義を正しく評価することにより特に特定の市場構造が必然的であるというわけではない。むしろ、すべての市場の秩序は法的ならびに政治的選択の複雑な組み合わせの結果である」。[120] 契約法は「社会の基底的な経済構造」だけでなく、必然的にそうした経済構造を支える政治的イデオロギーをも反映するのである。[121]

一九八八年の論文「契約の自由と新たな権利（*Freedom of Contract and the New Right*）」においてアティアは、二〇世紀最後の数十年における契約自由の復活を誘発した政治的諸変化が一八〇〇年代に契約自由の誕生へと導いた諸条件を忠実に反映したとする考えを拒否した。一八〇〇年代における契約自由の主張が結びついていたのは、左派による民主主義の信奉、個人の自己決定権およびその時代の政治体制と関連付けられるパターナリズムの拒絶であった。[122] 他方で、二〇世紀における新形式主義の誕生は、一九七〇年代後半以降のイギリス政府が追求した私有化および市場化アジェンダに伴って発生した社会的諸変化に根差しているのである。アティアは市場化の原因を、無能な官僚への信頼の減退ならびに貯蓄と選択を実現する市場の能力に対する信頼を新たにしたことに求めた。契約は、市場メカニズムへの信頼を可能にする道具としても、またその象徴的表象としても役立ったのである。公共財の国家による直接的供給は撤退し、それを行うことはサービスのアウトソーシングを通じて機関およびその他の提供者に交替したため、「契約国家」がもたらされたのである。[123] 個人の自律および自立という市場志向的諸価値を再び主張することも消費者に帰するのであり、彼らはこの時までに十分な教育を受けていたので（もしくは少なくとも文字の読み書きができ）自分のことは自分でできるし国家への依存もより少なく済ませることが可能であると見なされていた。[124] 他の多様な要因、例えば急成長する権利運動もまた契約自由の原則の高まりに起因していたのである。[125] アティアは結論として、契約自由は外部不経済を生み出したが、「契約は依然として市場に委ねられるべきである」[126]とした。

法律学に関しては、アティアが確認した諸々の公的機関の信頼が衰退したことには、司法府への不信もまた組み込まれていた。二〇世紀上半期においては何ら反対意見を引き出さなかった法的推論の諸形態は同世紀後半には非難されることになった。『法の概念（*The Concept of Law*）』[127]においてH・L・A・ハート（Hart）が一度は受け入れた司法的裁量権の不可避性は、法的推論において政策的議論の使用を支持する裁判官を酷評する理論からの挑戦を受けることになった。[128] 契約の古典的復活は、法の経済分析の中より発生した関係的契約論に関する様々な批評から支持を得た。法の経済分析の論的構成要素は、基底的な市場イデオロギーに奉仕するために諸々のデフォルト準則としての契約法に注意の照準を当てている。こうした学問の構想は（文献上は「新形式主義」もしくは「反－反－形式主義」の名称）、経験的研究および関係的理論の成果が古典的契約法の形式主義を正当化すると断言するのである。文脈的、関係的、もしくは基準に基づく法体制は、増加費用、不確実であることおよび予見できないことを理由に批判されている。アメリカの法律学においては、法的推論における文脈的シフトは、特に契約法に取引関係の規範（例えば協力、信義則、業界由来の了解および期待）を組み込むことを要求することは、契約の死ではなく「契約法の死」すなわち契約当事者が国内契約法の効力から逃げ出すことを急き立てているとして批判されており、[129] 契約当事者は自ら詳細にコントロールするとともに予見不可能な結果のリスク低下をもたらす、私的でかつフォーマルな紛争解決手続の方を選ぶのである。[130]

ここで述べていることは、こうしたより広い傾向が契約における法的推論に直接影響を及ぼしていることを示唆するものではない。むしろ、契約判決において裁判所が形式主義へと向かう現在の傾向は、こうした展開と軌を一にしているのである。しかしながら、新形式主義にも重要な相違点が存在している。私たちが目にしているのは、文脈的基準もしくは合理的期待に基礎を置く正当化事由から契約法における明快な準則へ戻る動きではなく、基準から契約条項へのそれである。古典的契約法は、フォーマルな契約法準則および法理に表明されていたが、現行の契約法は契約の文言および明示条項をその分析の中心に据えている。商事領域においては、このことは契約統治を容易にする私的秩序化の拡大と調和している。こうした多様な諸々の力の結果として、契約に関する一般的なコモンローの諸準則はより一層ニッチな領域を支配しているのである。契約法における形式主義者的かつ内省的転向はまた、私法および債権法全般の進行方向と軌を一にしている。イギリスにおいては、知的動向は私法の有する諸価値の内面に焦点を当てた説明へと向かっている。例えば不法行為理論は同じような方向転換を経ており、私法を支える一切の道具主義者的もしくは一般向け正当化事由を避ける、「伝統的な」権利を基盤とした、矯正的正義または意味解釈理論へと舵を切っている[131]。このような説明において暗に示されているのは、「コモンローが保護するのは、個人に帰する責任および立法が必然的に……無視する小さな政府の有する重要な諸価値である」との考えである[132]。古典的契約法は裁判所の実質的冗長性を得ようとするかもしれないが、そのことは、立法、規制もしくは商事領域外で発生する契約問題を組織的に解決する必要性の恐れを伴わないある程度の法理上の一貫性を証明できるのである[133]。こうした流れに照らして契約法が停滞するリスクは、イギリスがヨーロッパ連合から離脱したことによりさらに悪化するかもしれない。イギリス契約法は信義則法理を発展させるべきかという問題は、ＥＵの法的ハーモナイゼーション計画の中心的課題であったように思われるが、後退してしまった。同様に、イギリス契約法に対するヨーロッパ全体的な影響は、文字上のみならず精神においても、ブレグジットの観点から減少している。契約実務における諸変化は、法における変化をもたらさしていない。契約法は組織的生産活動の新たな仕組み、例えば協働型ネットワークには適合していない。契約法はまた、人工知能が契約の成立、履行および強行の諸側面について支配する明白な可能性があるにもかかわらず、増大した契約の自動化にも体系的に対応していないのである。[134]

契約法はより古典的なスタイルの法的推論に回帰したと主張する際に、私たちは常識に反していると見なされるかもしれない。私法学者および契約法学者の中には、契約法は反対方向に動いてきたと主張する者もいる。バルハス(Varuhas)は、私法は権利者の利益保護から政策目標を守ることに動いていると主張する。バルハスの観察は不法行為法においてより適切であるとしても、契約法においては、「当事者自治により深く浸食し、当事者間で合意された権利に公益への配慮および社会的期待に基礎付けられた実体的義務を重ね合せようとする裁判所の強い意向」[135]により一目瞭然である。この契約に関する主張の大部分は問題のある救済事件に注目することで裏付けがなされており、そこでは裁判所は原告に対して契約違反を是正するコストについては、是正を促進することが経済的に社会的資源の無駄であるとの理由として認めていないか、もしくは企業に損をする取引を強制するとの理由から、裁判所は特定履行を拒否しているのである。[136] このことから、裁判所が政策的配慮に関与することは、経済的効率性および社会福祉を促進するという社会目標と結びつくのである。裁判所において契約条項の黙示を行うこと、および行政法由来の規準により契約の裁量権をコントロールしようとすることの意欲が高まりを見せたことはまた、契約における社会福祉へ向かうこうした動きの現れであると見なされている。[137] しかしながら、拠り所としている判例は（雇用法および消費者法からの）、厳密には社会的諸価値が一定の役割を果たすべきであると主張できる領域のものである。バルハスの著作においては互いに支配・従属関係にない当事者間の商取引の言及はほとんどなされておらず、それとの関係において大部分の伝統的契約法が強力に再び主張されているのである。

二・六　おわりに

右記の分析により明らかにしようとしたのは、古典的な契約モデルは、首尾一貫した理論もしくは知的要請に駆り立てられた契約法が有する当然のもしくは本質的特徴ではなく、異なる時に異なる方法で波及しているある種のプラグマティックな影響により型に入れられたものだということである。契約法は、よりフォーマルな契約法もしくはより文脈的契約法に傾倒していても、決して全面的に無条件の単一モデルに包含されるのではない。消費者契約により生み出された問題に対するコモンロー上の解決策を発展させる必要性から、厳格な古典的法準則をある程度緩和することが余儀なくされたのである。こうした動きは、単純に消費者契約に限定されるものではなく、しかも大いに交配の余地がある。一九七七年不公正契約条項法の下では、裁判所は契約条項の相当性を検討し、契約書本文に表明されていない両当事者の合理的期待を判断することが要求されたのである。こうした諸価値は、いくつかの商事契約紛争における法的推論に影響を及ぼすことになったのは恐らく避けられなかったと思われる。新古典的法を推進した消費者保護規範は、約束的禁反言のような法理を通じた信頼の保護および取引実態に合うように契約法理、とりわけコンシダレーション法理を緩和しようとすることを優先して、古典的法を緩やかにする手法により商事契約法に反映されたのである。契約の拡張解釈の方法が進歩的な裁判官によりはっきりと提示された。契約および法が商慣習に重要性を欠いているとの経験的証拠と相まって、古典的契約法モデルがフォーマルな明示条項の範囲を超えた契約の生命を強調する現実主義者および文脈主義者のライバルから受けるプレッシャーはかなりのものであったように思われた。

合理的期待原則は、大まかには文脈主義者的推論方法を通じて追求されたものであるが、二一世紀二〇年代を通じて契約法の主要テーマとされたのである。[138] しかしながら、古典的契約法の支配力が明らかに弱くなったにもかかわらず、二〇世紀後半において福祉国家主義的およびパターナリスティクな方向へと契約法を押しやった諸要因の及ぼす影響力は、二一世紀の変わり目までにずっと小さなものになった。古典的契約モデルは契約の二者択一的説明、すなわち関係的な説明もしくは福祉国家主義に基盤を置いたものに道を譲るであろうと思われること、およびこのことは契約法の一貫性にとって必須であるとした以前の確信は、ほぼ消滅したのである。政治的状況、契約の法的推論および学問的動向におけるこうした重畳的転換から出現した契約法は明らかに新自由主義的性格である。そのことは、契約の明示条項およびこれらの条項に関する契約法の諸準則（明示条項の解釈、黙示条項、契約条項の制限）が優先され、コモンロー法理および一般原則（契約違反に対する救済は恐らく最も著名な例外）の説明および発展が衰退したことにより折り紙付きである。コモンローが次第に商事契約者を重視するようになっていることは、売買法におけるアトキン（Atkin）卿の反エクイティ思考が制定法を超えて契約に関するコモンローを組み込むまでに拡大している。すなわち、契約の明示条項はコマシャールコード（Commrcial Code）の一形式となっており、また確実性および予見可能性の諸価値は伝統的にエクイティと結びついた正義もしくは公平性のそれを上回ることになった。[139] 契約法の規制能力は結果として減退したのである。この点については次章においてさらに検討する。

第三章　契約化とコモンローの後退

前章において契約の歴史について若干説明したので、本章では契約法におけるフォーマルローおよび古典的法の諸価値の復活を批判的検討の対象にする。商事志向的契約法の出現は近年における多くの契約の発展を通じて明らかである。すなわち、当事者自治の再言明およびデフォルト・ルールとしての契約法に重点を置くこと、契約解釈のより形式主義者的スタイルへの回帰、契約におけるエクイティおよび公序良俗を考慮することの最小化、裁判官に見られる以前は有効性が問題視されていた契約条項（「口頭変更禁止」条項および「契約書記載以外の表示の依拠禁止」条項）を支持する傾向、および契約条項に対するコモンローの支配力の減退（例えば、違約金に関連して）である。形式主義は多くの商事契約の文脈においては完璧な程に適切であるとしても、コモンローが契約の規制に重要な貢献を果たしていること、すなわちその一般性および契約が支持する規範的諸価値を伝達する際の表現する役割を脅かす。契約法はまた、新しい種類の契約問題に応えて、新たに強行的諸準則を創設する能力もしくは古いそれを適合させる能力を失っている。このような点において、契約法は縮小しているのである。

契約法が契約に対する広範囲にわたる一切の規制的役割を自主的に排除したこと、および契約自由を再受容したことは、過去四〇年にわたって「イギリスの」歴代政権が私有化および市場化に取り組んだ後を受けて社会における契約領域の役割が拡大しているというタイミングでとりわけ不運なことである。コモンロー準則は一般的にはこのような契約の拡大がもたらす結果には関わらないし、それを反映することもない。現代の契約活動の多くは厳密な法的精査をすり抜け、代わりに一連の私的に運営される手続きおよび特有の規制を通じてコントロールされている。その結果、コモンロー原則は現代の契約規制もしくは怪しげな契約慣行をコントロールしようとする企てには何ら寄与しない。こうしたものに含まれるのは、密かに契約債務を負担させること、同意の弱体化および怪しい目的での契約の使用、例えば公益上は開示されるべき情報の隠蔽である。現行の契約法は明示条項の解釈および私的自治を分析の中心に据える傾向があり、現代の契約実務が古典的契約法に基礎を置いている多くの前提をいかに浸食しているか、もしくは事件がより広範囲の公序良俗または社会的関心事とどのように関わるかについてはほとんど考慮しない。本章**第一節**では法における形式主義の再ブレークを示唆する最近の契約法の発展について検討する。**第二節**では、コモンローが次第に契約化する社会の文脈における契約活動の一般的規制者としての役割から後退することについて探究する。

三・一　自由主義契約法の出現

契約自由の復活は福祉国家主義者の時期を通じてすでに契約法において明白であった。イギリスの裁判官たちは保護主義的立法を利用して、二〇世紀中葉におけるいくつかのコモンローのよりパターナリズム的発展を反転させた。今では消滅した基本的違反法理は一つの例である。法理上の変則には悩まされたが[1]、基本的違反は恐らくは、コモンローが免責条項に対する実体的攻撃力を実装するまでの最も進んだものであった。基本的違反の「法の支配」は、契約上の債務不履行責任が免責されない履行上の中心的な契約債務というものが存在すると主張した。債務不履行を理由とする原告の損害賠償請求権は、当該契約条項がそれを否定する旨規定されていたとしても、そのままとされたのである。(2) この原則は、デニング(Denning)卿率いる控訴院により、契約法の道徳内側の問題にまで引き上げられた。(3) だが貴族院は、そのような法の支配が存在することを一切否定した。(4) それはすべからく契約の解釈の問題とされた。(5) フォト・プロダクション社対セキュリコー社事件(*Photo Production v. Securicor*)においては、基本的違反法理は一九七七年不公正契約条項法(UCTA)の制定および保険の利用可能性を問うことは不要とする、有用な目的を果たすとされたのである。(6) 関連した取引力不均衡に関するコモンロー上の革新も同じように批判された。(7) 一九七七年不公正契約条項法上の「相当性」基準の適用を検討する一連の判例は、ウォットフォド・コンピュータ有限責任会社対サンダーソンCFL有限責任会社事件(*Watford Electronics Ltd v. Sanderson CFL Ltd*)(8) における契約自由を支持する控訴院判決で最高潮に達した。同族企業とソフトウェア供給者間の契約における責任制限条項の相当性は支持された。同判決は、ビジネス取引における反パターナリズムの強力なメッセージを発し、それは現代に至るまで反響している。(9) すなわち、契約条項に明確に規定されている場合、ほぼすべての種類の責任を排除することは可能である(詐欺は例外)。古典的契約法の正統派的見解に挑戦するその他の革新的諸原則は、異端の判例から出生したもののすでに放棄されてしまった。(10) 確定的損害賠償額条項が無効な違約金であるかの伝統的基準は緩和されている。(11) 明白な意味解釈方法の広範囲に及ぶ復活(12) と並び、黙示条項の伝統的判断基準の復権も見られるのである。(13) 本章ではこうした発展のいくつかを検討する。

三・一・一　契約解釈

コモンロー契約法において古典的復活があったとの見解は普遍的に共有されていない。コメンテーターの中には、最近の契約法は契約自由の原則とは矛盾した司法介入の傾向を示していると主張する者もいる。例えばラージンスカ(Raczynska)およびデイビス(Davies)は、「契約自由はより制限的なものになっている」(14) と主張する。彼らはこの証拠として四つの大きな流れを指摘する。すなわち、①文脈的契約解釈方法、②関係的契約および信義則に関する黙示条項の判例法、③契約上の裁量権に対する司法的コントロール、および④スマート契約の概念が次第に発展し、使用されるようになってきたことである。[15] 別の観点からは、これらは契約自由を干渉する事例ではなく、裁判所が契約を規制するという重要な仕事を行っている例である。スマート契約および関係的契約に関する検討はそれぞれ**第六章**および**第七章**で行うことにする。裁量的権限の制約に関しては、こうしたことは取引力の強い契約当事者が自らの契約上の約束を機能的に無意味なものとするか、もしくは契約への期待を著しく傷つけようとすることをコントロールする上で正当化される。契約は交換を含む。交換の要素が明示規定の働きにより疑似的なものとなった場合には、契約は存在しない。契約自由は絶対的なものではなく、「フリーマーケット」の概念に似て、その存在は法準則の働きに依存している構成物なのである。[16] 当事者自治の行使に制限を加えること、および契約行動を統制することは、まさに契約法の役割であり、したがって管理者としての裁判官の役割であって、契約の無批判的擁護者として活動するわけではない。

同様に、契約解釈は契約への司法的介入についての議論を引き続き生み出しているが、文脈的方法を巡る議論もまた、契約解釈（契約書の文言が意味するのは何か）は、契約法のほぼすべてのその他の部分よりもはるかに重要な契約紛争および裁判の源となっていることを明らかにしている。このことは上級裁判官のメンバーにより認められている。[17] 控訴院判決をザックリと調べてみても、投資家補償制度事件（*Investors Compensation Scheme*）を参照するものは、ウイリアムズ対ロッフィ事件（*Williams v. Roffey*）、ハドレイ対バクセンデール事件（*Hadlely v. Baxendale*）およびアキレ号事件（*The Achilleas*）をまとめて検討するそれよりも数が多いのである。[18] 契約法の強行的な諸法準則に関わると思われる最高裁判所の判決であっても、例えばブラガンザ対ＢＰシッピング有限責任会社事件（*Braganza v. BP Shipping Ltd*）[19]（契約における裁量的権限のコントロール）もしくはカーベンディシュ対マクデッシ事件（*Cavendish v. Makdessi*）[20]（違約金条項法理）などは契約解釈の問題とされているのである。契約の法理上の展開が衰退して契約両当事者が用いている条項の意味の決定が優先されることは自由主義的解釈法の特質の一つである。契約解釈に用いられる方法は多少形を変えている。ホフマン（Hoffmann）卿のより広範な文脈解釈方式は一切の許容性がありかつ関連性のある背景を参照して進めることができるが、契約の言葉に焦点を当てる契約文言に基づく公式化へと凝縮されている。(21) 口頭証拠排除法則および解釈原則は、文脈主義者的推論方法の影響下で長い間埋没していると考えられていたが、部分的には発掘されている。(22) 同一性の錯誤に関する事件である、ショーグン金融有限責任会社対ハドスン事件（*Shogun Finance Ltd v. Hudson*）においては、買取選択権付賃貸借の詐欺により取得し、その後善意の第三者である購入者に売却された自動車の所有者はだれかという争点について、ホブハウス（Hobhouse）卿は、法律文書（盗まれた身分証を用いて詐欺師が取得した無効な買取選択権付賃貸借契約書）および口頭排除法則の働きを参照して解決したのである。(23)

契約法において契約書が優勢となった一つの結果として、裁判所は明示条項の解釈を優先して法理発展からいくぶん撤退したのである。もちろんこのことには例外がある。違法性法理および契約違反を理由とする救済手段はいくつかの重要な革新の現場である。(24) しかしながら、裁判官は判決において法理分析に頼ることに消極的であったように思われる。ロック広告有限責任会社対MWBビジネス交流センター有限責任会社事件（*Rock Advertising Ltd v. MWB Business Exchange Centres Ltd*）(25) においては、最高裁判所は、契約変更申立てに関する争いについて当該契約の明示的「口頭変更禁止」条項に基づき解決することで満足した。同裁判所は、三〇年に及ぶ間学会を席巻した議論である、契約法のコンシダレーション法理および同事件に影響を及ぼす一部弁済の法準則について何ら詳細な評価を示さない選択をした。このように法理を再検討に難色を示すことは、いかにほんのわずかの契約事件しか最高裁判所に到達しないかを考えるにつけ不幸なことである。(26) 契約の法的推論において契約解釈が卓越しているので、裁判所は特定の契約書から発する個別的問題解決を優先させて、コモンロー原則の発展から手を引くのである。

三・一・二　契約と公序良俗

無効要因に関する諸々の準則とともに、公序良俗は契約法諸準則が強行的効力を有する一つの領域である。公序良俗の議論は、判決の正当化事由の一部として、一般的社会福祉もしくは公益を理由とする判決のもたらす諸々の結果に基づくものである。契約法において公序良俗が適用される事柄は極めて狭い。裁判所が公序良俗に反して無効であると宣言する権限を行使するのは、公序良俗が働くことがすでに確立している場合（取引制限の契約、違法性を帯びた契約、法システムの機能を損なう契約もしくは道徳的な不適正さを伴う契約）に限定されている。[27] 裁判所が公序良俗の新しい項目を創設できるかは疑わしいところである。[28] 裁判所が契約における公序良俗を考慮することに躊躇するのは新しいことではないとしても際立ってきている。スワイン（Swain）が述べているところでは、公序良俗法理は一九世紀に出現した時から、司法府が立法領域に侵入するとの恐れがあるとの理由で不人気であった。[29] チィティ（Chitty）が観察するところでは、同法理はその柔軟性、「開いた構造」および契約自由を支える両立しない政策と競合することを理由として批判されている。[30] コモンローにおいて政策的諸要因に幅広く関与することは見られても、契約で政策が機能するかは論争の的になっている。違法性抗弁の効力に関するパテル対ミルザ事件（*Patel v. Mirza*）判決は、この特別な緊張関係の例を示している。最高裁判所の理由付けは、違法性の機能に対する法準則に基づくアプローチと、違法性に起因する主張が排除されるまでそれが法システムに損害を与えるのはどのような場合かに関してより柔軟で事実に基づいて公の政策を中心に評価することの二つに分裂した。[31] 多要素の評価方法を正当化するに当たりトルソン（Toulson）卿は、「司法制度が恣意的、不正義なもしくは不釣り合いな結果を生み出す場合には、その完全性の尊重は高められない」[32] と述べている。最高裁の少数意見の中で違法性の主張により発生したまったく異なる政策的要素を法準則の仕組みに押し込もうとする試みは、裁判官の中には、政策に基づくかもしくは裁量的と考えられる理由付けを嫌悪する者がいることを示すものである。[33]

最近の判例法が示すところでは、裁判所は合意条項の強行が主張された場合に契約当事者の正当な利益を考慮する個人主義的推論方法を選び、政策議論を回避しているのである。カーベンディシュ対マクデッシ事件（*Cavendish v. Makdessi*）判決は違約金に関する法準則を緩やかにしており、原告が契約違反ではなく履行を促す正当な利益を有しているかの判断を採用し、支払額が事前に誠実に見積もりした損失であるとの要件を放棄した。このことは、請求金額は補償であって処罰ではないとする損害賠償額の（政策上の）目的に確実に一致させようとする、それ以前のコモンロー上の判断基準からは外れる[34]。非良心性に基礎を置く過度のコンロール支配の対照となっていたが[35]、支払い請求をする当事者が契約における主たる債務の履行を促す正当な利益を証明できる場合には、契約に規定された支払額は契約違反から予想される損失を優に超えることになる。このことは当然ながら、当該規定の目的および同支払額を規定する際における当事者の特定の動機に関する個人的評価を伴う。違約金条項を持ち出すのには、当該支払い条項が創り出すのは主たる義務かもしくは二次的義務であるかに関して乗り越えなければならない前提的な解釈上のハードルが立ちはだかっている。契約違反が引き金となる二次的債務であると解釈される場合でも、契約違反でなく履行を促すについての正当な利益は比較的容易に証明することができるので、金額における非良心性（道徳的に非難されるべき[36]）を証明する障壁は高いのである。違約条項については、消費者は上級審裁判所でどうするのかを検討するセクション**三・一・五**において立ち戻ることにする。

同様に契約のもたらす広範囲の社会福祉的効果を考察することを躊躇する例は他の場合、とりわけ裁判所が市場における利己的な行動の検討を求められる場合に顕著である。裁判所は、違法ではないが倫理的に問題のある契約行為を非難したがらない。経済的強迫に関する判例法は、合法的行為であっても交渉力の強い当事者がする要求を支えるためにその強迫が悪意で用いられた場合には違法な圧力になりうることを認めているのである[37]。しかしながら、独占的地位の搾取もしくは商取引に関する普通の「無鉄砲」[38]は通常は強迫とはならない[39]。契約自由の環境の下では、裁判官たちは、契約条項に違反することがなければ、商事契約者が悪意で行為しているとの評価を下すとはとても思えないのであり、その行為自体がとりわけ弱い者いじめであるか、敵対的であるか、もしくは交渉力の強い者が契約当事者間における著しい交渉力の格差を良いことに行われた場合にあっても同じである。タイムズ旅行有限責任会社（イギリス）対パキスタン国際航空会社事件（*Times Travel (UK) Ltd v. Pakistan International Airlines Corporation*）において控訴院は、商事文脈において何が道徳的上もしくは社会的に受け入れられるかを探索できるのは極めて狭い範囲の契約条項についてである旨判示している。[40]「違法な圧力」概念に包含されうる行為は、違法ではないが受け入れられる行為基準に違反していて好ましいものではなく、しかも商事法に非良心性に関するエクイティ上の諸原則の侵攻を認める危険性がある。[41]裁判所がこの種の問題から手を引くことは不幸なことである。公序良俗問題が生じた場合には、利益そのものが合法的に契約上の債務の目的となりうるかおよび契約自由の法的制限の検討が必要になる。過度の利己的行動に対して公序および司法的コントロールが働くことは、市場規範の過剰な拡大を抑止するのに役立つのである。[42]裁判所が介入を躊躇することは、エクイティ上の諸原理が商事法に影響を及ぼすことを認める方向に向かうことにより一般的に沈黙することの表明である。このことについては次節で考察する。

三・一・三　エクイティの周縁化……

歴史的には重要であっても、現代契約法におけるエクイティの立場は曖昧である。一方において、エクイティに由来する諸概念は契約法理において今なお際立った働きをしている（文書補正命令、不当威圧、違約金および没収を禁止する法準則、様々な種類のエストッペル）。[43]他方では、近年裁判所がこれらの法理に出会うとそれらの適用を削減する傾向にあるか、もしくはそれらの働きに対して法準則に縛られた構造を課そうとするのである。ワダムズ（Waddams）は、一八七五年にコモンローとの融合以降エクイティ上の裁判管轄権を発展させることに不承不承であったことに触れるとともに、その原因は、法実務家の間でエクイティを意識することが希薄化していることおよび裁判官の間では理由付けにおいてエクイティ上の諸原則に頼ることに難色をしているとする。(44) 最高裁判所裁判官の間で大法官部の経験が欠如しているせいで、コモンローに対するエクイティの影響が衰退しているのだともされている。(45) 商取引にエクイティ上の概念を導入することは、対等な立場で取引を行っている商事契約者に受託者、すなわちフィデューシャリー・デューティーを課す恐れがあるとして推奨されていない。(46) こうした感情は、一層商事的志向を強める契約法上の信条との均衡を回復するエクイティの可能性を侵食するのである。(47)

エクイティの介入は「両当事者の契約上の取引を歪ませる」(48) もしくは契約法を不確実にするとの懸念がしばしば表明されている。(49) あるいは、契約上の権利を強行することは非良心性に関する裁判官の価値判断の対象となる恐れがあるとされている。エクイティ上の諸概念は古いとして酷評もされている。エクイティ由来の違約金の法準則は、検査を経ずに現代の法理へと変容した違約金付捺印金銭債務証書(penal bond)に関連する現在では消滅した管轄の下で、事後的に配分されるべき契約上のリスクを事前に配分することを認めるとして非難されているのである。(50) エクイティが基準としての良心を強調することは、古典的契約法の基礎となる典型的な契約者を特徴付けるとしばしば考えられている利己的な経済的合理性と不安を抱えながらもますます調和するのである。(51) サンプション(Sumption)卿はこのことを次のように述べて巧みに表現している。すなわち「公正さは商事契約とは何ら関係ない。両当事者は自己の利益に合うと考え、競争的協働の精神で契約を締結する。商事契約者は、そのことがまかり通るなら、極めて不公正であり完全には合理的ではないことがありうる」(52)。このように契約者の商事モデルと信認モデルを区分していることは、**第七章**において立ち戻ることになる争点である、関係的契約の特定と取り扱いにおける組織的諸原理を発展させることを裁判所が躊躇していることを説明できるかもしれない。

三・一・四　……形式主義の場合を除いて

エクイティが現代契約法において一定の役割を果たすことができる範囲において、それはマンスフィールド卿の時代のエクイティではないことは明らかである。イプ（Yip）とリー（Lee）の主張では、コモンローとエクイティの関係は融合関係というものではなく、商事目的のためにエクイティ上の手段を流用することであり、エクイティの性格を変更させる途中であるとする。(53) この判断に同意しないのは困難である。裁判官たちは、契約の文言に基づく解釈もしくは形式主義的契約法の諸概念の適用を正当化するのに役立つ場合には、エクイティに由来する諸概念を利用することにやぶさかではなかった。契約上のエストッペル（contractual estoppel）は、「契約の基礎（basis of contract）」条項として知られているものの有効性を補強するのである。こうした条項の正確な起案の仕方は様々であるが、最も一般的なのが「契約書記載以外の表示の依拠禁止」条項である。この条項の機能は、何ら表示はなされなかったもしくは依拠されなかったとすることのフォーマルな契約上の確認を通じて請求の構成要素を除去し、不実表示責任の発生を妨げることである。(54) より広くいえば、契約の基礎条項が法的承認されることにより、両当事者は一団の想定上の了解、もしくは偽りであることを知っているかもしれない合意された「事実」に基づく真摯な契約上の約束をすることが認められるのである。(55) 契約の基礎条項は、契約の当事者は当事者双方がある基礎条項に、例えば署名を通じて自ら同意することを表示している場合、異なる状況の存在を主張することを禁反言により禁止されるとの命題により、攻撃への防御を固めるのである。標準書式契約に対する種々の著名な批評を前にすると、エストッペル法理を巧みに操作し、しかも経済的に力の強い当事者が提供する一団の交渉を経ずに契約書に記された条項に契約者を絶対的に拘束する契約帝国主義の一形態のために、新たな形態の証拠上および契約上のエストッペルを展開することは不誠実なことである。(56)

当該取引が基礎を置いている推定的事実を述べているものと解釈されると、契約の基礎条項は一九七七年不公正契約条項法により免責条項に加えられるコントロールからの相対的免責として機能することになる。[57] このように契約の基礎条項を理解すると、契約条項は立法的保護の範囲から外れる態様で法的権利を存在しないものと定義付けができることを否定した従来の先例の流れからは大幅にそれるのである。一九七七年不公正契約条項法の効力に関する初期の議論の一つは、免責条項は被告を法的義務違反の結果から開放することを目的とする防御メカニズムとして、もしくはそうした義務を明らかにして修正する合法的手段として理解すべきかに重点を置いていた。[58] コモンローはすでに、合意には最低限の排除できない内容が存在しなければならないという立場に到達していたのである。このことから、契約は契約条項の働きを通じて「単なる意思の宣言」[59] に還元されることは阻止される。こうした原則は一九七七年不公正契約条項法の様々な条項に反映されている。[60] その時期の福祉国家主義的な考えに沿った裁判所の見解は、制定法上のコントロールを回避するため両当事者がコモンロー上の義務と無関係に契約することはできないとすることであった。[61] このアプローチは、消費者契約ならびに商事契約に同じように適用され、[62] その後他の保護的立法規定に拡大された。[63] 同じように、「契約書記載以外の表示の依拠禁止」条項に関する初期の先例は、それらが一九七七年不公正契約条項法および一九六七年不実表示法の適用を受けるものと見なしたのである。[64]

裁判所はその後、とりわけスプリングウェル海運会社対ＪＰモルガン・チェース銀行事件（*Springwell Navigation Corp v. JP Morgan Chase Bank*）においてこうした先例の流れを少しずつ崩している。[65] 契約の基礎条項は、世界金融危機の影響により損失を被った新興金融市場における投資家および金利ヘッジ商品（もしくはスワップ）の購入者が提起する不適当販売の請求に対して銀行を保護するのにとりわけ役立っているのである。[66] 原告の多くは零細企業もしくは同族企業であった。原告らが署名することを要求された契約は、彼らが情報を与えられ、「助言を受けた」ものではなく、しかも自らの判断に拠り、もしくは「投資判断能力のある投資家」であることが明記されており、それらは極めて重要であった。こうした文言はコモンロー上の責任が発生するのに必要な責任の引受を否定するのに役立ち、また多くの場合には契約上のエストッペルの議論に照らして決定的であることが判明している。[67] 関係は「助言を与えるものではない」と契約上明記されていることで、英国金融行為規制機構（Financial Conduct Authority）規則の下で投資家が利用できる保護レベルもまた低下する。ある裁判官の言葉を借りれば、契約の基礎条項は、負担する義務の範囲に関して「グレーの責任領域かもしれないものを取り除く」のである。[68]

そのような契約の基礎条項を支えるエストッペル・ルートは保護的制定法を都合よく回避して、明示条項命令に関する合理的基準の下で要求される偏りのない利害の評価に置き換えるのである。「基礎条項」が契約両当事者の主な関係を規定し、他の場合には発生する法的請求の働きを排除できると決定する際、裁判所は長年休眠状態にあって明らかに信憑性を失っていた一連の議論の社会復帰を行おうとしてきたのである。すべての裁判官がこうした動きを承認したわけではない。ファースト・タワー受託有限責任会社対CDS（国際スーパーストア）有限責任会社事件（*First Tower Trustees Ltd v. CDS (Superstores International) Ltd*）において、契約両当事者は「義務定義」条項を通じて健全な政策に基礎を置く制定法の諸規定の周辺で契約を締結できるとする考えは疑わしものとして扱われた。レガット（Leggatt）控訴院裁判官は、一九六七年不実表示法二条一項の下における責任は契約条項の効力に依拠せず、「責任は両当事者の合意とは独立して法の働きにより発生する」と述べている。[69] 制定法は「契約条項の起案における巧みさにより避けることはできないのである。[70]

契約上のエストッペルは、他のタイプのエストッペル、特に証拠上のエストッペルにより課せられる法理上の諸制限を回避する司法判断から発展した。エストッペルの背後にある広い原則は、契約当事者の一方は従前に言明して、相手方がそれを信頼したことに関する真実性を否定することは、それが許されると非良心的になる場合には許されないとすることである。契約上のエストッペルが機能するためには、その言明を信頼して損失を被ることは必要ないし、表示者が非良心的な否定的行為を行ったことを証明する必要もないのである。[71] その（信頼を伴わない）表示が真実ではないことを表示者が知っていたことにより示される証拠上の困難性は消滅する。契約上のエストッペルを発展させる動機は、商取引における確実性を促進することである。それは契約の明示規定を挑戦から防御するフォーマルなメカニズムでもある。契約上のエストッペルは、言葉はそれらが述べていることを意味する、および契約書の署名はそこに記載されている条項の客観的同意である、とのコモンロー上のメッセージを補足するのである。[72] マクミール（McMeel）が言及するところでは、エストッペルの議論は署名準則、合意の客観的基準、口頭証拠排除法則および契約自由に関するいくつかの古典的契約法法理を支持しているとする。[73] 合意の客観的基準もしくは署名準則を支持するためにエストッペルを使用することで、裁判所は当事者意思の信頼できる指標としてのこれらの諸準則に対する自らの信頼が欠如していることを表明しているのである。

契約上のエストッペルにおけるエストッペル要件の大幅な希釈化は、それが元来意図していなかった目的（明示条項への強い信奉の鼓舞）のためにそれを活用することで、そのエクイティ上の基盤を侵食する。過度の契約自由をコントロールする目的の法がもたらす結果から強力な組織を保護するためにエクイティ由来の諸原則が活用されるのは許されるべきかについては疑問としなければならない。契約書が決定的であることについて忌々しいコモンローの立場を支えるためにエクイティに依拠する必要があるのは、コモンロー自体の法理的立場の弱点を示しているのである。より広く見れば、契約の基礎条項は、「口頭変更禁止」条項および完全合意条項とともに、あらゆる種類の契約書に見られる内省が増加していることの一つの現れである。全体的には、これらの条項には統一的な目的がある。すなわち、合意は契約文言となるあらゆる書面に囲まれて限界付けられるのを確認すること、および付加的な債務もしくは法的義務の証明に際して文脈に頼ることを最小限とすることである。契約の基礎条項の発展は古典的スタイルの契約法の再現およびコモンローにおいて福祉国家主義者の関わる事柄の影響が消滅途上にあることと歩調を合わせる。[74] そうした条項は、取引に「離散性」を課し、解釈のフォーマルなアプローチを促進しようとする。例えば代理人や被用者をコントロールするため、もしくは交渉による合意において契約の相手方に対して引き受けられた債務を明確にするために、文脈を制限する条項を正当化する状況が存在している。しかしそれらの基礎条項はまた、裁判所が当該合意を契約法の一般的な諸準則（不実表示、黙示条項、変更および放棄）に服させることを不可能にする。加えてそれらの条項は、交渉力の強い当事者が契約のメカニズムを通じて契約環境に影響を与えることやコントロールすることを許可する。この中には、契約の相手方についてその合意に関して「十分に情報を得た」もしくは「判断能力を備えて」おりかつすべての含意を十分に理解しているとの見解を構築することが含まれる。(75)

契約文言の周囲に解釈上の非常線を設置し、契約条項を挑戦から隔離しようとすることは、より多くの一般的危険性を生み出すことになる。それは契約に関する書類事務に例外的権限を与えるが、相対的に経済力の強い当事者はそれをいとも簡単に自分のものとしてしまうのである。こうしたことは、本当の意味で双方互角の商事契約者間における交渉を経た契約に関する状況では正当化されるかもしれない。しかしコモンローにおける一種類の契約条項に関連して承認されることは、類推により比較的容易に別の状況に拡大され、別の種類の責任否定もしくは事実改変条項が繁茂する寛容な環境を作り出すのである。(76)この点については**第五章**でさらに論じ、情報不開示合意に関する問題に言及する。

三・一・五　上級審裁判所における消費者契約

古典的契約法の特徴の一つは異なるタイプの契約当事者間の区別を欠いていることである。保護立法では消費者を商事契約者から区別しているが、裁判所は時折すべての契約当事者を商事モデルに同化させる傾向を示した。このことは消費者保護立法ならびに規則の理論的根拠をしばしば挫くのである。公正取引庁長官対第一国立銀行事件（*Director General of Fair Trading v. First National Bank*）(77)において、貴族院は消費者契約におけるＥＵ指令およびイギリス国内でそれを国内法化する規則の効力を初めて検討した。同事件は公正取引庁（ＯＦＴ）が提起したもので、当時監視官は消費者保護の責任を担っていた。ＯＦＴは、判決後の利息を負債に加える銀行実務に挑戦しようとした。貴族院が採用した見解では、ローン契約が債務不履行となり、しかも県裁判所の執行手続の対象となっていた銀行の顧客は、債務が未済のまま残っている限り利息の支払いを見込んでいるとする。債務者は裁判所が命じる分割金全額を完済後に貸主から追加利息請求書を受け取っても、契約条項にそのことが規定されているので、「不意打ち」とはならないであろう。この判決を下すにあたりミレット（Millet）卿は次のように述べている。すなわち「［継続的利息］条項は顧客に対する交渉不可ローンにおける標準書式条項であるだけでなく、対等でありかつ法律専門家の助言を受けて行動する当事者間で自由に交渉がなされたビジネスローンにおいても存在する。……ビジネスローンの借主に助言する弁護士で、両当事者自ら取引の本旨であると見なすものを強化して実行に移すに過ぎないような条項を挿入するのを反対することを夢想する者はだれ一人としていない」[78]。このように消費者の期待と取引の現実とを同化することは、困窮している消費者に生じる追加的負債額の問題の一因は裁判所が最初の執行手続において判決で確定した金銭債務の利息を零に減額する権限を行使するのを怠ったことを曖昧にする効果があった。事件の公平性を欠く判決は、強制執行の背景および強制的返済計画を含む県裁判所の判決で問題は終わりを告げるであろうとの消費者の合理的期待を無視する、文脈欠如の契約解釈に基づくのである。司法的アプローチが満足のいくものではなかったので、消費者が判決で確定した金銭債務の利息を減額する裁判所の命令を求める権利に関する通知を受けることを確保するための法改正を促したのである[79]。

貸主と顧客との関係についてより親和的でかつバランスの取れたアプローチは右述の同一の事件における控訴院判決[80]、ならびに同じ年に判決が下されたパラゴン・ファイナンス公開有限責任会社対ナッシュ事件（*Paragon Finance plc v. Nash*）[81]において採用されている。しかし、公正取引庁長官事件における貴族院判決は、裁判所の消費者契約の取り扱いに関して続いて起こることの前触れであった。裁判官たちは消費者保護もしくは消費者契約の規制を推進するために、コモンローを活用しようとはしなかったのである。裁判所が使用できるコモンロー上の道具、例えば違約金を禁止する準則は標準書式条項の効果に挑戦しようとする消費者の支援に用いられることは一般的にはない。パーキングアイ対ビービス事件（*ParkingEye v. Beavis*）による違約金の法準則に対する挑戦は、コモンローが消費者を保護する手段としては不適切であることを例証しているのである。違約金準則を支える公序良俗の正当化事由である、確定的損害賠償額の予定は真に損失の事前見積もしくは広く補償的でなければならないとすることは、事前の見方、すなわち、中心的な問題は非難される規定は付随的債務として「主たる債務の執行において善意の契約当事者が有する一切の合法的利益とは相応しない不利益を契約違反者に課す」[82]ものに取り換えられたかである。パーキングアイ事件において、パーキングアイは、八五ポンドの駐車場料金は駐車場の不法滞在から生じる損失の事前見積でも補償的なものでもないことを認めているのである。[83]最高裁判所はそれにもかかわらず、同駐車場料金はその施設を利用する買物客の回転率を最大にするために不法滞在のやる気を削ぐことにつきパーキングアイが有している合法的利益により正当化されるとした。八五ポンドはその目的を達成することに釣り合いがとれているとされたのである。原告から履行が問題となる何らかの説得力がある理由を提出できる場合には、契約上の料金は明らかに過酷であるかもしくは明白に非合理的であり非良心的でなければ強行されることになるであろう。こうしたことは極めて法外であることがはっきりしている事件だけを捉えることになると思われる。パーキングアイ事件後の一つの事件では、貸主は債務不履行の利率を市場規範では一～三パーセントのところを四パーセントに引き上げたが、裁判所は合法的利率基準に基づきこれを支持したのである。[84]契約解釈もまた違約金準則の適用においてより重要なものとなっており、契約上規定された支払額（もしくは減額）を主たる債務として構成することによりコントロールの周辺で契約するのが可能であるのと同様である。主たる義務は違約金法域の下では審査の対象にはならない。

カーベンディシュ事件およびパーキングアイ事件において明らかなことは、上級審裁判所中において契約のコアな価値としての当事者自治の言質を強化しようとする熱意と商事契約者に不確実性を生み出すことへの躊躇が見られたことである。ノイベルガー(Neuberger)卿とサンプション卿が示唆するところでは、契約両当事者は契約法に由来する確実性を期待すべきであり、違約金準則は「契約自由に干渉する」とした。[85]こうした発言は違約金に関する従前の指導的先例とははっきりと異なる語調となっている。ダンロップ・ニューマチック・タイヤ有限責任会社対新ガレージ自動車有限責任会社事件(*Dunlop Pneumatic Tyre Co Ltd v. New Garage and Motor Co Ltd*)[86]におけるドュニードン(Dunedin)卿の発言においては、違約金法理の範囲および違約金の法領域の働きを支配する正確な諸原則に関する疑問があったかもしれないが、そうした法領域が存在したことに間違いはなかったのである。契約自由についてパーモア(Parmoor)卿は一瞬だけ言及している。カーベンディシュ対マクデッシ事件によって引き起こされた変化は、反介入者主義的な商事上の理論的根拠を違約金の法準則にまで拡大し、それは消費者の文脈に影響を及ぼすことになる。このことはパーキングアイ事件において明らかとなった。最高裁判所が採用した違約金の法領域の分析は一九九九年の消費者契約における不公正条項規則(Unfair Terms in Consumer Contracts Regulations 1999)の適用に影響を及ぼした。[87]当該駐車場料金は、一般法の下で消費者が享受するすべての権利を排除しないので、同規則の下において不公平ではなく、またビービス(Beavis)氏の立場に立つ合理的な運転手であるならばその料金に同意したであろうとされた。[88]トルソン(Toulson)卿は同意しなかった。すなわち、同料金は両当事者間において著しい不均衡を生じるのであり、「それは規定がされていない場合に契約違反もしくはトレスパスを理由に損害賠償額として回復できると思われるいかなる金額をもはるかに上回っていた」[89]からこそであるとした。判決の多数意見では、契約条項によりコモンロー上のデフォルトの立場は、トルソン卿のアプローチの中心ではあったが、重要なものではなくなった。トルソン卿の推論は、規則の中に見られる不公正条項に関する独立したコントロールおよび消費者保護におけるその正当性に一致している。多数意見は不公正条項の規制という消費者保護政策がコモンロー上の契約法理の効果を損なうことを認めなかった。[90]

パーキングアイ事件における反消費者的な結果は驚くべきものではない。それは二〇一〇年以降の銀行手数料訴訟の前触れとなった。公正取引庁対アビー・ナショナル株式会社事件（*Office of Fair Trading v. Abbey National plc*）において、最高裁判所は、銀行が計画外の当座貸越に関して顧客に課した手数料は消費者契約における不公正条項規則の下においては公正さの評価を行うことはできない旨判示した。[91] 裁判手続の初期段階において同手数料は違約金の法領域において審査できないとされたが、その理由は、支払額は通常は計画外の当座貸越による銀行の実質的損失をはるかに超えても、契約違反が引き金になったものではなかったことであった。[92] 違約金の法領域を制限するこの判決は上告審では問題とされなかったのである。[93] 消費者契約における不公正条項規則は適用されないと判示されたが、その理由として、手数料は口座料金の仕組みの一部となっていて、それにより口座に預金残高のある顧客にフリーバンキングの提供が可能となり、計画外の借用に対する手数料の支払いがなされるとした。[94] 契約自由は銀行のサービスの値段との関係においても支配しているので、同手数料は消費者契約規則の下での公平性は再審理が可能ではなく、「契約の主たる目的の定義、もしくは……交換的に提供された物品もしくはサービスに対する代金または報酬の相当性」[95]に関係するのである。駐車料金のレベルと同じように、銀行がどのように利益を得るかは裁判所が規制する問題ではない。[96] 裁判所は透明性を考慮すべき最重要なものとした（公平性の効力の外側にある契約条項でさえも、平易で分かり易い言葉でなければならない）。事実審裁判所の裁判官は、規則はコモンローに取って代わったのであり、コモンローはもはや適用不可であるとの議論を退けた。同裁判官が述べるところでは、規則は消費者が利用できる最低限度の保護を定めたものであり、しかも消費者はコモンロー上の保護も受ける権利があり、とりわけ一層堅固である伝統的な場合にはそうだといえるとする。[97] しかしながらコモンロー上の保護の効力に対する制限的なアプローチは、消費者の手助けにはならないように思われる。

右で述べた発展は、契約内容の監視もしくはコントロールにあたり非干渉主義者のコモンローが重要な役割を果たしていることから後退していることを示している。裁判官は長年にわたり、契約法諸原則について商事契約を支持する役割を果たすように仕向けるため、事件の判決を用いているのである。契約統治が私法と公の規制様式とに継続的に分裂していることに照らすと、(98) 伝統的な契約法諸原則が商事契約に焦点を当てていることは当然のことなのかもしれない。商事の文脈において、少なくとも両当事者が経済的に互角の立場である限り、コモンローの諸原則は政策に基礎を置いた推論により自由に適用が可能である。商事契約者は消費者保護もしくは契約における行為基準に関する契約法の一般原則が多用されているのに気づくことはないであろうし、自分たちの契約を単純に支持する契約法を好むことになる。しかしワダムズが示すように、コモンローには現代法において嫌われる道具が含まれてはいるが、そうしたものは非良心的契約問題に取り組むために有用なものとして甦ることができたのである。(99) 裁判官たちはもっぱら契約解釈者とされるとしても、彼らがそうした権限を発展させる必要がある法理の復活のようなものに携わる機会を得ることは多分ないであろう。このことは不幸なことであるが、その理由は、規制の断片的性質を前提とすると、コモンローは契約法が有する一般的な規範的かつ正当化構造の重要な貯蔵庫だからである。重要なことは、良い法でも悪い法であってもいずれの法も社会の契約文化の表現を形成するとともに、そうしたものとして存在するのである。強行される契約のようなものを巡る司法的推論、どのようにしてそれらが強行されるのか、およびなぜ強行されるかは、契約法の核心的価値に関する社会への重要なメッセージを伝達するのである。裁判所による契約の監視と強行の可能性、およびその結果としての判決の伝達的教育的効果は、次第に契約化する社会において重要である。

三・二　社会の契約化

ここで契約化（contractulisation）という言葉を用いるのは、法的に強行可能な合意に基づき、もしくは法的に強行可能な合意のシンボルおよび装飾を通じて社会的経済的関係を基礎付けるものを記述するためであり、その他のいくつかの基礎となるもの、例えば贈与、信託、地位もしくは階層を表そうとするものではない。私たちが契約化された社会に住んでいるということは斬新な知見ではない。ヘンリー・メイン（Henri Maine）は一八六一年に、進歩的社会は「地位から契約へ」動くと記している。(100) コリンズ（Collins）は、契約化された社会の概念をマックス・ウェーバー（Max Weber）およびエミール・デュルケーム（Emile Durkheim）の著作に見つけたのである。(101) 契約化の特徴は異なった方法で確認されている。(102) コリンズは契約化の四つの特徴を区別している。すなわち、「明確に述べられた契約条項における評価、交換に関する正確な通貨による算定、社会的効果の具体化、および一方的な準則形成権限であり……選好の充足の諸価値ならびに当事者間における交換の金融上の通貨を強調している」。(103) ガードナー（Gardner）にとって、契約化は契約規範を他のもの上に優先順位することを示しているのである。契約化は、「契約上の規範が形成されるプロセスであり、社会的に支持されるべきもののそれにとどまらず、社会的支持を享受するもののかなでも唯一無二の優位性を誇るものでもある。どのような種類の優位性だろうか。それは次のようなものである。すなわち、一定の役割および関係に関する規範が契約に源を発すると理解されうる場合には、いつでもそのように理解されなければならない。そうしたものは契約上の規範であり、内容とは無関係な理由により存在している」。(104)

契約化が及ぼす効果は、契約規範を支配することおよび契約上の規範に債権債務の源としての独立した価値を授けることである。(105) 裁判所が下す判決を含めて法は、契約化のプロセスを助長する一定の契約概念を支えるとともに促進する。現在のところ、この概念は市場に関連したイデオロギー的概念、すなわち、契約自由、個人主義、明示条項に従った関係ならびに期待の定式化、および契約者の合理的な、効用最大化モデルの価値を定めるのである。極端なところでは、この契約モデルは、抽象的な経済的基準および当事者自治の観念におけるその正当化事由を含めて、他のあらゆる規範的枠組みの下において評価される場合に道徳的憤りを誘発するようなあらゆる種類のふるまいを合法化するために用いることが可能である[106]。契約規範を原則の立場に引き上げるにあたって、社会的文脈および時には歴史的文脈に関するその他すべての側面は削ぎ落とされる。契約規範は、同意、任意性および自由という理想と契約との関連を通じて、私たちが見せかけの規範的容認性に遭遇していることを隠蔽するのである。このような特質は契約関係において本当に存在しているかもしれないし、存在していないかもしれない。契約法と商事契約との連携は、契約においてはそれぞれ別個であること、すなわち同意の実行と計画の実施を奨励して、この契約化のプロセスを他の諸価値および基準を排除するところまで強化するのである[107]。契約は二つの実体のないユニット（企業）間における一つの取引に還元し、両当事者は契約の自由および同意を通じて、申込みと同意とが一致した瞬間に当該取引の重要な事柄すべてについて合意に達したものと推定される[108]。その関係を支える他の規範的構造はこの官僚的契約観により締め出され[109]、契約法の二者択一的機能、すなわち政策目標を達成すること、道徳責任に帰すること、もしくは契約正義をコントロールすることは、契約条項の強行が優先されるため最小限化されるのである[110]。

契約、すなわち特定の契約モデルは、社会の中心的場所を占めていることは疑いがないと思われる。現代の契約化の速度が加速されていることは、恐らく区別できないであろうが、二〇世紀後半以降のあらゆる種類の政府によって追求された私有化および市場化のアジェンダと密接に関係しているのである[111]。競争市場はかつて国有企業が支配していた領域において確立されており、電話通信事業、公益事業および交通機関はその最も明白な例である。多くの領域において直接的な国家の供給は、市民とサービス提供者間の私的契約を通じた分散型引渡しもしくは民間企業を通じての物品ならびにサービスの国家調達に置き換わっている。[112] 観念的に独立した機関（時には企業構造を採用している）は、政府の機能、および生活に不可欠なサービスを提供する公的資金援助を受ける諸機関内に創設された内部市場の役割を果たすために設立される。[113] 契約化および形式化は、国家と個人間の関係に浸透しており、後者について市民から公的サービスの消費者に変身させている。[114] 公の利益が見いだされるのは、もはや直接的に社会福祉を改善することではなく、社会福祉の増殖を伴うと思われる場合に競争市場を確保することにおいてである。[115]

私的な引渡様式への移行は、コミュニティの便益に対して公共財およびサービスの供給に由来する個人的利益を強調するイデオロギーへの移行を伴う。契約はもちろんこの個人主義が追求されかつ明らかにされる主たるメカニズムである。例えば高等教育助成への変化が促進するのは、社会善というよりは個人的交換としての教育の考えである。大学学費の国家贈与型資金調達モデルは「学資ローン契約（student loan agreement）」形式の契約に置き換えられてきている。学生は今や授業料支払いの個人的責任を負担しているが、ただしその責任は一定の収入のしきい値に到達するまで延期され、返済は税制を通じて行われるのである。純粋な市場からはかけ離れているが、イギリスの高等教育システムは十分に市場の装い、すなわち利用者支払い構造への象徴的転換、学生に対する大学間の競争を増加させようとする想い、顧客満足の強調などを整えており、学生と大学間の関係は、一般契約法により精査されるかもしくは強行されることはないかもしれないが、その中心部分では契約を伴う消費者とサービス提供者のそれに転換されているのである。その部門の監視は学生局が行い、その規制目標には、学生が高等教育を受けたことに見合う、消費者としての権利に即した収入の確保を確実にすることが含まれている。[116] 個人の利益に焦点を当てることは、卒業結果および卒業生に取得学位から将来収入が増加するまたとない機会を与える学位分野（および大学）に関する定期的な統計の提示において明白である。[117]

一つの関係の契約化に関するこうしたマクロの実例は、伝統的には契約がほとんど役割を果たしていない領域にまでそれが蚕食する数多くのミクロの例により増やすことができる。大通りの店舗で商品を現金で単純に購入することでも、物理的な施設から運び出されてオンライン環境に移された場合には、契約の複雑性に関する多数積層を生み出すのである。もちろん細かな活字は数世紀にわたり契約の永続的な特徴ではあるが[118]、実店舗の店頭で有形財の製品の対面販売をする場合には、めったに目立たないし、もちろん必要でもない[119]。しかしながら、ネット上で行われた場合には、同一の販売が、低価格商品の場合でも取引の大部分の側面を支配することを意図する超密に配列された小売標準条項および条件に服することになる[120]。このような契約への同意はしばしば透明度の低いプロセスを通じて獲得されるのであり、そのことで経済的に上位の経済主体がその取引に及ぼすコントロールは強化され、しかも交渉力の強い当事者側においては人目をかすめた約束を強め、交渉力の弱い当事者側においては黙認を強めるのである[121]。契約法はこうした情勢を阻止するかもしくは逆転させることを行うことはほとんどなく、実際には契約法の諸側面は積極的にそれを助長するのである。

三・三　契約化に対する契約法の寄与

契約化はまずもって一つの社会的変容であるが、それにもかかわらず法は重要な役割を果たしている。ガードナーの観察では、「[契約化は]社会変化の一つプロセスであり、契約法は知らないうちにその推進役となり、……契約法は契約化においてそれを黙認し、また契約法自体はそのことに対する弱々しくかつ無駄な防御だけを用意することができる」[122]。契約および契約プロセスに関する特定の別々の見解を広めるにあたり、契約法は契約化のプロセスおよびそれに伴う形式主義を促進するとともに補強する。契約の特質のうちいくつかのものは他のもの以上にこのプロセスの大きな原因となっているのである。

三・三・一　客観性

契約責任が引き受けられたか、およびいかなる条項に基づくかの決定における客観性は、契約の締結方法およびそれらの下での債務の確認方法に深甚な影響を及ぼしている。契約は両当事者の意思を支持することに理論上は関与しているが、この意思は外的徴候およびシンボルから得られるものであり、契約者サイドの内的意思もしくは信念に関するあらゆる調査に基づくものではない。その結果、契約は実体がないものとなり、それを生み出す経験や行為とは区別される。(123) 契約が独立した意義を有するとの考えは、契約の法的推論において主要な役割を果たしている。それは、サンプション卿が契約書における口頭変更禁止条項に妥当性を与えた根拠となったのである。(124) 契約法の客観性との関わりは、契約の法的推論が実際の契約当事者を合理的に対応するものに置き換えるかもしくは取り換える場合にも同じように示され、従って契約者の期待および信念は無関係となる。「合理人（reasonable person）」の構成概念を拠り所とすることにより、裁判所は契約当事者に関する一定の推定を行うことが許される。合理人は一定の属性、例えば、契約法についての知識、もしくは少なくともそれについて実際に利用することが想定されている信頼のおける助言へのアクセス、および自らの経済的利益に関して慎重にかつ合理的に行為して最良の取引ができるようにする傾向、というものを備えているのである。(125) いうまでもなくこうした属性は、契約当事者が現実にそれらを与えられていようとなかろうと、解釈の結果に重要な影響を及ぼす可能性がある。(126)

客観性に対する法的言質は、真の任意性および同意という契約パラダイムから遠く離れた状況において一形式の契約債務を創設するようにたやすく操作される。他方当事者に契約責任を課すこと、および契約当事者の責任や義務を契約条項のみで構築することは比較的簡単である。不当な契約や不均衡な合意を生み出す傾向がある契約シナリオは、一般的契約規範、諸々のシンボルおよび契約法準則により法的認可が与えられている様々な技術を通じて実行される。したがって、こうしたサインやシンボルは約束を表すものとして独立した重要性を有するのである。このことの主たる媒介物でありかつ発露は標準書式契約である。契約化の最も強力なシンボルの一つとして、「利用規約」の存在は極めて普遍的であるので、それはパロディや決まり文句の材料となっている。標準書式契約は契約および契約債務の引き受けを、何らの思考もしくは熟考を必要としない決まりきった処理とかちょっとした不都合なことに矮小化したのである。多くの場合、このことはまったく適切であるかもしれない。しかしそのことは契約について、一つの概念としては十分な意味があっても、社会的実践と経験としてほとんど無意味なものとする効果がある。標準書式の下での契約は、著しく重要であると同時にまったくもってありふれているのである。

三・三・二　標準書式契約の支え

標準書式契約の諸側面は自由主義的契約理念からかけ離れているので、コメンテーターの中には標準書式契約はいったい真の契約と呼ぶことができるかと疑問を呈する者もいる。(127) この本質的に官僚的な道具は、客観的同意の法準則および積極的な同意というよりは、合理的な通知があれば明示条項が合意に含まれていることを確実にするのに十分とする、契約条項の挿入に関する法準則のおかげでもあるが、私たちが契約に関わる経験においてそのように顕在化したのである。その他の要因もまた一定の役割を果たしている。法律専門家および企業はコストを削減する様々な制度上ないし依頼者からの圧力に直面しており、そうしたことは交渉が行われた契約条項に基づく個人個人に合った契約には不利に働くのである。(128) 消費社会の誕生は標準書式契約の発展に少なからざる影響を及ぼした。(129) マクニール(Macneil)の観察では、標準書式契約は現代の官僚制の複雑さおよび「消費者ミッション」、すなわち消費者に比較的安いコストでの商品やサービスへのアクセスを提供することとつながりがあるとしている。彼の見解によれば、標準書式契約の現象に挑戦することは根底にある消費者ミッションへの言質を取り除かなければできないとした。消費者ミッションの隠れたコストは同意の質的低下である。このミッションは、私たちのインフォームド「コンセント」は希釈化されかつ推測されることを要求するのであり、それは将来発生するすべてのことに対する現時点での同意ではなく、「社会が承認する関係に対する同意」である。[130]

技術は契約成立プロセスを単純なものとするが、同時に契約環境を複雑化することで標準書式契約の急速な拡大を加速させた。デジタル・プラットフォームを通じて行われる製品およびオンライン・サービスの引渡しは、サイトの利用ルール、ソフトウェアのライセンス、プライバシーおよび情報保護政策などの事柄に関する多層の書式を伴うのである。弁護士もまたこれまで重要な役割を果たしているが、ボイラープレート（boilerplate）［ボイラープレートは、オンライン上で「同意する」をクリックすると承諾したことになる定型的な細かい文字のことで、広くは現代社会の諸側面に浸透している現象」は弁護士が開発する際に大量の資源を費やした様々な自動化されたテキストであることを理由とする。[131]標準書式およびボイラープレート規定の多様な抗弁は、そうした書式が具体化しかつ再現する契約規範の低下を処理することは何ら行わないのである。[132]イギリスにおける消費者保護立法は、最近のアメリカの契約文献で特定されているボイラープレートのさらに懸念される適用のうちのあるものを排除している。[133]しかしながら古典的契約法は、客観性と契約自由に焦点を定めていて、それが契約を意味するもののうち大部分の行政的モデルを有効とするとともに、知らせている。契約構造を通じて多くのタイプの関係を定型的にすることは、標準書式に見られるように、こうした書式を法的に強行しようとすることと一緒になり、私たちの契約モデルにしっかりと根付いているので反論により置き換えることは困難な一団の正当化議論および規範に入り込み、しかも先取りする地位を与えているのである。[134]例えば、私的自治の行使は、一組の交渉がなされていない（また一般には読まれることもない）標準条項でその合法性がほとんど検証済ではないものに、人が合意することを示すボックスをクリックするような、真の合意の代用品を通じて証明が可能である。コモンロー契約法は契約を締結する現代的方法が意味するところとわずかにかみ合うだけに止まるのであるが、もっともこうした契約上の構造が大きく依存しているのは、合意の客観理論に基づくそれらの合法性、署名の拘束する特性の関する準則においてそれが表現されていること、[135]および同意を指し示すものに類似したものを組み入れるために署名準則を拡大することは明らかである。

契約法は標準約款に妥当性のバッジを提供するかもしれないが、合法性は別問題であると思われる。標準書式契約は消費者および裁判所双方からの契約条項への敬意を利用している。消費者が契約条項自体は法的に健全であり、しかも約束を生み出すと信じている場合、同条項は目的の大部分を達成している。[136]契約条項の受取人に及ぶ影響、すなわち契約条項には契約者が自らの債務を真摯にとらえるように促す心理的な力が備わっていることは、契約条項の内容もしくはそれらの法的妥当性とは関係なく、多数の研究において示されている。[137]ウイルキンソン＝ライアン(Wilkinson-Ryan)は、「未読の契約条項による規制」[138]にこのように服従しようとすることの原因を、約束を守ることの道徳性についての個人的な信念および違反に対する反感に求めた。[139]それでもこうした信念には標準書式契約を約束の一種とすることには少なからぬ不自然さがあった。[140]彼女はまた契約条項に対するこうした反応は、消費者に「全体的にシステムが機能している」[141]と信じることで自らの力のなさを合理化する一般的傾向が見られること、および「現状と折り合いをつける」[142]欲求に原因があるとしている。このような標準書式契約への敬意はあまりにも極端な可能性があるので、消費者は契約条項を注意深く読むことを怠ることや合意したことの理解が欠如していたことで往々にして自責の念に駆られるのである。[143]このような知見は、事前の情報および開示に関する諸準則によるのではなく、事後的な契約の見直しや規制を通じた法的介入の根拠を堅固なものにすることについては議論の余地がある。その研究はまた、標準約款が拡散することがどのようにして契約の規範的枠組みを活用しかつそれをむしばむのかについてのより根本的な論点を提起する。[144]

三・三・三　契約責任の引き受けの容易さ

標準書式契約は不公正な条項を処理する堅固な消費者保護手段によりコントロールすることができる。イギリス法には主として二〇一五年消費者権利法においてそのような準則は存在しているが、消費者が裁判所に個別的な請求を提起する際に直面する様々な実際上の困難が、契約の公正さを監視する際においてそれらの準則が有効であるかを意味するかは疑問である。規制者による強行は、一般的な契約行動もしくは文化の変更という観点において積極的な結果を生み出すことはできない。契約条項における不公正さが解決されていないという問題は、イギリス法が契約成立における革新に対して比較的寛大な姿勢であることを私たちが考える際に深刻化する。法的な調査が通常対象とすることは、新たな契約成立方法が、確立された諸々の法準則の中でどのようにして法的に有効とされるかであり、したがってそうした技術を用いる優越的立場にある当事者の経済的目的は達成されるのである（法は、「仕事の邪魔」をすること、もしくは「事務の円滑な進行を妨害」[145]をすることがないようにする）。契約の革新を前にしたコモンローの寛容さには明確な欠点がある。契約法の一般的傾向は、新しい合意形成の方法の間の差異を最小にするとともに、それぞれの革新がそれらを既存の準則の範囲内とするために生み出すかもしれない特異な諸問題は無視するのである。[146]その結果、コモンローの諸原則は、特定の問題に対応した詳細な規則はますます断片的で、複雑で、かつ不可解なものとなると同時に、過度に抽象的になり、特定の用途には一層適さなくなっている。例えば、電子契約を巡る準則は、文脈により異なったところで発見される（消費者信用契約、隔地者販売、土地の移転と登記）。このことはとりわけ消費者にとって、諸々の準則へのアクセスの容易さおよび理解しやすさの問題へとつながるのである。[147]これに加えて、委縮したコモンローと技術的革新が組み合さると、他の契約当事者たちを創設された債務の契約上の基礎およびその含意が透明ではない秘密裏の方法で標準書式条項に縛り付けることが比較的簡単な場合には、契約化プロジェクトは強化されることになる。

今やこのことは、インターネット上の契約に比べても明白である。こうした契約形態は法的精査に長時間を要することから利益が得られるであろうが、しかしミック（Mik）は次のようにはっきりと述べている。すなわち、「契約法の観点からは、インターネットは存在していない」[148]。合意の客観的基準および契約自由への言質が適用されることで、オンライン上での契約に対する障壁はほとんどないことが確実となる。クリックラップおよびブラウズラップはウェブサイトの訪問者について標準書式条項に同意したものと見なす方法であり、約款自体はサイトの利用、またはデジタルコンテンツを含む商品ならびにサービス供給を目的とするすべての契約のいずれかを支配している。クリックラップによる承諾は顧客の側に何らかの積極的な同意行為を要求するのであり、顧客は通常は「同意する」ボタンをクリックすることで、自らが約款内容を掌握するというわざわざ利用する必要もない機会を得ているのである。クリックするだけで、顧客の同意、契約形成意思（正確な契約成立時は供給者の諸条件において提示されるであろう）、および単一の外観上は重要ではない行為による契約条項への組み入れという多数のシグナル伝達機能を満たすのである。これに対して、ブラウズラップは契約条項に何ら積極的な同意を示す必要はないが、有効な契約を成立させるためには契約条項の存在に関する相当な通知が存在するとともに、顧客はそれらの条項に基づいて契約をしていることが必要であることはいうまでもない。契約条項が当該契約に内包されるためには、それらがアクセスされ、読まれ、もしくは理解されることは必要とされない[149]。これらの方法は、契約法の原則に関して何ら新たな争点を惹起するとは考えられていないのである[150]。

よく知られた諸準則が適用されることで、署名もしくは通知の諸準則が考慮しないオンライン上の契約環境における明白な相違を曖昧なものとする傾向が見られる。表面的には、インターネット上の契約には他のプロセスでは存在しない魅力的な単純さ、すなわちまさに全般的なオンライン経験に過度に介入することなく標準取引約款を合意に組み入れるのに役立つものが存在しているのである。人は自分の家から立ち去る必要はなく、そのことは契約における見当違いの安心感、プライバシー、匿名性および努力を不要とすることの一因となっている。[151] 人が契約を締結して法的関係を創設するという考えは遠く離れており、しかも実際にはウェブサイトは全力を尽くしてこうした契約条項に何の疑いもなく応諾する姿勢を推奨するのである。契約書面上直ちに明らかなことは、数頁にわたり細かな活字で印刷されているが、オンライン環境ではるかに見えにくい。ユーザーがいくつものハイパーリンクをあちこち見て回る必要がある場合には、当該条項を発見するには通常はある程度の労力がかかる。同条項の長さや複雑性は本文がスクリーン上でどのように示されるかによりはっきりしないことがある。「承諾」ボタンにアクセスするため急いで画面を下にスクロールすると、同条項の長さや複雑性は簡単に隠れてしまう。冗長さは伝統的な文書に関してはるかに明白である。[152] この点について私たちは、これに最も関連する準則、すなわち客観的合意および通知による組み入れは、契約法自体は標準書式に基づくマス契約がこれほどの規模になるのに直面していない時代に形成されたことを指摘できるであろう。裁判所はブラウズラップやクリックラップのようなオンライン上の方法を通じて成立した契約に関わることはほとんどないかもしれないが、困難な事例に直面した場合には裁判所は、現行の準則、特に解釈、組み入れに関するものおよび保護的立法がどのようにして直面する問題に対処するために用いられるかを示しているのである。しかし、こうした事例がオンライン契約を支配する法原則に関するより権威的かつ一般的陳述を求めて第一審を超えていくことはめったにないのである。[153]

制定法およびコモンローによる保護手段は他の組織化された契約形態に取り組むのに常に効果的ではない。契約条項の尊重、合意の客観性、契約責任を負担する際の相対的容易さおよび標準約款の妥当性の諸特徴が組み合わさることは、契約規範が責任を生み出すのに容易く利用できかつ有力な力であることを意味する。駐車場は平凡な一例を提供する。伝統的な契約法の法準則を適用することは、デニング（Denning）卿がソーンタン対シュー・レーン駐車場有限責任会社事件（*Thornton v. Shoe Lane Parking Ltd*）[154] において多層式駐車場の申込みと承諾概念とに取り組んでからずっと問題となっている。駐車場施設の利用に関する契約上の合意は、料金、支払い手続、駐車スペースの利用、指定された場所での駐車、滞在期間、最長滞在期間、駐車場構内の利用中の損失もしくは損害に対する土地所有者の責任の範囲、カメラおよび自動車ナンバー自動読取装置の使用に対する同意、関係するライセンス付与機関を通じてドライバーの識別と追跡を行うことの同意、追加駐車料金の責任、執行方法、執行者の身元および執行料金等の事柄が組み入れており、駐車場に進入して自分の車を駐車する行為だけで発生する。[155] 違反があれば、金銭的ペナルティが課せられることになる。施設の運営会社は通常は罰金を科す権限を有していないので、それらは駐車「料金」とされ、承諾および同意を通じて築かれた契約関係の成立により課せられかつ強行されるのである。[156] コモンローの手続上のコントロールが関与するのは、他方当事者に契約条項の合理的な通知がなされたか、および同条項は組み込みを確実にするのに当該会社が付加的な手段を講じる必要があるほどに「わずらわしい」ものであるかである。[157] 不公正条項を禁ずる保護立法もまた、二〇一五年消費者権利法六二条の下において理論上適用される。パーキングアイ事件の判決は、制定法上のコントロールが限定的な効果を有するかもしれないことを明らかにしている。

契約内容を法的にコントロールする可能性があるにせよ、駐車場利用者の債務を執行することを促進しかつ正当化するために契約規範構成を利用するのには困難な側面がいくつか存在する。駐車違反者から徴収される納入額は執行費用を含み、私的な駐車場運営会社の収入を生むのである。そのため駐車場運営者には、契約および自治の規範を通じて合法化される様々な収益創出スキームを開発するインセンティブが与えられる。この契約メカニズムは顧客の契約債務を著しく拡大し、しかも契約責任を負担するのはその企業の様々な側面で外部委託を受けている取引先の不確定で特定できないグループに対してである。駐車場運営会社が顧客と直接契約した場合でも、執行する会社は債権回収の法的仕事を弁護士事務所に外部委託するかもしれないなど、顧客の責任はあらゆる段階で増加するのである。

このような契約慣行は他の文脈においても問題とされている。定期借地権（leasehold）付き住宅市場の悪弊調査において競争・市場庁（ＣＭＡ）の言によると、リースホールダーは賃料支払債務と交換に何かを得ることはなく、同債務の目的全体はデベロッパーからフリーホールド（freehold）［土地保有権］を譲渡された投資会社の収入源を生み出すことである。フリーホールダーの権利は管理業者を通じて行使され、管理業者は賃料、許可料、リース延長およびフリーホールド持分購入料金について、許容する契約条項を根拠に簡単に増額できるのである。(158) 賃料を支える想定された正当化事由はフリーホールダーのためだけに妥当する（例えば、さらに土地購入および開発を許可するため）ことが分かった。リースホールダーにとってほとんど利益はなく、不利益に過ぎなかった。賃料により当該家屋の初期購入価格を低くするとの議論は裏付けられないことをＣＭＡが明らかにしたのである。(159) ここで大切なのはこうした料金が非良心的であるか否かに関する議論に入っていくことではなく、契約メカニズムがしばしばいくつかの相対的に基本的契約規範に反してどのようにして責任を発生させるかを特定することである。取引と交換という単純性は、契約機構を用いることにより生み出される複雑性を覆い隠すのである。より広くいえば、契約法が伝えるメッセージは、両当事者は様々な方法で契約違反に対する救済方法を私有化し、もしくはその他の支払いを引き出すことができ、すべてのことは契約条項の働きを通じて実現されるということである。(160) 違約金との関係で見たように、救済方法は賠償的であるべきであるとする契約政策に関する考察はほとんどなされることはないであろうし、契約規範が大部分の社会的、経済的存在の側面に侵食することにより生じるより広範かつ心配の種が尽きない社会福祉の争点についても同様であろう。

三・四　おわりに

コモンローのコントロールから消費者契約（もしくはそれらの諸側面）を除去することは、より柔軟で、ダイナミックかつ文脈的な契約法のいくつかの強力な批判と合わせて、裁判官によるフォーマルで、古典的かつ商事志向的契約法の再確認と時を同じくする。その結果が、主として自らを自主規制制度の強行者と認識する契約に関するコモンローなのである。この点については次章でさらに検討する。商事的関心事に過度に着目すること（および結果としての契約法の一面的見解）は、契約理論について（その理論を機能させるためには契約領域から多くのものが排除されなければならない）だけでなく、事件の判決についても一つの問題を生じる。このことが表面化するのは、商事契約者に共鳴することを考慮し、それらをほとんどすべての状況においてコモンロー上の推論を告げることが認められる、契約法に関する不可欠であるかもしくは基本的な一組の考えに融合させる傾向においてである。このことは消費者契約における問題に取り組むコモンローの能力にとりわけ有害な効果をもたらすのである。

契約における商事的かつ形式主義的転換は、現在の社会および経済組織に対する契約の重要性を前提とするならば、タイミングが悪い。現代の契約が基礎にしている官僚的契約モデルの諸要素に妥当性を授けているにもかかわらず、私たちの契約活動の多くは真摯な法的精査を免れているのである。現代の契約を巡る喫緊の争点（例えば、こっそりと契約債務を負担させること、同意の弱体化、問題のある目的での契約の利用）にコモンローが取り組むのを見ることはほとんどない。加えて、そうした争点が裁判所に提起されない場合には、契約法のフォーマルでかつ商事志向的スタイルは契約の明示条項および当事者自治を分析の中心に据えて、より広い文脈的争点、例えば、どのようにして契約化された社会が古典的契約法の基礎である前提の多くを弱体化するのか、もしくは公序良俗の諸要素がどのように契約問題に影響を与えるのかについては最小限の考慮しかなされない。もちろん、契約化した社会は契約規制のために契約法に依拠する必要はない。次章においては、コモンロー準則を補足し、場合によってはそれに取って代わるプロセスの文脈においてこの問題を考察する。こうした伝統的な法に代わるものは契約法の適用を狭める一因となっているとともに、契約の一般的規制者としてのコモンローのあらゆる将来的役割に少なからざる疑義を生じるのである。

第四章　私的秩序化、規制および契約法

伝統的なコモンローの契約諸準則が縮小するキャンバスで機能しているとの所見は、ほとんど目新しいものではない。立法的介入および複数の分野にまたがる特定の規制領域の出現は、紛争を審理する専門裁判所の設置とともに、伝統的な契約法の諸原則が適用される範囲を縮小させ、ジェネラリストである裁判官が判決を下すなかでそうした諸原則を考察する機会を減少させたのである。多くの契約上の請求は、それらが雇用権、住宅用不動産、競争法などの争点を発生させているかにより分類された上で解決されることになる。こうした問題に関する判決が、契約法にとってその事件の有する一般的含意（もしあるとするなら）を引き出しかつ考察することができる上級審裁判所に到達するには、長くて緩慢な上訴手続を経ることになる。一般法が作用するのにより自然な領域、すなわち商事契約および消費者契約の全域でさえも、コモンローはその意義を次第に減少させているのである。商事契約者および消費者契約の特別な市場規制の場合には、伝統的な契約法準則は様々な私的取り決めに取り替えられている。こうした発展について本章で検討する。

長い間契約は、契約法諸準則を補完し、また場合によってはそれに取って代わる、広い範囲の社会規範および諸制度により支えられてきていることが承認されている。商事領域においては、国家により提供される契約法準則および

法的強制の代わりになるものは広く知られておりかつ多様である。こうしたものは、国境を越えた契約（例えば国際商慣習法の現代的実現化である、一九八〇年国際物品売買契約に関する国際連合条約（UN Convention on Contracts for the International Sale of Goods 1980）［ＣＩＳＧ］）に適した形式的もしくはインフォーマルなトランスナショナルの代替物を提供することにより国家の契約法準則と競り合う一般的準則のシステムから、特定の市場において展開するグローバルな業界団体が公表するより個別的に対応する準則のセットまである。(1)トランスナショナルな準則システムは憲法における法類似のものであり、国家間の国際的協力の成果であることがよくある。そのため、それは国内的法準則の働きに代わることが意図されているかもしれないが、本章の主たる関心事ではない。(2)関係者間の制度化された信頼の一形態として機能する集団規範を作り出す際の業界団体、産業を支配する団体および専門的組織の活動にここではより関心がある。(3)そうした集団は、一つの市場もしくはセクター内において「私的立法」(4)を通じて規範を示すことで準法的権限を行使することができるのであり、私的立法は、標準的契約書、標準様式およびルールブック、行為規範、専門基準に関する声明などを通して公布される。(5)これらの手段は私的契約規制の一形態を示している。公的な諸準則から私的秩序化への転換は、商事契約における紛争解決に仲裁が広く用いられることでさらに加速している。(6)「商人裁判所」の理念に基づいた様々な機関を通じて行われる仲裁は、何世紀もの間、商事契約の一つの特徴であった。準則作成の私有化は、準則の作成、監視および強行に関する直接的（かつ過度の）管理を国家が放棄することを許容する。この動きはまた、契約法が最後の手段としてのギャップフィラー、もしくはせいぜいのところ私的秩序化におけるあらゆる失敗の矯正手段である点を除けば、私的秩序化は経済交流を構築する優れた方法であるとする見解を補強する役割を果たすのである。(7)特定産業の標準契約条項、規準、コンプライアンスおよび監視手続を通じて私的秩序化の性質がますます制度化されたことは、契約法の発展に対する私的秩序化の影響についての疑問を駆り立てるのである。(8)

私的秩序化が商事領域において法類似の要素を含有しているとすると、消費者領域における市場特定の規制は大きく異なった方法によるとはいえ、類似の役割を果たしているのである。例えば契約における不公正条項のように、伝統的には契約法の諸準則が適用されて統治されていた多くの領域は、今や英国金融行為規制機構（FCA）および競争・市場庁（CMA）のような規制者に付託された権限の手中にある。規制は様々な方法で法と交流するであろう。規制者は自らの規制権限もしくは規制を受ける仕事に影響を及ぼす法解釈の範囲に関する法的問題が生じると、通常は紛争を裁判所に提訴することができるのである。彼らはまた、企業による法および規制違反に対する救済を求めて裁判所の法的手段に訴えることもできる。一般的には規制者は、個人のために行動することはなく、個人の法的権利の擁護も行わない。その代わり彼らは、規制対象のビジネスに対して市場全体の失敗の場合に消費者集団の救済体制を始動させるよう迫るか、[9] もしくは企業に対してその他の強行する手段をとることもできるのである。規制者はある種のソフトロー（指針、原則、コード）を公表するために授権された規範創設権限を行使するのであるが、ソフトローは裁判所の解釈もしくは実質的な法的監視を必要とすることはめったになく、しかも個人に実質的な法的権利が生じることもないであろう。

直接的な規制は、慈善団体および他の私的団体を含む独立した組織の活動により補完されるのであり、そうした組織は消費者契約の強行を手助けするか（例えば、消費者団体）もしくは紛争解決サービスを提供する。[10] 個別的な苦情は、意思決定において必ずしも法原則に依拠しない様々な私的フォーラムを通じて処理されかつ解決される場合がある。これらは他の意思決定者を拘束することになる権威のある決定を下すことはない。様々なオンブズマンのサービスはその一例である。[11] オンブズマンのスキームは主として経済および社会の選択された領域において生じる個別の苦情を扱う。私有化された産業と公益事業、高等教育、金融と法的サービス、および住宅、地方政府ならびに警察を包含する様々な公共サービスに関連して活動しているオンブズマンが存在している。

私的秩序化および規制は極めて異なる形態の契約ガバナンスを明らかにしている。しかしそれらと契約法との関係においては、類似するテーマがいくつか生じている。以下においては、私的秩序化および規制が契約法の発展に及ぼす影響を導き出しかつ契約法理との困難な関係を検討する。この関係は矛盾に満ちていてしかも曖昧である。規制と私的秩序化は相当程度一般契約法に依拠しているが、同時にその準則や規範の多くに逆らっているのである。同様に裁判官は、規制的フレームワークが当該事件に特に関係する場合でなければ、しばしば機能する規制的文脈を無視する。関連する場合でも、一方における契約のコモンロー準則の背後の異なる規準と他方における規制の枠組みは、同一の領域において「競合する管轄」を作り出しているのである。(12) 契約強行への規制的アプローチと適用可能な契約法の諸準則は、一般法および特別な規制に同時に服する許容行為に関して伝達されるべきより深い規範的メッセージを巡り混乱を生じている。規制の働きを巡る法的推論もまた、一般的な規制対象を台無しにしかねないのである。この点については本章の後半で、「取引経験の少ない」顧客に対する金利ヘッジ商品の不適正販売に関するＦＣＡ（金融行為規制機構）のレビューとコモンローの下でそれに対応するシナリオをカバーする不実表示に関する判例法とを対比する際に立ち戻ることにする。結局のところ、生産的交換を促進する多層的構造の多様性と豊穣さは、契約法をより豊かで、より多様で、より多彩かつ応答性が高いものするのではなく、より閉鎖的で、より硬直的かつ後手後手のものとしているのである。

四・一　私的秩序化と契約法

広義での私的秩序化は、国家の法制定権限に直接由来するものでもなく、また国家の独占する実力行使に依拠するものでもない準則の形成および強行の一プロセスを内容とするのである。それは、関係するコミュニティ内から生まれる規範や慣行を優先して、国家の課する諸準則の適用を回避する様々なボトムアップ的な、市場に基礎を置いた領域を取り込むのである。[13] そのシステムの合法性は通常、規範の影響を受ける者の間において規範に服するとのコンセンサスから導き出され、信用の失墜を招来するような制裁もしくはその他の形態のインフォーマルな救済方法により支えられている。[14] この形態の強行は当然のこととして商事関係における私的秩序化に限られるものではない。消費者は、様々なオンライン・プラットフォームを通じた企業との間の自らの取引経験を共有することにより、ある程度は信用の失墜を招来するような制裁に関わることができるのである。[15] さらに深刻なことには、悪評（negative publicity）は、遵守しない企業に対して、とりわけ公共性が高いかもしくは不遵守に刑事法違反が含まれる場合には、[16] しばしば規制機関が最初に用いるサンクションである。

よりフォーマルな私的秩序化の領域は契約を通じて実行されることがよくある。私的秩序化は契約により促進されるかもしれないが、このことからもたらされた関係における規制、強行もしくは紛争解決について契約法への深い関与を伴うことは必ずしもないのである。私的秩序化の正確な狙いは往々にして裁判所および実定法の機構を抜きにすることである。[17] 契約法により強行可能であると認められた契約への参加を通じて背後に控える権限が一旦保証されると、私的領域は多少なりとも法システムとは独立して機能することになり、かくしてその機能的代替物を示すのである。[18] 業界団体および業界代表団は、標準契約書式およびその他の契約文書を通じて契約の規範的フレームワークが生成される際にとりわけ重要である。これらの団体、およびそれが作る契約書式はある種の私法制度となるのであり、[19] 紛争解決の権威的プロセスを含んでいる。[20] 業界団体もしくは個々の企業は私的規制者の役割を担うこともあり、時には政府もしくは他の当該市場を監督する公的規制機関の指示の下で、取引参加者の行為を取り締まる責任を負担する。[21] 契約を通じて効果的な自己規制を行うビジネスの利点は、とりわけ紛争解決の領域において顕著である。[22] 市場もしくは業界のエクスパートにより創設されかつ強行される諸準則および手続きは、それに対応する法原則に比べて、運営するのが容易でありかつ時間を要しないものでなければならない。[23] こうした私的な諸準則は、交換（標準書式）を促進し、規則（内部で形成された規範であり、標準書式、ルールブックなどを通じて伝わる）、および強行（産業スペシャリストによる紛争解決）の機能を果たす限りにおいて、契約法の代わりとなるのである。しかしながら、こうした形態の市場が生み出す権威には欠点がある。準則設定の競争がないこと（例えば、荷為替信用状に関する信用状統一規則六〇〇〔UCP600〕もしくは国際スワップ・デリバティブ協会〔International Swaps And Derivatives Association（ＩＳＤＡ）〕マスター契約）は、これらの体制に通常は法準則に留保されているある種の権威的地位を与える際の一つの要因である。(24) 公布された規範に従うことを強制する法的権限は有していないので、依然として効果的な強制を可能とするのは、代替的根拠に基づく契約に対するかなり大きな障害物によってである。市場内において生まれた標準書式は、いかなる個人的契約者でも容易に抵抗できないある種の私的立法となっており、(25) その書式の利用を基本的に非選択的にしているのである。(26) 既存のメンバーにはロックイン効果が生じるかもしれないし、衝突、反競争的行為および差別の可能性もある。(27) 標準書式の妥当性は究極的には国家法の働きに依るかもしれないが（例えば、書式はイギリス契約法を準拠法として選択できる）、(28) そうした契約は国家の司法過程から相対的な自律性を伴って機能するというのがその意思であり、国家法の働きを巧みに駆逐しているのである。(29) そのため法システムとの関わりは制限されることになるが、そうしたことが生じるのは何らかの予期できない世界危機の場合、(30) もしくはその書式の諸側面が特定の市場において確実性を提供するためには法的解釈が必要である場合に限られる。

実質的に法システムから離れようとするプロジェクトは、強力な業界団体が後ろ盾になっている標準書式、とりわけ世界市場で使用されているものの働きに介入することにかなり抵抗を示している裁判所の支援を受けている。非介入という裁判所の方針は、契約自由の結果として裁判所は独立した法基準を利用している契約書式について監視する役割を果たさないことに基づけば正当化である。裁判所の役割は解釈的なそれ、すなわち問題となった場合に契約条項が意味するところを解明し、かつ当事者の一方が行った一連の行為が標準書式に示されている「諸準則」に合致しているかを決定することである。[31] 商事的確実性が重要視されることは、裁判所は契約規定を用いている当事者間においてそれらに付された意味に介入することはないことを意味する。こうした標準契約への服従姿勢は問題である。国民国家の法システムの範囲を大きく超えて生産活動全体を行うことは、合法性、説明責任および法の支配に関する争点を生じることになる。特に考察すべきことは三点である。

第一に、準則が取引慣行から生まれるかもしくは業界関係者が開発した標準書式により要求されているという事実は、その準則が身近なものであることの信頼できる指標ではあっても、その準則が規範的に正当であることにはならない。あらゆる社会的もしくは経済的グループの規範は、その集団のすべての関係者間の公平な妥協というよりはその支配的メンバーの利害を反映しているであろう。[32] 業界団体により公表された標準契約は、立場の弱い者に対して立場の強い者が要求する手続きおよび債務を賦課することを認めるかもしれない。第二に、独自の業界全体にわたる紛争解決手続を公表する業界は手続きを基本的に強制的なものとすることができ、取引ルールおよび慣行を法の監視を超えたものとし、その団体の行為を実効的な法的コントロールの外に置くことになるのである。このようにプライバシーや法システムの外部コントロールからの絶縁を選好することは通常は慎重になる。第三に、強力な国際的な業界団体が法に関わる範囲において、自らの契約規範を法的介入から防御するため、第三者、公益もしくは社会福祉への影響を無視して、立法者への激しいロビー活動を行うことになるであろう。その結果、ある産業の標準書式が訴訟の過程で検討される場合には、裁判所はその働きに介入することもしくはその条項の効果に関する業界の理解を妨げることに極めて消極的になるかもしれない。[33] 標準書式はそのため国家の法システムから深刻な挑戦を受けることなく重要な点において契約法から離反することになる。私的秩序化への契約法の服従の動機となったのは、必ずしも契約自由ではなく（たとえ表面的にはそうであったとしても）、外因的要因、例えば市場が機能するための受容的かつ友好的な法的拠点と見なされたいとの願望なのである。[34] 私的秩序化は「常に授権的および制限的法準則により条件付けられていて、したがって特定の法機構に根付いており」[35]、国家法と私的秩序化の関係は法的優位性のそれではなく、ある種の相互的に有益な均衡なのかもしれない。[36]

四・二　一例――ＩＳＤＡマスター契約

ＩＳＤＡを精査することにより、私的秩序化に関するこれまでの議論のいくつかの例を示すことができる。ＩＳＤＡは世界金融危機をきっかけにデリバティブ取引に対するより古い、より制限的なコモンロー上の規制的アプローチへの回帰を阻止すると評価されてきている。[37] このことはＩＳＤＡの発展および標準書式契約、すなわちＩＳＤＡマスター契約の管理に由来するのであり、同契約は店頭での（ＯＴＣ）金融デリバティブ取引の約九〇パーセントを占めている。ＩＳＤＡの契約標準化プロジェクトは、「店頭デリバティブ業界は……概ね自己規制が可能であると公的セクターに確信させることに大成功した」[38] と主張されている。表面的には人気のある標準書式の起案および公表はかなり穏やかであるように見えるが、ＩＳＤＡは今では店頭デリバティブ市場の規制に大きな力を発揮しているのである。デリバティブ取引を促進させるために標準書式契約を発展させることを主目的に設立されたが、その組織は今や国家法がＩＳＤＡマスター契約条項を補完しないこともしくは市場の動きに干渉しないことを積極的に行う実行的なロビー活動集団へと変身しているのである。[39]

この点に関するＩＳＤＡの成功を指摘するイギリスの裁判所に由来する証拠がいくつか存在している。[40] ＩＳＤＡはしばしば「裁判所の友」もしくは「法廷での弁護人」となり、マスター契約に関する訴訟の過程で技術的事項について助言する。[41] それは、ローマス他対ＪＦＢファース・リクソン社事件（*Lomas & Ors v. JFB Firth Rixson Inc*）[42] の第一審および控訴院において第三者訴訟参加人の立場で活動した。下級審におけるいくつかの一貫しないアプローチの後で、一人のコメンテーターによると、「デフォルト発生に続いてＩＳＤＡマスター契約がどのように機能するかに関する市場関係者の共通の理解を、多少なりともそのまま以前の状態に戻した」[43]。マスター契約の働きを巡る関係者の期待を維持する重要性は、ＣＦＨクリアリング有限責任会社対メリルリンチ・インターナショナル事件（*CFH Clearing Ltd v. Merrill Lynch International*）[44]において控訴院により確認された。本件において、マスター契約条項に基づく契約は両当事者が自らの取引と衝突するかもしれないあらゆるより一般的な市場慣行に依拠することを妨げた[45]。控訴院は、ローマス事件の第一審判決におけるブリッジ（Briggs）裁判官の発言を支持した[46]。

「ＩＳＤＡマスター契約は世界中で最も広く使用されている契約書式の一つである。それは恐らく金融業界で最も重要な標準的な市場契約である。……可能な限り、明瞭さ、確実性および予見可能性という目的に資するように解釈すべきことは自明であり、したがってそれを用いている非常に多くの当事者は自らがどのような立場にあるかを知るべきである」[47]。

標準書式の働きに介入することへの抵抗は、その書式を事実上裁判所による合法性が否定的評価にも揺るがないところまで拡大するかもしれない[48]。ＩＳＤＡマスター契約の個々の条項、例えば前章において検討した契約の基本条項に挑戦するのは困難である[49]。対等関係および円滑化の道具としての書式の相対的安定性を維持することは、同書式の機能がほとんど自動化のところまで取引をスピードアップすることだとすると、裁判所にとっては法的妥当性を有権的に決定することよりも重要であるかもしれない[50]。

しかしながら、業界団体の利益の優先順位をあまりにも高くすることに反対する議論もある。第一に、ＩＳＤＡの統治機構ははるかに拡散したエンドユーザーおよび投資家の集まりを犠牲にして、銀行および仲介業者を過剰に代表していることが示されている[51]。このことは、同団体が他の市場関係者よりも主要メンバーの私利私欲を図ることを許し、しかも基本的には店頭デリバティブ取引を支える諸準則の独占を許容する[52]。市場において経済的にはあまり強力ではない関係者は、ＩＳＤＡにおいておよび同書式の意味に関する訴訟において過少に評価されている。[53] そうだとすると、標準書式は必ずしもすべての利害関係者の利益を代表するものではないのである。

第二に、契約自由の示唆するところでは、標準契約条項に関する紛争は当事者自治に従って解決されるべきであり（何ら強制的な準則に違反しない限りにおいて）、同書式に裁判所が服従する文化により曖昧にされている重要な政策的争点が生じる余地がある。例えば、リーマン・ブラザーズの崩壊の直後に発生した法的争点の一つについて考察してみよう。すなわち、国家法としての破産法（規定においてはしばしば異なる）とＩＳＤＡマスター契約の条項に基づく合成債務担保証券（Synthetic Collateralized Debt Obligation）に含まれている「フリップ・クローズ（flip clauses）」との間の緊張関係である。これらの条項は破産債権者に対する支払の優先順位に関する法準則を変更したのである。このコモンローに対する契約上の変更はイギリス法における破産に関する剝奪を禁止する準則に抵触したであろうか。フリップ・クローズの妥当性は、ベルモント・パーク投資非公開有限責任会社対ＢＮＹ法人受託者サービス有限責任会社事件（*Belmont Park Investment PTY Ltd v. BNY Corporate Trustee Services Ltd*）[54] において検討された。コリンズ（Collins）卿は次のように述べている。

「当事者自治はイギリス商事法の核心である。……可能な限り裁判所は、両当事者が合意した契約条項に効力を与えることが望ましい。本件上告審が関わっているような複雑な金融証券の事例においては自律性を特に強く擁護する主張が見られる。……破産時に当事者からあからさまに財産を剝奪しようとする場合を除くと、……現代の傾向は剝奪を禁止する準則を破るといわれている商事的には正当化可能な契約条項を支持しているのである」。[55]

リスク配分メカニズムとしての同条項の経済的ロジックは、破産に関するコモンロー上の諸準則に関する悪意かつ意図的な回避とは対照的に、同条項が有効であることを裁判官に納得させたのである。[56] このことは契約の明示規定を用いることにより、他の文脈では法に関する強行的諸準則であるものの周辺で両当事者が契約することを許す政策選択より広い含意を考慮するものではない。諸事例の文脈が意味するのは、裁判官は標準書式の解釈の場合を除いて、いかなるコモンロー上の契約法理とも関わっていないのである。[57] 国家的な契約法が標準書式に付与した法的強行可能性は、同書式および同団体の双方を国家的な契約法の制度的ライバルとして確認している。このことに関する一つの効果として、「私的規範は国家のハードローの範囲に据え置かれる」。[58] 法的妥当性はＩＳＤＡ規範および服従を要求する準則創設団体としてのＩＳＤＡに合法性を与えるのである。[59] ここでのより広い危険は、検討の対象となっている諸準則を有する関連する業界団体もしくは組織が承認しかつ公表したものは何でも「法」ということである。合意は法の力により強行されるのではなく、その諸準則を発展させる（もしくは指示する）関連した契約および解釈のコミュニティの慣習なのである。[60] かくしてＩＳＤＡ（および英国銀行協会）は店頭デリバティブ市場の事実上の「規制者」とされているのである。

他者が作った自己規制の領域に服する契約法システムは、容易にそうした領域に飲み込まれてしまう。法発展に示される機会はほとんどないが、契約法は提示された商事上の私的秩序化の取り決めに挑戦することはなく、また極めて限られた理由により挑戦するだけなのがその理由である。商事的利益に捕捉された契約法は、独立した立場から商的活動における諸規準を精査、批判および評価する司法的能力を弱体化する。加えて、コモンロー上において契約当事者と契約類型間の差別化を欠いている限りは、一種類の契約への非介入者主義的アプローチは、適用されるべき一般的な解釈基準として簡単に埋め込まれ、そのようなアプローチが明らかに適していないものも含めて、すべての契約全体に移植される。こうしたことは、契約法の商事化および自治規範に与えられた優位性を強化する役割を果たすだけである。

四・三　コモンローと規制国家

規制は、「公的機関による」経済活動に対する「持続的かつ集中的コントロール」の一形態である。[61] このコントロールの目的は、特定の一揃いの成果を生み出す個人および企業の行動を修正することである。[62] 規制目的は多数かつ多様であり、市場もしくは競争志向型目標に限定されることはないであろう。規制に付託された検討事項は、持続可能性もしくは環境に関して社会が直面する関心事、または例えば平等人権保護という意欲的な目標および倫理的公約の促進を網羅している。規制は通常、立法により付与された委任権限を行使する国家創設の機関から発せられるが、規制は次第に規制目的で政府により特別に創設された独立企業により行われるようになっている。[63] ここでは特別な市場規制を取り上げる。それはとりわけ消費者契約における契約の強行および準則の生産において主たる役割を帯びていた。

公共機関を通じた権威ある規制は、私有化および以前は公的機関を通じて国家が支給していた商品およびサービスの競争市場の設立と複雑につながっているのである。[64] 現代国家は結果的に弱体化したのではなく、むしろ直接的供給者より管理者および市場監督者へと進化し、[65] 政府の設立した規制機関の働きを通じて少し離れたところで政策目的を追求しているのである。私有化はこのように市場に基礎を置く形態の経済組織を促進するメカニズムとしての契約の重要性を増大させたが、[66] 規制により確実になったのは、伝統的契約法のイデオロギー的装飾、すなわち契約自由および当事者自治は、これらの市場における契約プロセスにすっかり持ち込まれたわけではないということである。主として消費者保護のために設立されたが、関係者間の力の不均衡を特徴とするあらゆる経済セクターは行政介入にうってつけでありうる。その介入は当事者自治および契約自由を著しく制限するかもしれない。例えば食料雑貨品供給に関する食料雑貨品規約仲裁者（Groceries Code Adjudicator）[67] は、小売業者（大手スーパーマーケット）とサプライヤー間の食料雑貨品供給に関する行動規約（The Groceries Supply Code of Practice［GSCOP］）のエンフォースメントを監視する。[68] 支配的なスーパーマーケットの反競争的かつ搾取的なサプライチェーン慣行は、長い間サプライヤーおよび小業者からの懸念と苦情を生んできた。[69] 小売業者供給契約は同規約を組み込まなければならず、また同規約と矛盾するいかなる条項も含んではならない。[70] 同規約は信義誠実義務を含んでおり、スーパーマーケットとサプライヤー間の契約条項を変更するスーパーマーケットの権限に関する条項のような契約条項をコントロールしている。[71] 監視官（regulator）はまた紛争解決手続も運営する。

表面的にはコモンローと規制とが重なり合う必要はほとんどない。また裁判所が創設した法の力を削ぐ規制に関する問題も何ら存在していない。規制および契約に関するコモンローを活気付ける理想は、異なるとともに相いれないこともしばしばある。規制者は個人的な法的権利を決定しかつ強行する任務を負っていないが、市場の参加者、利害関係者および公衆のために、市場が公平かつ競争力のあるものとして機能することを確保するような有用な目標の追求をその任としている。運営上は政府から独立しているが、規制は政府の政策を実施する手段の一つであり、したがって政府の影響をまったく受けないということはないのである。規制は実質的な法の法的代替物というよりは、法を補足するものとしてしばしば示されている。[72] 裁判官たちはこうした理解に固執しており、紛争が生じたより広い規制環境を無視するか、[73] もしくは規制要件および諸準則違反を理由として個人に私法上の訴権を付与するのに難色を示しているのである。[74]

規制機構が存在する場合に、裁判所の側でそれを契約文脈の一つの重要な要素として顧慮することに熱心ではないことは、法および規制の背後に潜む異なった論理的根拠に関する裁判所の認識を反映しているかもしれない。規制が集団的目標の追求に関与するのは透過的であるが、[75] これに対して私的（契約）法においては契約により生み出された権利と債務の強行は個人に委ねられているのである。規制が正当化されるのは機能的規準を基礎とするからであり、私たちが法の諸原則をその中に配置しかつ正当化しようとする道徳理論ではない。こうした異なった論理的根拠を考慮すると一定程度の相違は不可避である。規制が存在する場合、およびとりわけ規制者が服従を強制しかつ制裁を実行する権限を有している場合には、一般的諸準則を公表する際のコモンローおよび裁判所の役割は大幅に減少することが承認されなければならない。訴訟事件を通じて機能しかつ発展する契約法は、市場全体を変化させるかもしくは規制する立場に立つことはめったにないことは明らかであり、[76] 判決が市場全体に及ぶ重要な問題に答えを示すことができるとしても同じである。[77] しかし法と規制の間の相違はまたいくつかの問題を生む。規制者は裁判所内においておよび制定法により生み出された法はもちろん、制定法上の権限の下で発展させられた諸準則に従って行動する。実質的に同一の領域を占める見込みがあるとすると、そうした法が裁判所および規制者により解釈されかつ適用される態様においては非一貫性および不統一性の可能性がある。規制スキームに対する注意を欠いていることはコモンローの契約法が商事化することを補強することになり、その一般性を危ういものとするのである。消費者およびその他の経済的に弱い立場にある当事者が立法的ならびに規制的スキームにより保護される保護されるとすると、契約における私法上の権利は保護主義的傾向を示す必要性はほとんどないことになる。規制を下支えする諸価値、例えば消費者保護は、伝統的契約法にほとんど影響を及ぼさない。規則者を縛る法の解釈において、もしくは規制される領域における規制権限および個人の私法上の諸権利を決定するに際しては、裁判所は規制目標を大幅に空洞化することができるのである。私たちはこれらの争点を、消費保護者問題に責任を有するイギリスの主要な規制機関、すなわち金融行為規制機構および競争・市場庁との関係において以下で検討する。

四・四　法と規制の相違

ＣＭＡ〔競争・市場庁〕およびＦＣＡ〔英国金融行為規制機構〕の仕事は、行政的でありかつ市場志向的である。(78) 市場の監督官としての彼らの役割を踏まえて、ＦＣＡおよびＣＭＡのいずれもが、彼らの規制上の付託権限内の領域におけるコンプライアンス欠如に関する情報は受け取っても、消費者もしくは企業に対する紛争解決もしくは助言サービスを提供するものではない。(79) 規制ビジネスに関する個々の紛争は、様々な規制機構、例えば金融オンブズマンサービスが検討することは可能である。規制者は規制フレームワークの遵守を確保する他の権限をもっており、そのフレームワークには消費者の権利（例えば、二〇一五年消費者権利法〔Consumer Rights Act 2015〕）および競争法に関する関連立法が含まれる。エンフォースメントの方法は、刑事制裁(80)（課徴金）および評判に関する手段（悪評）から、諸準則違反を理由として消費者の集合的救済を行おうとする民事訴訟もしくは事業者を諸準則に従わせることにまで及んでいる。より融和的な救済上の成果を利用することもできる。例えば、不公正条項に反応した際、ＣＭＡおよびＦＣＡは事業者に対して不公平な契約条項の使用を中止すること、およびコンプライアンスを達成するために契約条項を修正するとの約束を求めることができる。(81) その約束は規制者と企業間の交渉による契約上の和解であり、企業側においてその条項が不公平であると認めることが含まれている必要は何らなく、また同条項が立法に相反しているとの有権的な法的決定も必要ない。約束は契約における不公平性の問題に対する個別的応答であり、しかもその約束の正確な性質は企業間において大きく変化することになる。将来の行為もしくはＦＣＡの調査結果に関する約束条項は、ＦＣＡおよび関係企業間において秘密にしておくことができる。(82)

契約上の権利および法的権利のエンフォースメントは個々の消費者はもちろん規制者にも与えられるかもしれない。

しかし、規制者による行為の遂行は契約紛争に関わる裁判所に重荷を負わせないような方法で公益に関与しているのである。このように、CMAのエンフォースメント行為は、「良き規制に関する諸原則」、すなわち「相応の、一貫した、目標を定めた、透明でかつ説明可能」を考慮して行われる[83]。規制者はまた、コモンローとはまったく無縁の規制対象の企業に規準を課す諸準則および強行可能な行動規範を生み出す。FCAハンドブックの諸原則によれば、金融サービス会社は「適切な市場行為基準を遵守」しなければならず[84]、また「顧客の利益に十分な注意を払うとともに顧客を公平に取り扱わなければならない」[85]。規制対象の企業は「顧客の最善の利益に配慮しなければならない」[86]。FCA領域の下で負担する諸義務は依頼者の金融上の洗練度に従って異なるが、当該規制の下での責任は、ある状況の下で契約の一方当事者が他方当事者に負担することになる一層希釈化されたコモンロー上の約束に比べてもより強い言葉で表現されている。すなわち、相手方当事者の合法的利益に配慮して行為することであり、契約者としてはそれを考えに入れるべきであるが、優先事項とすることは要求されない[87]。同様に、強力なデジタル企業を規制するCMAの提唱する行為規範は、プラットフォーム利用者を搾取することを回避するため、そうした企業のプラットフォームは「公正かつ相当な契約条項に基づいて取引を行う」とする推奨される原則を含んでいる[88]。コモンロー上には、これに対応した公平な契約条項に基づいて取引を行う一般的な義務は何ら存在せず、組込み、解釈および黙示といった法理を通して行使されるコントロールが断片的に存在しているだけである。規制者また、市場の調査と研究を行う幅広い権限を有している。かくしてFCAは何よりも、金利に上限を設けるに至った[89]、高コストで短期の信用取引市場に関して、さらにまた金融サービス市場において無防備な消費者がどのようにするのかについて調査している[90]。CMAは不公平契約条項に対する企業の理解と態度およびデジタル市場の働きについての調査を依頼し、公表している[91][92]。そのような証拠が裁判所の法的権利の決定に採用される可能性は極めて低い。

包括的な規制は、個人の権利の効力とエンフォースメントの範囲を減少させるかもしれないが、それは法を余分なものとはしない。規制機関の判断は通常の司法審査の諸原則の下で裁判所による審査が可能である。現代の経済における行政裁判所および規制の意義を前提とすると、この裁判所による監視は重要である。規制者によっては容易に承認しているのだが、規制者が契約法に関して（例えば、消費者契約における不公正条項について）企業に発する指針は、契約法が要求することついての彼らの解釈に基づいているのである。[93] 法的立場についての有権的決定は通常、訴訟手続の過程で裁判官が行うことができる。直観に反して、詳細でかつ複雑な規制は限定的であり断片的であることがしばしばあり、規制スキームにデフォルトの法的諸原則によって埋められる大きな隙間を残していている。正確な規制範囲を決定するのは困難な場合があり、しかも企業の規制対象の活動と非規制対象のそれとの区別（規制境界）は極めて微妙であり、契約の相手方当事者もしくは顧客により認識されるかもしくは理解されることはないと思われる事実におけるわずかな違いに基づいているかもしれない。[94] 技術に関しては、規制はコモンローが有している類推による推論により新たな状況に適用される広い諸原則を生み出す能力を欠いている。

そのため多くの点において、契約法と規制との関係には問題がある。規制は既存の法に依拠しているが、法発展に対して萎縮効果がある。規制によるコントロールは、いくつかの重要な点において一般契約法から遠ざかると思われ、コモンローにおける個人の権利の擁護および規制における政策目標の実現という異なった目的により部分的に説明できるに過ぎない不統一性を生じるのである。結果として、コモンローと規制は契約の予測不可能な法的背景を作り出すことができ、市場において受け入れられる行動基準に関して社会に対して何ら明確かつ統一的な教育的メッセージを伝えないのである。このことの一例を示すため、私たちは銀行による零細企業への金利ヘッジ商品の不適正販売に立ち返り、この問題について裁判所と規制者が発する対照的な答えに言及する。

四・五　スワップの不適正販売

金利ヘッジ商品（金利スワップ）は商業借入における利率変動により生じるリスクを管理をするために用いられる金融派生商品（デリバティブ）である。こうした商品の販売はＦＣＡにより規制されている。しかし、銀行－顧客間の関係は契約により確立する。銀行は多様なレベルの取引経験を有する企業顧客に裏付け事業者向貸付の支払利息を管理するために、金利スワップの購入を勧めた。場合によっては、金利スワップ契約の締結は融資を得るための一つの条件であり、しかも金利スワップの期間はその裏付けローンよりも長期間となり得る。金利スワップ契約は利率がその金利スワップ期間を通じて上昇することを期待して締結される。二〇〇八年～二〇〇九年の世界金融危機をきっかけとした基準金利引き下げに続き、購入者は金利スワップ契約により重い責任を負っており、その契約を早期に終了させようとすると高額の解約コストを負担するにしばしば気づいた。二〇一二年、同部門に重大な欠陥があるとの証拠が認定されたので、当時の規制者である金融サービス機構（Financial Services Authority,〔ＦＳＡ〕）（二〇一三年にＦＣＡに引き継がれた）は、銀行による「取引経験の少ない顧客」への金利スワップ販売に関するレビューを公表した。ＦＣＡのパイロット・レビューは二〇一三年に公開された(95)。様々な銀行全体で一七三件の販売をテストしたところ、ＦＣＡは九〇パーセントの事例において規制要件に従っていないことを発見した。ＦＣＡ報告に照らすと、一定の銀行はスワップ販売の再調査と不適当販売の疑いのある事例の確認が必要であった。不適当販売の影響を受けている可能性があると銀行が確認した約二万人のうち、約一〇パーセントの顧客は同再調査を拒否し、一五〇〇件の販売の再調査が行われて準拠しているとの評価を受けたが、残りは（およそ一六五〇〇件は非準拠販売であった）「救済の決定」書を受領していて、これらの事例のうち約一五〇〇件では顧客には不適正販売による損失は何ら発生していないことが明らかにされている。それ以降銀行は救済のために二二億ポンドを支払い、その中には派生的損失を処理するための五億ポンド以上が含まれている。[96]

ＦＣＡの審査は当然のこととして審査の実施に関する訴訟の流れを生み出した。[97] 裁判所は認識されている審査機構の欠陥に原因する個人への私法上の権利および救済の付与に及び腰である。[98] 同機構の活動そのものについて現在調査中である。[99] 多くの最初の不適正販売に関する請求は銀行に対してなされたものではなく、顧客は同審査の結果を待っていたが、今や出訴期限は徒過している。銀行に対するＦＣＡによる活動の目的は裁判所の外に請求を留めておくことであるが、ＦＣＡの救済システムには制限が加えられているので、私法上の請求は不可避である。[100] 規制機構は個々の請求を行う限られた機会を提供している。二〇〇〇年金融サービス・市場法（Financial Services and Markets Act〔ＦＳＭＡ〕2000）一三八条の下では、規制機構違反を理由とする請求ができるのは「私人」（ビジネスを行う過程で損失を被っていない個人）に限定されており、しかもいくつかの規則違反に関連した場合だけである。「小売の顧客」は最も高いレベルの保護を受けているのに、「法人の顧客」および「適格取引先」に対してはより減退した義務を負っているのであり、それらの者は複雑な金融商品の取引により多くの自信があり、かつより高いレベルのリスク・エクスポージャーも甘受すると考えられている。[101] しかしいずれの場合でも、金融機関は顧客とのコミュニケーションが「公平で、明確でしかも誤解を招くことがない」ことを確認しなければならない。[102] 通常は会社であるのでＦＣＡレビューの下で救済資格を有さない請求者は、ヘドレイ・バーン（Hedley Byrne）原則、コモンローおよび制定法の不実表示、契約違反およびフィデューシャリー・デューティー違反を理由とする様々な訴訟を提起した。請求者の主張では、誤った情報を提供されたもしくは何ら情報が与えられなかった、自社が負担しているリスクもしくは負担することになる違反コストのレベルについて誤解させられた、および誤って助言を受けたとする。スワップ契約の条項に基づけば、不公正条項[103]および不公平な関係[104]を禁止する立法は関連性がある。事件によっては規制義務および制定法上の義務違反が主張されている。

裁判所におけるスワップの不適正販売を理由とする私法上の請求の取り扱いは、ＦＣＡ救済システムとは対照的な映像を描くのである。ＦＣＡによる市場における失敗の結論にもかかわらず、裁判所に提訴されたスワップの不適正販売に関する私法上の請求で勝訴したものはほとんどない[105]。これらの事件からスワップの不適正販売に関する私法上の請求で勝訴したものはほとんどない。これらの事件からスワップの不適正販売に関する困難な争点を生じている。裁判所の判決は通常、商品の販売期間中に顧客に正確な情報を提供する銀行とその販売について広告をする銀行との区別に懸かっている。助言関係の特定は、コモンロー上の注意義務（その助言が相当の注意と技量で行われた[106]および金融サービス規制スキームの働きにとって重要な事実問題である。前章で見たように、契約条項は以下のことを決定する場合には極めて重要である可能性がある。すなわち、銀行の義務は一般的には関連情報の提供に限定されて、顧客に誤解を与えることには及ばない場合には、顧客に対するより強い権利に関して販売の助言があったか、もしくはなかったかについてである[108]。スワップ契約には通常は銀行のサービスについて契約上の制限が含まれており、「販売のみ」、「実行のみ」もしくは「助言なし」の役割に限定している[109]。最終的にはその争点は個々の契約の解釈および文脈に関わるのであるが、これらの条項は一般的には、責任を排除するかもしくは制限するというよりは、「契約の基礎」もしくは契約の下での主な権利を規定しているものと解釈されていることを想起せよ[110]。スワップの不適正販売の文脈においては、これらの条項によりスワップ販売は「助言なし」となり[111]、顧客は同商品を購入する際には自らの判断だけを頼りとするのであり、銀行からのいかなる助言もしくは陳述にも頼らないと見なされる効果を伴うのである[112]。そのため裁判所で主張される請求においては、契約スキームは最も重要となる。契約解釈は、文脈もしくは銀行の行動の調査ではなく[113]、多くの法的請求の判断に最も重要であることが判明した。その結果として裁判所は、他の証拠により表示が実際に行われかつ依拠されたことを示すことができる場合には、一切の表示に依拠していないとする請求者が行う契約上の主張を強行することにやぶさかではなかったのである。[114] 裁判所が助言的関係における立場を顧慮する場合には、両当事者は「現実は異なっている場合、当該関係の不自然な基礎」[115]を作り出すことはできないとすることが認められるかもしれない。こうした状況の下において、「歴史を書き換える」条項は事実に基づいて生じる責任を排除するので、不公平条項立法は契約書記載以外の表示の依拠禁止に対する否認に適用できる。[116] しかし、請求者が保護的立法は適用されるとの主張に成功したとしても、契約書記載以外の表示の依拠禁止条項は相当であると見なされることになる。[117]

こうした事例を世界金融危機に端を発した悪い取引の単なる例として片付けてしまいたくなる。もちろん裁判所が両当事者を自由に締結された契約の結果から解放することにはならないというのは陳腐である。しかし契約条項の働きだけに基づいてこの「個人的責任」の存在を決定することは不誠実である。それはまた不条理な判決保持へとつながるのである。クレストサイン有限責任会社対国立ウエストミンスター銀行事件（*Crestsign Ltd v. National Westminster Bank*）は良い事例である。契約書記載以外の表示の依拠禁止条項は契約の基礎条項として解釈され、したがって一九七七年不公正契約条項法は適用できないと判示された。しかしながらこれは、関与する銀行が顧客に助言を行ったとする裁判官の結論であった。この事実認定にもかかわらず、同裁判官は同条項が「歴史を書き換えて」はいないと判断した。彼は続けて同法は適用可能であり、契約書記載以外の表示の依拠禁止条項は不相当ではないであろうとしたが、[118] 契約の基礎条項と排除条項と免責条項との間のもっともらしい（また前章で見たように、歴史的には不評を招いている）区別に基づいて、そうした判断基準は無関係であるとされた。

この点についての法と規則との間の調整不良は受け入れがたいほどに広くかつ不統一である。こうした不一致について、法および規則の背後にある理論的根拠、もしくは契約自由の原則、あるいは正真正銘の消費者契約者と零細企業間のわずかな違いだけに訴えて正当化するのは困難である。規制者側に委託された権限は銀行における特有の悪い習慣に取り組み、諸基準を改善することであるが、コモンローは規制者がそうした努力をすることをサポートすることはほとんどない。その代わりに、契約法は私利の促進という古典的契約法の価値を永続させるのである。このことは規制の失敗に引き続く不幸である。[119] その上厄介なのが、裁判所は規制要件を解釈するのに契約に関するコモンローのレンズを通して行うことである。このことにより、企業は契約の基礎条項を不実表示請求だけでなく規制要件の可能性もある契約に用いることができることになる。伝統的な契約法の諸価値を規制に持ち込む傾向の一例は、ラッセル・アダムズ対オプション自己投資型個人年金英国有限責任事業組合（以前は、ケアリー年金英国有限責任事業組合〔*Carey Pensions UK LLP*〕）事件[120]（*Russell Adams v. Options SIPP UK LLP*）に見ることができる。原告は取引経験の乏しい限られた資産を有する個人客であり、彼の年金基金（約五万二千五百ポンド）をストレージ・ポッドに投資して損失を被った。原告は規制対象ではない第三者の会社（ＣＬＰ）の助言に従ったのであり、同社が彼を被告に紹介した。原告は、被告が投資用ラッパーとして自己投資型年金計画（ＳＩＰＰ）を提供するにあたり、過失、フィデューシャリー・デューティー違反および制定法上の義務違反があったとして訴えた。

制定法義務違反については、原告は、被告がＦＣＡ諸準則で定められている「依頼者の最善の利益に従って誠実に、公平にかつ専門的に」行動しなかったと主張した。[121] こうした主張の根拠は、原告の乏しい財力を前提にすると、被告は原告に対しその投資が明白に不適切であることに関して助言を行わなかったこと、および被告とＣＬＰとの関係である。被告の主張では、彼らはＳＩＰＰを設立して運営しただけであり、しかもＳＩＰＰもしくは原投資の適合性について原告に助言する権限を有していないとする。さらに被告が述べるところでは、契約条項および原告に渡された他の書類から、その取引は「実行のみ」ベースで行われるのであり、同取引の適合性の責任を負担するのは、それが投機的でありかつリスクの高い冒険であることを認識していた原告だけであるとする。原告の証言から原告は合意したことに十分な注意を払わず、ＣＬＰの勧めと助言により行動したことが明らかであったとしても、原告は宣言に署名することでこうした条項に同意したのである[122]。仲介者として行動するFCAは、規制の諸準則は両当事者の契約におけるいかなる条項にも影響されうるものではないと主張した[123]。裁判官は同意しなかった。契約条項からは以下のように、原告は自己の投資判断について責任を負うことが明らかにされた[124]。

「同規定がFCAに要求することは、適切な程度の消費者保護を確実にするために、とりわけ『消費者は自らの判断に責任を取るべきであるとする一般原則』を考慮することである。本件では、それらの判決は、原告と被告との間のように、両者間の契約を含む書面において記載されている[125]」。

依頼者の最善の利益のために誠実に、公正にかつ専門的に行動する規制義務は、契約条項を不必要なものとすること、もしくは契約自由を支持するコモンローの立場を無視することもなかった[126]。第一審の裁判官は、当該契約が現実を変更する不自然な企てであるとする主張については、関連する現実には契約条項も含まれるとして拒否した[127]。控訴審において控訴院はこの争点については議論を行わなかったが、同裁判所は原審裁判官が下した規制上の諸準則の働きに関する判決については手続上の理由により支持した。しかしながら、控訴院はCLPがアダムズ（Adams）氏にストレージ・ポッド投資について助言をしたとするのが現実的であると見なしたため、アダムズ氏は勝訴した[128]。これは、「権限を与えられた者」を除くいかなる人に対する「規制対象となった活動」を行うことの「一般的禁止」違反であった[129]。二〇〇〇年金融サービス・市場法（FSMA）二七条の下では、このことにより原告と被告間の合意は強行不可能となり、自己投資型年金プランの提供者・顧客間の契約条項は影響を受けないとの結論になった。ニューイ（Newey）卿の観察では、消費者保護は二〇〇〇年FSMAを活性化する価値であるとした。同卿は消費者が自らの判断に責任を負うとことを認めたが、とりわけリスクが高くかつ投機的な投資において消費者自身を保護する必要性があることから規制の動機付けがなされるとした[130]。このことは市場における消費者の脆弱性を好意的に認めているが、もっともそのことにより当事者自治に対する一般的なコモンロー上の言質に影響を与えることはないのである。

規制義務と契約条項の相互作用に関する一連の判例は、裁判所が詳細な契約条項をより一般的な義務によりそうした一般的義務がコモンローもしくは規制の下で生じるかを問わず、無効とされることへの躊躇を反映している。[131] そのため規制において市場における一定の行動を修正するかもしくは奨励しようとすることは、契約条項を支持する裁判所により実質的に台無しにされるのである。この立場は銀行の行為がFCAにより調査を受けて問責された場合でも保持される。[132] スタンディッシュ対スコットランド王立銀行株式会社他事件（*Standish v. Royal Bank of Scotland plc and others*）[133]において、原告の事業は世界金融危機に端を発する経営危機の後、現在では信用を失墜したスコットランド王立銀行（ＲＢＳ）グローバル・リストラクチャリング・グループ（ＧＲＧ）に移管された。ＧＲＧは苦境に陥った企業の事業再生を任務とするＲＢＳの一部門である。行き詰まった企業顧客を扱うＧＲＧの攻めの実務にはエンジニアリング・デフォルトが含まれており、高額の手数料および罰金ならびに同銀行の資産取得部門へ実価以下の金額で売却する会社資産の取得が含まれていた。ＦＣＡの調査により、ＧＲＧの活動方法における大量の失敗が明らかにされた。ＧＲＧの行為に批判的であっても、ＦＣＡはそれに対して何も対策を講じなかったが、その理由は、商業貸付はその規制上の権限の範囲外であり、同グループ内の個々の上級マネージャーに対する訴訟の勝訴の可能性はないと思われたからである。[134] ＧＲＧは二〇一四年に解散した。スタンディッシュ事件は争点の全面的な審理ではなかったが（これは違法な手段の陰謀、信義則およびその他エクイティ上の義務違反を理由として反論するためにＲＢＳ側に首尾よく適用できた例である）、同事件により、緻密な契約条項は信義則もしくは相当性および公正な取引という商事規範という言葉で表現されているより広範な包括的義務により弱体化されるべきではないとする裁判所の姿勢は、硬化しかつ強化されている。[135] この結果はまた、金融事件における正義へのアクセス不足の問題を反映している。[136] 潜在的な原告は自らの緊迫した財務状況のため訴訟を行うことができず、しかも法的ならびに事実上の争点は複雑であるので、法的手続を開始するに際して少なからぬリスクを生じる。[137]

スワップの不適正販売のケースは法および規則が交差する一つの領域のスナップショットに過ぎない。しかしそれらの事例から出てくる結果は、契約における当事者自治を守る方向に向かう一般的な傾向を支持しているように思われる。裁判所に関する限りにおいて、規則は明確な領域を占めており、しかもそれはコモンローに反映されている様々な個人主義的契約価値観が適用されることに必ずしも侵入するものではないのである。規則は裁判所による法的もしくは契約上の権利の検討にほとんど影響せず、裁判所の判断は主として契約条項を参照して行われる(138)。規制上の諸準則は、イギリス法における伝統的判断基準が満たされると、場合によっては契約に黙示されることが可能であるが、金融取引に伴う詳細な書類は付加的な条項が黙示されるべきであるとする認定を妨げるものと思われる(139)。諸準則違反から発生する個別的な契約法上の請求が出現するのは、その諸準則が契約に組み込まれた場合に限定されるのであり、しかもこのことは必然的ではない(140)。同様に、FCA準則違反を理由とする「私人」による直接行動は二〇〇〇年FSMA一三八D条の下でのことであるといってもいいが、これは発生の可能性があるいかなるコモンロー上の権利とは別の独立した訴訟原因である(141)。このように、規則（独自の救済方法と強行スキームを伴う）および私法上の権利は根本的に別個の形態の債務および救済方法である。規制者は、執行措置が保証されているか、および現行法上ならびに規制的フレームワークの下で遂行できるかを決定するため、裁判所により生み出される法に依拠することがあるとすると、そうした規則が契約解釈の道筋となる文脈の主要な部分として扱われないことは特に問題がある。規則によるコントロールに対する裁判所の姿勢は契約法の離散性を増加させ、関係的規範（例えばあるセクターでの協働の必要性、もしくは市場文化を損傷することを反転させるまたは消費者保護を増進させる命令）が規制的アプローチを伝える場合でも、契約の個人的な価値体系を押し付けることを許すのである。

　裁判所による判決過程から規制目的を除外することは、独立した対等な関係で取引を行う商事契約者にも適用されるため、契約法の確実性および予見可能性に否定的な影響を及ぼすと思われる、契約法を政策的考慮から解放しようとすることに動機があるのかもしれない。このことは契約法がますます縮小するキャンバスにおいて活動することを確実にするのである。裁判所と規制者間の乖離に対する一つの答えは、裁判所を完全に切り取り、裁判所を介さずに利用可能なより強固な強制方法にサポートされている規制権限を拡大して、その中に法の解釈適用という伝統的な裁判所の機能を加えることである。[142] それに代わるものとしては、統一的なスキームの下で法と規則を執行する特別裁判所の設置が考えられうる。[143] このような取り組みは法的領域のさらなる細分化に資することになり、コモンロー上の諸原則をさらに小さな取引のサブセットに追いやるのである。

四・六　おわりに

私的秩序化の成長、およびその擁護者としての契約法の役割に関連して、契約法は一八世紀のマンスフィールド卿によるコモンローの発展に関連付けられた法人化手続の取消における商人慣行に対するコントロールを譲っているに過ぎないと主張されるかもしれない。これを、社会および経済の他の側面を踏まえて、非国営化もしくは集権排除の一形態であると見なす人もいるかもしれない。[144] 私的秩序化により、両当事者は、法的認可に由来しない権威および合法性を有する一定の範囲のフォーマルおよびインフォーマルな選択枝を優先させて、法的エンフォースメントを必然的に控えることになる。私的秩序化の領域に関する効果的な法的監視を欠いていることはそれでもなお問題である。コモンローは商事契約を強行する者としてのより制限的な機能を優先して、契約活動の一般的規制者としての役割を放棄しているとの指摘がなされている。このことは依然としてコモンローのコントロールだけに服しており、しかもフォーマルローを適用することが完全に不適切であると思われる契約にとっては不運なことである。こうした契約のいくつかを次章において検討する。

規制の伸長は契約に関するコモンローの諸準則にほとんど実質的に影響しなかったことは明らかである。法と規制との間で異なった規準を所与とすると、[145] このことは不可避であると見なされるかもしれない。しかし裁判所は規制権限の範囲の決定もしくは規制原則の解釈を求められている場合には、規制目標を侵食する結果となることもあり、規制は簡単に契約法を迂回するリスクを増加させることになる。規制義務を強行するインフォーマルな紛争解決手段に頼ることは法準則もしくは法的妥当性に注意することを必要としないが、それらを捨てることを要求するのであり、法の衰退を加速させることになる。規制は必然的に、契約法が行うことはより少なくなり、またコモンローがその諸準則はどのように市場を機能させるのを支援できるかを考える必要性はほとんどないということを伴うのである。私的秩序化と同様、規制国家は契約法諸準則の効力範囲を減少させるのであり、また司法府の態度が意味するのは、裁判所は契約スキームを貫徹させるため、もしくは契約を支配フレームワークに置き換えるため、または契約推論に影響を及ぼすために規制義務を認めることを拒否するかもしれないということである。その結果として、契約法の一般的諸原則はより一層的を絞ったものとなり、機能的にはより無関係なものとなるものと思われる。

第五章　ギャップを介しての契約

特別な消費者立法および規則、ならびに商事契約者が独自の契約ガバナンス領域を作り出す傾向は、コモンローが生み出す一般契約法の諸原則に対する需要を減少させるかもしれない。このことは、コモンロー局面に関する通常の契約問題は、しかも裁判所の注意が有効に向けられていたかもしれない場合には単純に消えてしまうことを意味しない。むしろ問題は私的でかつより安価な解決および処分のフォーラムへとそらされるかもしれない。または、それらの問題は単に処理されない可能性がより高く、しかも契約法は商事的利益の促進および商事的期待を侵害することへの警戒に焦点を当てていないことは確かである。社会および経済の契約化は契約規制に対して今なお難問を生み出しているが、商事契約者にアピールすることを目指しているフォーマルローは適切な回答を提供できないでいる。立法および市場規則はいずれも必ずしもギャップを埋めることができるとは限らない。こうした形態での準則形成は通常は特異でありかつ選択的で、一定の契約もしくは契約当事者（消費者に適用される保護立法は、例えば零細企業または個人商人には適用されないかもしれない）にのみ適用される。契約法のデフォルト状態を巡るレトリック、すなわち当事者自治およびビジネスに対する法的支援は、契約法の諸準則が商事パラダイムには適さない多くの日常的な契約行為に対して有する実際上の意義を曖昧なものとするのである。

本章においては、契約法が一般的な契約規制者として果たす役割の減少から生じる不都合について考察する。契約法上の原則に関する重要な問題を生じる通常の（非商事）契約活動に関する四つの領域を検討する。しかしながら、こうした問題に裁判所が関わるのはごくわずかもしくはまったくないのである。例が示すところでは、消費者契約もしくはその他の取引力の不均衡に関する契約におけるいくつかの共通の問題は、契約法の諸準則の発展にほとんど影響を及ぼしていない。契約法がその諸準則により生み出されるいくつかの共通の争点への曝露を欠いていることは、商事契約が法的発展に及ぼす支配力を増加させる役割を果たすだけである。こうした争点への法的関わりの欠乏はまた、契約のより深い規範的諸価値に関する議論、発展および伝達に向けた重要なフォーラムを閉ざすのである。このことは契約法の疲弊を加速することになる。

五・一　消費者債務管理とコンシダレーション

コンシダレーションに関する諸準則は商事の文脈においては実際上の問題はほとんど生じないと考えられている。コンシダレーションの流動性が意味するのは、特に実際上の利益が有効なコンシダレーションとなるとする判例に照らすと、裁判官はその要件に柔軟なアプローチを採用できるとすることである。[1] このような実態を踏まえると、コンシダレーションに関する議論に対する関心は限定的であり、学問的議論の逸脱ではあっても現実世界においては何らかの重要性を欠いているようである。サンプション（Sumption）卿は、ロック広告有限責任会社対ＭＷＢビジネス交流センター有限責任会社事件（*Rock Advertising Ltd v. MWB Business Exchange Centres Ltd*）[2] において指導的判決を下しているが、こうした見解に同調しているように見えるのであり、コンシダレーションに対する「実際的な利益」アプローチが一部支払い準則の働きに及ぼす影響に関しては意見を差し控えることを選択している。[3] 同事件は「契約法における正に根本的な争点を取り上げる」[4]ことについては認めてはいても、サンプション卿は傍論を述べることは賢明ではないと考え、同論点は拡大された最高裁判所の判断に留保されるべきだとした。[5]サンプション卿は契約における「口頭変更禁止」条項の強行可能性に彼の裁判官としての心を寄せることを選択した。同条項はインフォーマルな契約変更を阻止するのに有効であるとする彼の結論は商事契約者には明確性を提供することになったとはいえ、契約法における論争の源を除去することはできなかったのである。

債務の一部支払いを含む合意における実際上の利益の役割に関して有権的判断が行われることに価値があると思われるのはなぜだろうか。債権者は問題となっている債務者に対して現実的なアプローチを選択して全額を強行しようとするよりも、和解により債務の一部を受領することを選択するのである。負債額および金詰りを何とかするために個人による合意の法的含意が明快であることは有益であると想像できた。ある二〇一八年報告が示すところでは、イギリスの約八百万人が債務と苦闘している。[6]これらの人々の大多数は自分の債務の管理について助言を求めることもなく、または自己破産手続を開始するかもしくは債務救済命令（Debt Relief Orders）や債務任意整理手続（Individual Voluntary Arrangements）のような他のフォーマルな解決策を求めそうもない。その代わりに債務者は債権者とインフォーマルな取引に到達するかもしれず、その大部分は通常は債務管理計画（Debt Management Plans）を通じて行われるが、自己交渉契約もしくは「完全かつ最終的和解」申込みによることもある。[7]債権者の合意を得られても、これらのものはコンシダレーションを含む契約のすべての要件を満たさない限り法的拘束力を有して強行可能とはならないであろう。自己交渉債務管理計画もまた、持続不可能な返済レベルにより失敗に終わる蓋然性が高いのである。[8]そうした措置が法的に強行可能な合意を生み出すことは、それにより債権者に実益を与え、債務者はエストッペルの働きに頼る必要もないとすれば、債務者および債権者に対して、切望される安定性と安心感をある程度は提供するかもしれない。

そのためコンシダレーションは依然として、多くのインフォーマルな債務返済措置の働きに影響を与える法理である。一部支払い準則がこうしたインフォーマルな措置の妥当性に影響を及ぼす可能性は、たとえ間接的であったとしてもＣＦＬ金融有限責任会社対レーザー信託・ガートナー事件（*CFL Finance Ltd v. Laser Trust and Gertner*）[9]の控訴院判決において承認されている。同事件は会社債務に対する個人保証の下で支払期日の到来した支払額を据え置く定期金賠償契約が、一九七四年消費者信用法で規制される「信用」の一形態であるかに関するものである。「債務猶予が合意に従って起こらなければならない。……コンシダレーションが存在しない場合、債権者の猶予する合意は契約変更の効果を生じることはなく、仮にそれが債権者に拘束力を有することがあるとしても、約束的禁反言による場合に限定されることになるであろう」[10]と述べられている。実益が有効なコンシダレーションとなる可能性については議論されていない。確かにコンシダレーション法理の内在的柔軟性を前提にすると、コンシダレーションの存在を認めることは比較的容易であるかもしれない。債務者が債権者に対して主張可能な抗弁を追求することを差し控えるのは（例えば、ある契約の下での利息支払いは違約金となる）、支払時期を繰り延べるとする債権者側のあらゆる合意もしくはその他の債務の和解に対する有効なコンシダレーションである。[11]しかしこの問題の不確実性はすでに脆弱な債務者に対するプレッシャーを倍加する可能性がある。債務管理計画もしくは他のインフォーマルなデット・リストラクチャリングは債務を強行する債権者の訴訟を阻止するものではない。その計画は、債権者が法的義務ではなく善意の事項として承認する、利息および他の課金を凍結するような要素を含むことがある。[12]英国金融行為規制機構（ＦＣＡ）はそのセクターにおける透明性が欠如していることに関する問題、とりわけ債務管理会社が債務者に自らを売り込むやり方、および債務救済の代替形態に関して顧客になされる助言においては営利会社による債務管理計画の実行に際して手数料が掛かること、および債権者が債務の利息およびその他の課金をどの程度積極的に凍結しようとしているかについて述べている。[13]債務を凍結する旨のいかなるインフォーマルな合意であっても拘束力を欠いているという事実は不幸な結果を招きかねないのであって、例えば一千ポンドの債務は一年の間に二万ポンドに増加することになる可能性があるのである。(14)

より広範には、債務救済は私的秩序化が国家による破産手続に次第に取って代わる領域である。例えば、個人債務任意整理手続(Individual Voluntary Arrangements〔IVAs〕)は破産管理の民営化された側面である。IVAsの手続的フレームワークは制定法上見いだされるが、(15)個人の任意整理(IVA)が機能する法的基盤は契約である。競争市場はIVAsの提供者のために出現した。(16)ウォルターズ(Walters)の観察によれば、「IVAは本質的には債務者と債権者間の取引であり、専門的規制および裁判所による限定的な監督に服する合意可能な事項についてはほとんど制限がない」。(17)IVAsは法的拘束力を有する。それらは一般的には債務者が他のあらゆる救済方法を求めることを禁止する標準的な諸条件に基づいて行われる。それらの条件では、和解は「債務者の債務全額につき完全かつ最終的満足による」(18)のであり、また終了証明書が発行されると、「債務者は和議の対象であるすべての債務を免責されるものとする」(19)とされているのである。債務者に対してそれ以上の執行措置が行われるリスクは、IVAsにおける多くの債権者は利益が見込まれない大手機関投資家や何回となく繰り返し登場する重要な参加者であることを前提とすると、極めて低い。(20)しかしながら、そのことは排除できない。IVAは詰まるところ契約であり、しかも債務者がどの程度債務を免除されるかは当該IVAの解釈の問題であって、その中には債権者に有利なあらゆる基底的信頼に関する条項およびその個人の任意整理の対象として特定された資産が含まれるのである。こうした事柄に関する法的分析の複合効果として、個人の任意整理が終了しても債務は消滅しない。(21)グリーン対ライト事件(*Green v. Wright*)において、「すべての資産」の個人の任意整理に関する終了証明書が発行され、債務者は債権者に対してそれ以上の責任を負わないことが明記されていた。控訴院の判示したところでは、終了証明書にもかかわらず個人の任意整理により創設された信託はどうなるかについて何ら言及がなく、信託自体は受益者としての債権者間で存続し、しかも債務者が受領した追加ファンドは債権者に支払われることが可能であるとしたのである。債務救済システムを変更するプランは複数存在するが、変化が生み出すのは同一の不確実性に過ぎないであろう。[22] このように債務は免除されたと信じる債務者は依然として、何時になったら債権者に対する責任が終了するかを何ら明確に示すことのない法的手続に直面するかもしれない。こうした問題は契約法上の諸原則が運用された結果に過ぎないものではないことは明らかである。しかしコンシダレーションに基づく確定的判決は両当事者にとっては少なくとも不確実性の一つの源を除去し、債権者にとっては契約上の最終性を提供するかもしれない。

五・二　給料日貸付と司法権能

個人的な負債の問題は、脆弱な個人の弱みに付け込むハゲタカのような会社の契約実務により悪化させられる可能性がある。給料日貸付（payday lending）の諸側面は契約法がほとんど歯止めにならない程に広範囲にはびこった契約規範の濫用の一例である。高コスト貸付は今に始まったことではないが（より伝統的な形態は質屋、玄関先貸付および割賦販売）、二〇〇〇年代の最初の十年間における高コスト短期ローン市場の成長は前例がなかった。二〇一二年までに、高コスト短期ローン市場はピークに達し、ローン件数は一千万件以上で総額二十八億ポンド、利用者はイギリスで約百八十万人となった。[23] 手頃なクレジットへのアクセスの欠如は、世界金融危機に続いて銀行が貸付制限を行ったことにより悪化した。このことから、利用者に便利でかつ自動化されたオンライン・アプリケーション・プラットフォームを通じてクレジットの迅速なアクセスが促進されることを約束する短期貸付業者の数の拡大につながったのである。若年層に的を絞った様々なメディアでの積極的なマーケティングを利用して、短期ローンの供給者は彼らの先輩が活躍した地域社会を超えて活動範囲を拡大することができた。[24] 貸金業者は信用度の低い借主にも極めて高い利率で容易く利用できるクレジットを約束した。同等の年利（APR）で表現すると、これらの利率には数千パーセントにもなるものがあった[25]。貸金業者は、APRは公正さもしくは返済される金額への信頼できる指針では必ずしもないと主張した[26]。彼らの強調するところでは、ローンは控えめな金額のためのものであり、短期的（通常は借主の次の給料日まで）貸付とし、さらに債務不履行のリスクが高い顧客に融資されるとした。

給料日貸付業者が自らの事業を防御する試みは不誠実である。高額な貸付金利に加えて、圧力販売、手ごろさ（affordability）にほとんど注意を払わず、しかも最終的には意図的に設計されたローンのロールオーバーを伴う迅速なオンライン上の意思決定に基づく融資ビジネスモデルを組み合わせることで、困窮している者や脆弱な債務者の金銭的苦しみを悪化させたのである。市場正当化もまた一役買っていた。クレジットへの依存度が増加傾向を示している消費社会において、給料日貸付会社は、貧弱なクレジット履歴しかなく銀行その他の大手貸主で利用できるもっとリーズナブルなクレジットから締め出されている借主のセクションに対応することで隙を突くことができた[27]。このセクションにおける貸付実務は、借金慈善団体、貧困運動家ならびに消費者協会から一様に非難の矛先を向けられた[28]。貸主業者間の競争により一定程度の自己規制につながるとの期待に裏打ちされて非介入とした最初の期間後、同セクターは二〇一〇年に初めて調査を受けた[29]。規制者は市場における深刻な諸問題を見つけたが、その中にはクレジット提供者間における直接的な価格競争の証拠はほとんど見当たらないこと[30]、および契約前の情報ならびに手ごろさチェックに関する消費者信用立法については広範囲にわたる違反が含まれていた[31]。しかし、二〇一五年初頭にFCAが高コスト短期クレジットにプライス・キャップを導入するまでは何らの対策も取られなかった[32]。こうした対策により、多くのローン提供者は市場から撤退した[33]。

給料日貸付の誕生は二〇一〇年代の緊縮財政期に労働市場において雇用不安が増大したこと[34]、および新自由市場イデオロギーの働きに由来した[35]。契約自由のドグマおよび契約責任を引き受けることが比較的容易なことは、効果的な法的監視が欠けていることと相まって、給料日貸与が急増することになった経済環境に寄与したのである。高コスト短期金貸業の急速な成長に即して契約法が変化することはほとんどなかった。意思決定に対する個人責任が奨励されたので、法的コントロールを受けることになるのは極めて明白な不平等および断然有利な利用だけという結果となった。こうした態度は最初の一四八七年の高利貸し法に遡るクレジットに対する一般的な法的アプローチに反映されている。[36] 契約法法理はここでもまた一定の役割を果たした。価格への干渉を控えることはコンシダレーションに関する伝統的な契約法準則の一部分である。この法理上の制限は裁判所が利率へ介入するのをためらうことに現れているのであり、制定法上介入する権限を有している場合であっても同様である。[37] 一世紀以上前に制定された制定法は二〇一〇年代における給料日貸付のピーク時に再び出現した種類の問題に対処しようとした。一九〇〇年貸金業者法(Moneylenders Act of 1900)は、利息が三〇〇〇パーセントに達した金銭の貸付を詳細に示す一報告に従うものであった。複利による更新もまた問題であって、不幸な借主においては一生の借金となった。[38] 同一九〇〇年法一条一項は裁判官に対して超過利率の利息により行われた取引について、その取引が過酷であるかもしくは非良心的な場合またはエクイティが救済を与える場合には、その取引を再開する広範囲な裁量権を与えている。ウイルトン・アンド・カンパニー対オズボーン事件(*Wilton & Co v. Osborn*)において、利息が年率六〇パーセントに相当する合意は同一九〇〇年法の下では過酷でも非良心的でもない旨判示された。[39] リィドリィ(Ridley)裁判官が述べるところでは、「一連の判例によりエクイティ裁判所はそのような事件において料金もしくは利息が過度であるという理由だけでは救済を与えることはない。……超過利息もしくは法外な料金のいずれも、不公正な取引が存在していたことが判明しない限り十分ではない」。[40] 利率が高くかつ「取引が軽率で愚かであった」としても、同裁判官は「不当もしくは不公平と呼ぶことができる圧力は何ら彼には加えられていない」と判断した。[41] この解釈は、クレジット取引を再開する司法的裁量権をエクイティならば以前には介入したと思われる場合に限定することにより、実質的に同法の目的を台無しにした。この判決はサムエル対ニューボールド事件（*Samuel v. Newbold*）において貴族院が破棄し、超過利息は取引が過酷かつ非良心的であると判示した[42]。一九二七年貸金業者法はさらに一歩進んで、年四八パーセントを超える利息の取引は過酷かつ非良心的であるとする反証可能な推定を創設して年利に効果的な上限を定めた。一九〇〇年法および一九二七年法は双方ともに一九七四年消費者信用法で廃止された。

消費者金融に関する一九七一年クローザー・レポートは、「契約自由は消費者取引においてはほとんど意味を有しない[43]」との現実を承認したが、一九七四年消費者信用法は「国家は消費者が消費者信用市場における自らの知識を最大限に利用し、かつ何が最良であるかの自らの判断に従う、消費者の自由に可能な限り干渉すべきではない[44]」との方針を前提にしていた。同様に同レポートは、「社会政策の第一原則は、消費者信用の利用者を自らの金融問題を管理する十分な能力を有する大人として扱い、しかも困難に陥っている相対的に少数の者を保護するために消費者信用にアクセスする消費者の自由を制限することである[45]」ことを明らかにしている。消費者の自由と搾取からの保護の間のバランスは、直接的にクレジットの価格に介入するのではなく、手続的コントロールを通じて達成されることが求められた。これらに含まれたのが、情報開示義務、債権者のための必須条件としてライセンス、クレジット契約をする場合の手続き、クレジット料金およびクーリングオフ期間のような手段に対する透明性の向上である。

公正な手続きを設ける方向に向かう一九七四年法の潮流にかかわらず、過酷かつ非良心的な貸付契約を再開する裁量権は同法一三七条により維持された。同条において、借主が「著しく法外な[46]」支払いをすることを要求されるか、もしくは「そうでなければ公正な取引に関する通常の諸原則に著しく違反する[47]」場合に、裁判官は「強要された信用取引」を再開することおよび「両当事者間において正義」を行う権限を与えられた。この判断を行う際には、借主の年齢、経験、ビジネス能力および健康、ならびに借主がどの程度の金銭的圧力の下にあったかが考慮されなければならなかった[48]。貸主サイドからすると、提供されるあらゆる担保、および借主との関係を考慮して貸主が引き受けるリスクは重要な要素であった。[49] 実勢金利もまた考慮されなければならないが、それは借主に有利に働くこともあれば、貸主に有利に働くこともあった。[50]

同法一三七条の下での大部分の判例法は抵当権に関するものであった。貸主のリスクは借主を救済するかを判断する際にしばしば決定的な要素であった。こうして、年率四八パーセントの短期のつなぎ融資が、急いで（「時間の問題」）貸主が何らの担保もしくは調査なしで、自らの懐具合について完全に誠実ではなかった借主に対して行われたことについて、法外ではないと判示された。[51] 裁判所は、主流の貸主から調達できるものと高コストローンの利率を比較するというよりは、類似のローンに対して課せられる利率を調べる傾向にあったが、実勢金利もまたその評価において非常に影響力があった。[52] 貸主が、通常の商業金貸業者にふさわしい振る舞い、すなわち市場の基準に従うことを行ったことを証明できる場合には、通常は取引が過酷であったとする主張は認められないであろう。[53] 裁判所は信用契約を再開させる裁量権を利用するにあたり寛大であったのではなく、[54] また裁判所がローンの条項を支持するのを好むことも明らかであった。立法では借主を支持しなかったし、[55] また高利貸業を抑制することもほとんど行わなかった。[56] 契約自由の影響は、裁判官が干渉する立法上のライセンスを与えられた場合でも簡単には看過できなかったのである。裁判官は同じように非良心性を巡る周知のコモンロー上の考慮（例えば、貸主が借主の取引力の不均衡を活用したか、[57] もしくはその取引が借主に「明白かつ不公平な不利益」であったか）[58] を取り込む傾向を示したが、それは間違いなく同条の文言に反しており、また消費者信用法の基底的政策と相いれないことも確かであった。[59]

裁判所が介入を躊躇したのは、必ずしも裁判所に契約の公正さもしくは利率をコントロールする専門知識が欠けていたことを認めるわけではなく、過酷な信用取引に示される市場の失敗の問題に対応することは裁判所の役割の内には入らないとの所感を反映するものであった。高コストの信用取引が公益へ及ぼす影響もしくはそれが社会的に望ましいかを考察することは裁判所の権限の一部ではなかった。[60] その判断基準についてもまた問題があったが、その主な理由は過酷であることが証明される必要があったのは信用取引であったことにある。提供される信用に関する他の要素、例えばオプションの支払い保護保険、支払い不履行のレベルおよび契約締結後に利率を変更する権限は、法令上審査可能ではなかった。[61]過酷な信用取引を再開させる裁量権に加えられる制限は明白であった。[62]改革案において通商産業省は、正式事実審理にまで到達する事件の不足、借主が勝訴することの欠如および焦点が当てられたのは（裁判所は干渉することを躊躇した）利率に関する「過酷な」判断基準であって、付随的な不公平条項もしくは「信用取引」の一部を形成していないその他の合意ではなかったことを明らかにしている。[63]二〇〇七年には、信用取引を再開する権限はより広い「不公平な関係」判断基準に置き換えられた。[64]この新しい権限についての初期の判例は期待できない。裁判官は一三七条の下の初期の判例法に依拠する傾向があった。このように債権者は最後の貸主であり、また債務者は信用力が低いことに起因する高いリスクを示している場合、より高い利率が正当化された。債務者が利息および利用料を認識していること、および分割金の欠損が生じたらどうなるかもまた関連性を有している。[65]初期の一判例において裁判所は、債権者が規制当局の設定した基準に従った場合には不公平な関係にはなりえないと考えた。[66]

プレビン対パラゴン・パーソナル・ファイナンス有限責任会社事件（*Plevin v. Paragon Personal Finance Ltd*）[67]判決は、「不公平な関係」判断基準に関する債務者に、より親和的な解釈を示しているように思われる。同事件は、顧客が当該ローンと同時に支払い保護保険を掛けた時に保険会社から貸主に支払われた未開示の手数料に関するものである。その事件では、原告の保険金支払い額の七一・八パーセントは貸主に支払われた手数料であった。最高裁判所は、原告と貸主の関係は、両当事者間の「知識および理解力の著しい不均衡」を理由として不公平であると判示した。[68]貸主が手数料のレベルを開示しなかったことにより規制フレームワークのどの部分にも違反していないことは重要ではなかった。最高裁判所は、関係の公正さは貸主が規制を守っていたかよりも幅広い考慮を伴うと判断した。[69]しかし、明らかになった問題は開示を行わなかったことであり、負担する手数料のレベルではなかった。サンプション卿は貸主と債務者間の内在的不平等を認めたが、関係そのものはそうした根拠だけで不公正であると評価することはできなかった。[70]この解釈は、実体的不公平さよりも手続的なそれを優先させることに対応した伝統的な契約法のアプローチを強化しがちである。[71]プレビン事件の結果にもかかわらず、一四〇A条の不公平関係判断基準は融資慣行にほとんど影響を与えることはなかった。とりわけそれは、銀行を相手とする不適当販売の主張を防御するために、契約の基礎条項の利用を阻止するのに首尾よく利用されることはなかったのである。[72]

因果関係の証明は困難であるが、信用契約に対するこうした裁判所の態度は、給料日貸付がほとんどチェックされずに増殖することになった自由な信用環境の一因であったと推定することは難しくない。二〇一〇年においてさえも、給料日貸付の抱える問題のある要素は必ずしも利率自体ではなく、ローンの借り換え、すでに財政難に陥っている借主への追加の信用の申込みおよび継続的支払機関を通じての支払い受領（場合によっては顧客の銀行口座はその過程で空になる）に伴い有利な立場に立つことであると考えられていた。規制的見解では、こうしたことは価格コントロールではなく消費者教育により解決できるとしていた。[73]コモンローはそうした問題のいくつかの側面を解決する道具を開発した。利率を一方的に変更する権限については、利率は「不適切な目的で、不誠実に、気まぐれにもしくは恣意的に定められることはなく」[74]、また「貸主は、合理的に活動している合理的な貸主であれば行うことはないやり方で裁量権を行使することはない」[75]とする黙示条項を通じてコモンロー上コントロールされている。同様に、予期しない負担付債務は明確に表示されなければならず、また通知がなされなければならない。しかし利率自体は通常、透明性を欠いていない限り裁判所のコントロールの対象ではない。二〇一五年消費者権利法の下では、そうした利率は信用の「価格」であり、したがって不公正性コントロールの直接的な対象ではない。契約条項でカバーされる付属的な事項、例えば利率を変更できる状況もしくは料金を課すことができる態様は同法に含まれている不公平判断基準の対象になるであろう。

裁判官が高コストの信用に関連して何らかの責任があることは否定されるかもしれない。上級審裁判所は消費者契約に関する事件をほとんど審理することはないので、一貫したかつ原則に基づいたやり方で契約法に消費者の利益を反映することは困難である。これはあくまでも部分的な回答に過ぎない。すでに述べたところであるが、消費者契約法の事件における裁判所の判決は企業間の紛争に適用されると思われるのと同一の商事契約上の諸原則に基づいて行われる傾向にある。本章においてすでに見たように、裁判官は不公正さをコントロールするためおよび弱い立場にある当事者を保護するための政策を遂行するために彼らに付与されている立法的権限を行使することに消極的であるということができる。裁判官が自ら利用できる法理および権限を解釈する方法が限定的であることは、搾取の道具としての契約の使用を悪化させることになる。エクイティ上の法理は同様に制限的な解釈の対象である。債務者の弱みもしくは債務者が金銭的苦境にあること（しかし「推定相続人」として約束された将来の展望が見込める場合）を巧みに逆手に取るのは、エクイティが非良心性を根拠にして契約に介入する必須の条件である。[76] 債務者の一般的な脆弱性だけでは十分ではなく、彼らが債権者からの何らかの虐待を受けるかもしくは被害者化されることが必要である。[77] マルティサービス製本有限責任会社対マーデン事件（*Multiservice Bookbinding Ltd v. Marden*）において、ブラウン＝ウイルキンソン（Browne-Wilkinson）裁判官は、「取引は、当事者の一方が道徳的に非難すべき態様により、すなわちその者の良心に影響を及ぼすやり方で好ましくない契約条項を押し付けない限り、不公正かつ非良心的であるとすることはできないのであり、……裁判所は取引が不公正な方法で行われた場合には介入することができるとともにそうすべきである」[78] とした。同様に枢密院はボウスタニィ対ピゴット事件（*Boustany v. Piggot*）[79] では、取引力の強い当事者側に「道徳的責任」を負担させる必要性を強調した。同裁判所の観察したところでは、「取引力の不均衡もしくは客観的に不合理な契約条項があることは、例外的でしかも社会一般的な公正さの問題として、『強者が弱者を窮地に追いやることは許されるべきとすることが正しくない』場合に、非良心的であるかもしくは暴利をむさぼるような権利の濫用が存在しなければ、エクイティ上介入する根拠を何ら提供するものではない」[80]としたのであった。裁判所が契約当事者に悪意の動機があると見なすのに消極的であるとすれば、貸主側の道徳的な非難に値することおよび借主側の弱さを必要とするこのような要件は非良心的法理の実行可能性に対する一つの制約である。そうしたアプローチでは、契約条項の操作を通じて契約濫用の追及を阻止することはほぼできない。

ある意味ではイギリス法はこの点において一人孤立している。合意が非良心的であるかを判断するに際して、他のコモンロー法圏では弱い当事者が何らかの脆弱性、すなわち特別に不利な立場もしくは障害を示しており、強い当事者がそれに付け込むという要件を放棄している。オーストラリアでは消費者契約の非良心性を理由とする訴訟は制定法に基づいている。最近の判例では、「組織的に不誠実であって、取引を台無しとすること、不実表示、商事上のいじめもしくは圧力およびずるい手段を伴い、優越的地位を利用し、業界規範に反する振る舞いを行い、相手方当事者に取引上関係する他の者を損なうことになる隠れた利益を引き出すやり方でかなりの市場支配力を用いることで完全に悪意のある」やり方で活動することもまた、原告が何らかの特別な脆弱性を示していたかとは関係なく非良心性の例になる可能性がある。[81]イギリスの裁判官が、直接的な立法的権限を与えられていたとしても、こうした経路をたどってこれらの契約濫用の潜在的な発生源を検討することを目にするのは困難である。契約法には貸付市場における濫用に取り組むのに頼りとなりうる法理が存在しているが、裁判所がそれらを用いる可能性は極めて低いように思われる。

五・三　学資ローンと不公正条項

二〇一五年消費者権利法の適用範囲内にある消費者契約は、契約条項の透明性および公正さに関する様々な準則の対象である。しかしながら制定法のスキームは契約条項を検討する一般的な権限を与えるものではない。当事者の一方に与えられた契約上の権限が立法スキームもしくは効果的な司法による監視のいずれの対象でもない場合には、完全な取引力の不均衡、および供給における実質的独占を特徴とする合意が存在する。イギリスの学資ローン制度は一つの例である。本節の狙いはイギリスにおける大学の資金繰りに関する政治と経済を調査することではなく[82]、また学生への融資の変化が高等教育の市場化にどのように寄与したかを解明することでもない[83]。私たちの関心事は、学資ローン契約条項の下で融資を受けた者が負担する債務であり、またこうした債務の内容をコントロールする規制が不足していることである。

イギリスの学資ローン・スキームは一九九〇年教育（学資ローン）法（Education〔Student Loans〕Act 1990）により始めて導入されて以来様々な変遷を経ている。そのシステムは一九九八年教授・高等教育法二二条により劇的にオーバーホールされるとともに拡大された。大学の授業料は同じ年に導入された。同法は教育担当大臣が学生に対して彼らに高等教育もしくは継続教育へ融資するために所得連動型返済ローンを提供する権限を与えた。この改革はイギリスにおける高等教育に関するより大規模かつ長期間の拡大および市場化プロジェクトの始まりを画するものであった。学資ローン契約における債務は、市民（学生）と国家（より具体的には教育担当大臣）間に発生するのであり、本来的には私法問題というよりは公法上のそれであった。そこで、同国務大臣が授権立法の下でどのように自らの権限を行使するかは司法審査の対象となる可能性がある。それにもかかわらず、高等教育政策を実施する道具としてプラグマティックな私的法律文書、すなわち契約を選択したこと、ならびに学資ローンの運営を種々の独立機関に委託したことで、契約法は学資ローン契約の下で発生した責任を分析するのに適したツールになっている。学資ローン契約を構成する諸要素は他の契約文脈において問題が生じることになった。契約のメカニズムを通して自由および当事者自治のイデオロギー的側面を利用しているとはいえ、学資ローン契約には長期間の金融上の言質、例えば譲渡抵当に関する他の契約の特徴である保護機能がほとんどない。

学資ローン・スキームの下で生じる責任は相当なものである。イギリスの成人十人中一人は学資ローンがある。(84)二〇一八～二〇一九会計年度末における総借入残高は約一千二百十億ポンドであり、さらに増加することが予想された。(85)そのシステムは非営利的政府組織で、政府の代理人であるスチューデント・ローンズ・カンパニー(Student Loans Company〔SLC〕)を通じて運営されている。ローンの形ではあるが、高等教育融資は他の消費者信用の形態と比較可能ではない。(86)より一般的な債務の伝統的形態とは異なり、返済は将来における卒業生の収入に対する税金として運営され、返済が開始されるのは収入しきい値に達した時である。(87)返済額は収入に応じて変化するのであり、それはちょうど現行のローン制度の下で未払い残高に応じて支払うべき利息のようなものである。負担する利率は商事用ローンに比べて名目上は低く、しかも恐らく従来の借入と最も相違するが、一切の未払い債務が償却されるのは何年も後(現在は三十年)である。高率の貸倒償却が想定されている。貸付金額の五五パーセントだけが返済されることが見込まれており、(88)学生の三三パーセントのみがローンを完済すると予想されている。(89)不足額は普通税により財政援助される。

学資ローン契約条項においては、学生の債務は多数で、変化に富んでおり、かつ可変的である。その条項では、「教育担当大臣、すなわち『貸主』(同大臣に代わる任務を務めるいずれの者も含む……)が私に貸し付けたあらゆるローンは、これらの同意書および随時改定される…規定において定められている条項に基づくものとする」としている。申請者は、「私が貸付を受けたいかなるローンも私と貸主との間の契約であり、同契約は私に対する第一回のローン貸付金が支払われた時より私を拘束し、かつそのようないずれのローンの返済は、適用されるあらゆる利息、違約金および料金と合わせて、私が貸主に対して債務として負担することになる」ことに合意する。さらに、契約条項に違反した場合には、「一九九八年教授・高等教育法および同法の下で定められ、必要に応じて随時改正される規則、もしくは承継した法および規則の双方またはその一方の下で適用される違約金」(90)を支払う責務をもたらす。学資ローン契約の条項を変更する権限は、授権法である一九九八年法二二条二項gおよび二二条三項により与えられている。こうした権限を用いることにより、利率、返済を開始する基準となる所得額であるしきい値のレベルおよびローンの全体の期間の変更がなされている。[91]

学生が同ローンより非常に大きなメリットを得るにもかかわらず、契約法の視点から見ると学資ローン制度には問題のある特徴がいくつもある。そのうち最も注意すべきものは、政府は授権立法およびその後に控える規則を通じて返済条項に一方的で、予見不可能かつ遡及的な改正を行う広範囲な権限を有していることである。[92] 学生がそのローンを借りた場合に実働中の「条項」は同ローンの存続期間中にわたって安定しないことになる。市民と国家との間の関係の観点からすると、規則を変更するこの権限は目立たない。しかし一人の若年青年が非競争市場において単一のプロバイダーが提供する返済期間が三十年にも及ぶかなりの額の債務に対する約束をすることは、しかもその条項は同プロダイバーが任意に変更できるとすると、ほぼすべて他の契約文脈においてその妥当性が問題視されるであろう。学資ローン帖（student loan book）の諸々のトランシェ（tranche）［小さく分割された証券］は私企業に売却された。[93] このことから借主には何ら不利益が生じないと想定されるが、[94] 最初のSLCの約束に関して、信用照合機関への未納通知および卒業生への返済を理由とする嫌がらせを含め、私企業が様々な部分に違反した従前のローン販売に関する問題が報告されている。[95]

どのような契約法準則が学資ローン契約に適用可能であろうか。[96] SLCはFCAにより規制されていないので、FCAが公表した消費者信用に関わる諸準則は適用可能ではない。[97] 規制を受けない唯一の他の貸主としてFCAが確認するのは、家族および友人、ならびに未登録の貸金業者（高利貸し）である。一九七四年消費者信用法および二〇一五年消費者権利法はいずれも学資ローンには適用されない。二〇一五年消費者権利法は、その契約が消費者と商人（すなわち、取引、ビジネス、熟練した者の仕事もしくは職業の過程で行為する契約者）との間のものではないので適用されない。[98]

ＳＬＣは、一九七四年消費者信用法（Sale of Student Loans Act 2008）の下で他のほとんどの信用形式に適用されている規制的コントロールが免除されている。二〇〇八年学資ローン売却法は、当該ローンがＦＣＡによって規制されておらず、消費者信用立法の下でも規制されていないことを改めて表明している。[99] 実質的に「附合契約」であるものの立法的監視が欠如していることは、学生を大学に対する消費者として見なそうとする願望を反映しているのであって、対資金提供者としての消費者としてではないのである。[100]

コモンローはどうなのであろうか。同ローン契約に適用されるものと思われるコモンロー上の法理には、契約条項を変更する一方的権限の制限、違約金に対する管轄権および標準条項の組み入れならびに解釈に関する諸準則が含まれる。こうした準則はいずれも学資ローン契約における条項の妥当性に対する法的挑戦が成功理に展開される可能性は極めて低いのである。コモンロー上、契約条項を一方的に変更する裁量権は黙示条項の支配を受けるが、その条項では変更する権限の行使は「公平かつ信義に従うが、それが付与される契約条項を考慮し、……恣意的に、気まぐれにもしくは不当……ではない」[101]とする。「不相当」はそれ以来非合理性、すなわち合理的に行為しない以上の何かがあって始めて介入が検討されることを意味すると解釈されているのである。[102] 政府は、変更する権利は契約上の裁量権の行使というよりは規則を通じて追求されると主張することにより、強力な防御力を備えることができる。このことから変更権限は政府命令および法的賦課金の問題であり、信義則および合理性の問題は無関係であるに過ぎない。ＳＬＣはまた正確な数量化の予測ができない潜在的法的責任（「違約金」）を課す権限を有しているのである。しかし非良心的でない限り（ＳＬＣが道徳的に非難されるべき方法で行動したことが証明されない限りありえないと思われるような事実認定である）、そのような違約金がカーベンディシュ対マクデッシ事件（*Cavendish v. Makdessi*）の判断基準と衝突することは考えにくいが、その理由は政府（もしくはＳＬＣ）は、返済および学資ローン契約の下で発生する他の義務の履行を求める際に合法的利益を表明する困難に直面することはほとんどないからである。入学予定者は自ら契約条項を読みかつ理解したことを示す宣言に署名しなければならないので、契約条項の組み入れは問題となりそうにもない。契約条項も表面的には重い負担付のようには見えず、問題になるのは潜在的な効果においてだけのことである。個別的合意はエクイティ上の非良心性を理由に挑戦を受けるかもしれないが、すでに見たように、そのためには弱い当事者を食い物にする何らかの要素もしくは強い当事者側に道徳的非難可能性があることが必要である。

かくして学資ローン契約は、同ローン領域に対して提唱される変革は国会での精査の道が開けているとはいえ、規制的コントロールの対象となることはほとんどない。コモンロー上の法理は同ローン契約に適用可能であるかもしれないが、公正さを理由としてその条項に立ち向かう際には何ら実際上の手助けをすることはないであろう。関係する比較的若い年齢層のグループが長期的な影響を伴う複雑な決定をしなければならない状況が残されているのである。[103] FCAの行った調査では、一八歳から二四歳の年齢層は最も金銭的に弾力性に乏しく、金銭管理において最も自信がなく、しかも金融問題に関して最も精通していないことを明らかにしている。[104] こうした条項の効果を知りかつそれらの起こりうる影響を見積もる「平均的消費者（average consumer）」[105] に想定される金融リテラシーを学生がどの程度備えていたかは疑問視されなければならない。庶民院財務委員会は、ローン提供の基である契約条項に関する学生の認識不足について言及している。同委員会は学資ローンの条件を遡及的に変更する慣行の終了を勧告した。[106] 政府の回答は案の状、同ローンの条項が将来改定される可能性について入学予定者が入手できる情報および彼らがそれらの条項および条件を読みかつ理解したとする宣言に署名する要件に焦点を当てていた。[107] 同ローンを運営するために契約の枠組みを用いることは、契約体制は、自治の行使を通じて獲得されかつ貸し付けられる私的な取り決め、すなわち債務として提示することが可能であり、それについて学生は個人的責任を負担することになるが、しかし何ら実質的な契約法の保護を欠いているのである。

五・四　秘密保持契約と公序良俗

多くの合法的契約条項は違法な目的を果たすように操作することができる。契約における守秘義務関係もしくは秘密保持契約（以下ではＮＤＡｓ）は時宜を得た例である。より非難めいてハッシュ条項またはギャグ条項と呼ばれるが、犯罪被害者を沈黙させ、内部告発者が不正行為を開示するのを防ぐためにＮＤＡｓを用いることは多くのメディアの関心と批判を集めている。[108] こうした文脈における契約上のＮＤＡｓの使用を巡る政策問題は、法学者がこれらの条項の合法性の検討を開始しているのに、裁判所からはほとんど注目されていない。[109] これは明確なコモンローの立場を明快に表現することから利益を得ることになる領域ではあるが、ＮＤＡｓの濫用に取り組むために自治に傾倒し過ぎる法の能力に関して疑問が生じるのである。契約を利用することの結果である公益上の懸念を考慮することから距離を置いているので、例えば違法性もしくは営業制限のように、伝統的な政策運営分野に明確に関与するのではない限り、裁判所はコモンロー上の諸原則の下でそのような契約条項を規制することは困難かもしれない。ＮＤＡｓの一般的な利用はその合法性を検証する判例法の欠如と平衡しているのであるが、都合の良いことに契約自由の原則に画一的に訴えることにより埋もれている重大な公益および社会福祉上の懸念を露呈しているのである。ここではＮＤＡｓに関する法を検討するが、その際には非介入というコモンローのデフォルトがこうした条項の増殖にどのように寄与したと思われるかを考察する。

情報不開示合意コントロールの法的景観は複雑かつ多層的である。[110] ここでは私たちが主に焦点を合わせるのは雇用の文脈におけるＮＤＡｓである。ＮＤＡｓは様々な合法的機能を果たすことが可能であり、例えば被用者が雇用過程の中で得た企業秘密、顧客情報、およびその他の機密情報の漏洩を阻止する。情報不開示条項はまた、使用者と被用者間で紛争解決の一部として締結に至った和解契約の標準機能でもある。同条項は通常、苦情和解金に関する事項は秘密裏に留めることを義務付ける。[111] 被用者が守秘義務関係条項を守る強力な法的インセンティブは存在している。被用者が情報不開示合意のカバーする情報を開示した場合に直面する法的課題には、契約違反を理由とする損害賠償請求訴訟、すなわち使用者に対するコモンロー上の守秘義務関係義務違反を理由とする損害賠償、故意に開示することを阻止する差止請求手続、もしくは契約に規定されている救済手段、例えば和解による支払いの取戻し、もしくはその他の金銭的ペナルティがある。使用者が守秘義務関係に関心を有していることは、使用者の権利を擁護しかつ遵守を促進するために契約損害賠償における革新をもたらした。[112]

正当な機能を有しているにもかかわらず、NDAsは被用者が職場での非合法的もしくは非倫理的行為を暴露するのを抑止することで悪名高い。契約におけるNDAsの濫用は「言論に対する契約の勝利[113]」としてまた人権侵害[114]として嘲笑の的となっている。とりわけ関心が寄せられているのは、職場でのハラスメントもしくは差別に関する従業員の苦情の和解において、もしくは有名人による重大な性的暴行事件を隠蔽するために、守秘義務関係条項が使用されることである。契約におけるNDAsの使用は法的コントロールの対象となっているが、実際には多くの法はNDAsに署名した被害者を保護するのに有効ではない。内部告発被用者の保護を目的としている立法の下においては、秘密を義務付けるいかなる契約上の試みとも無関係に、「的確な開示」には法的に保護されるものがある。[115] 立法上の保護を受けるためには、開示が公益上のものでありかつその情報が重大な違反行為に関連しなければならない。一連の開示はカバーされるが、その中には刑事犯罪および法的義務に従わなかったこと、もしくはこれらのいずれかを秘匿したことに関する開示が含まれる。[116] 平等人権委員会（Equality and Human Rights Commission）やＦＣＡのように、保護された開示を行うことができる規制団体もしくはその他の関係団体はいくつも存在しているが、開示はそれらの規制権限内の事柄に関連していなければならない（例えば、マネーロンダリングもしくはその他の金融犯罪のＦＣＡへの開示）。[117]

開示が公益上のものでなければならにとする要件は、二〇一三年の法改正で付け加えられたもので、まさしく純粋に私的事項もしくは個人的不満に関する開示を保護するための法律利用を未然に防ぐことを目的とする。[118] こうした事態に向けられた批判は、政府が職場での差別および性的ハラスメントを理由とする請求の文脈においてＮＤＡｓに関する法を強化する立法を公表することを促した。[119] 主たる勧告として、警察、規制された医療およびケアの専門家もしくは弁護士への開示はいずれの契約でも阻止することはできないことを法律が規定すべきであるとする。さらに、法的助言に改善がなされるべきであること、およびＮＤＡｓはその制限に関する契約上の透明な陳述を含めて、もっと明確に規定されるべきであるとすることを勧告している。[120] しかし政府の提案の全体的なトーンは懐柔的である。ＮＤＡｓはとりわけ雇用の一部としてまた「雇用争議の両当事者が決別して先に進むことを認める」[121] 和解の一部として得られた秘密情報を保護するために用いられる場合には、「雇用状況における合法的地位」を有していると見なされているのである。

契約法はどうか。給料日貸与の現象と同様、現行のイギリス契約法はＮＤＡｓが認容される寛大な契約環境を生み出すことに寄与していることは議論の余地がある。ムーアヘッド（Moorhead）の主張では、内部告発法の複雑さ、ＮＤＡｓの中のあるものの合法性に関する不確かさおよび契約自由を支える契約規範の影響が組み合わさり、専門家としての倫理的言質にもかかわらず、弁護士がＮＤＡｓの利用について公益のために行動することを妨げる強力な阻害要因を生み出しているとする。弁護士は依頼者の利益を第一とし、合法性が疑わしいＮＤＡｓから「逃げおおせる」ことが奨励される。[122] 契約法には搾取的なＮＤＡｓを無効とするのに不可欠な法理があるが、[123] これは合意の強行可能性に関する商事的期待を妨害することを恐れて、まさに裁判所がこうした目的で諸準則を利用することをためらうかもしれない領域なのである。明示的な契約条項を優先させる際に、契約法は恐らくは極めて狭隘な見解を採用しており、異議を差し挟まれない差別やハラスメントが直接の被害者および情報不開示合意が実施される状況を超えて社会福祉全体に及ぶ影響を無視しているかもしれず、または当該情報不開示合意の署名前に他の手続的要件が満たされてはいるが、法的助言はすべて同一レベルのものではない。

観念的には契約における公序良俗を根拠とするコントロールに服するが、作動中の様々な問題点が意味するのは、公序良俗の議論は最も深刻な場合を除いて、ＮＤＡｓを無効とするために簡単には利用されないということである。契約におけるＮＤＡｓの利用は公益および個人的な権利に関するいくつもの多様かつ競合する側面に関わる。すなわち、紛争解決および訴訟抑止における公益、両当事者のプライバシーを維持して、彼らに前進する能力を与える必要性、開示しないことを合意する際の被害者の自律の権利、表現の自由を維持することおよび使用者もしくはその他権力を有する者による違法もしくは非倫理的行為を露呈することにおける公益、守秘義務関係義務を維持することにおける公益(124)、ならびに契約上の約束に関する一般的な信頼の維持および契約自由の維持における公益である。場合によっては、情報不開示合意は違法な行為の説明責任を回避しようとするのではなく、合法的な解決の一部として組み込まれていることは明らかであるかもしれない。原告に対する支払は和解の一部であるのか沈黙を買うための賄賂であるかを区別するのははるかに難しい場合があるかもしれない。利益の多様性により、開示における公益と守秘義務関係を維持すること（および守秘義務関係合意の有効性）の間の釣り合いに関する関連する判断基準の適用は極めて困難になる。しかしながら、ＮＤＡｓを取り巻く法的地雷原は、情報不開示合意の妥当性が問題となるような状況においても開示を阻止するに際して効果的である、自信の文化に寄与するだけであると主張することが可能である。そうであるとすれば、この文化は法により喫緊の課題として取り除かれなければならない。出発点はこれらの場合における契約に与えられた優先順位を再考することであろう。

公序良俗に関わることへの躊躇は、契約自由に関する対抗的な考慮もしくは開示が公益上であるかの議論に直面して、コモンローが守秘義務関係についての契約義務を決定的であるとして扱う傾向を説明する。疑いなく、裁判所は重大な違法性の事件もしくは明らかに公序良俗に関わることが生じている場合には、この立場を離れるであろう。他の事件ではもっと困難なバランスをとることが必要となるかもしれない。しかし、契約自由を維持しようとすることは判決に抵抗し難い影響を与える可能性が高い。[125] こうした徴候は、ABC対テレグラフ・メディア・グループ有限責任会社事件（*ABC v. Telegraph Media Group Ltd*）に現れている。同事件は著名な実業家を相手取って五人の従業員が提起した性的ハラスメントの請求に関するものであった。同請求は和解が成立して原告はNDAsに署名した。原告は法的助言を受け、極めて重要なこととして、NDAsは規制団体および制定法上の団体への主張の開示を阻止しないとした。[126] 全国紙はその主張を知ることになり、記事の掲載を提案した。同実業家は新聞が得た情報は秘密保持に違反したものであるとの理由で公表を阻止するために暫定的差止命令を求めた。第一審裁判官は公表における公益の方が守秘義務関係に優るとの理由で同差止命令の付与を拒否した。控訴院はこの判決を破棄し、実質的問題についての迅速な裁判を求めて同事件を高等法院に差し戻した。この時点で、同実業家は英国議会で特定され、裁判手続は取り下げられた。

この判決に到達するにあたり、情報不開示合意の契約上の基礎は控訴院の判断に重大な影響を与えた要因であった。犯罪行為もしくはその他の不正行為の開示に明確な公益が存在したことを認めて、同裁判所は秘密保持義務のいかなる契約上の基礎がそれを強化するのであり、とりわけ「当該義務が和解の合意、もしくは訴訟となることが現実であるかその恐れがあるかを問わず、訴訟の必要性を回避する合意に含まれている」[127] 場合はなおさらであると述べている。

控訴院は続けて次のように述べる。

「同合意が自由になされ、不適切な圧力もしくはその他の無効原因が存在せず、しかも独立した法的助言を（しかるべき場合には）得ることができ、しかも（さらに、しかるべき場合には）警察、関係規制機関もしくは法的機関に対していかなる不正行為を開示することの正当な許可を得ている場合には、同義務を支持することを選択する公序良俗の理由は格別な力を備えて発言する可能性が高い……」[128]。

契約に与えられる優先順位は明白であった。同裁判所は次のように続ける。

「私たちは……を一般命題（主張されている特定の不行跡の一部にプライバシーもしくは守秘義務関係に関する合理的期待は何ら存在しえない……原著者注）として承認するが、そのことは原告が本件においてNDAs上のものを含む守秘義務関係を負ったとすることを満たしていない。真の争点は、一切の関連する事実に照らして、その守秘義務関係違反が公益の問題として正当化されるかである」[129]。

控訴院は、「一般的にはそうだが、特に雇用領域において、合意による紛争の和解における非開示の合意が果たす重要かつ合法的役割」[130]を述べている。結局のところ、契約は王様であった。ABC対テレグラフ事件における情報不開示合意は保護された開示を行う従業員の権利を維持してはいても、それは同合意における他の条項により著しく希釈化された。こうしたものには、原告が「本項において言及されている形態もしくは状況において開示をするに至るいかなる状況についても知らないことを保証する」[131]との宣言が含まれている。この言い回しの表現は**第三章**において検討した「契約の基礎条項」のニュアンスを含んでいる。すなわち、同条は署名者が一定の過去の出来事は実際には発生しなかったことの承認を求めているのである。すでに見たように、裁判官は「契約上のエストッペル」の法理を用いて他の商事文脈において契約の基礎条項を支持しているものの、こうした条項が「歴史を書き換える」ことは恐らく認められないであろう。

ABC事件において控訴院は、公的生活ならびに私的生活における行為規範に関する議論の重要性を認めている。しかし本件における推論は、好ましくない行為を隠蔽し、不正行為者を説明責任から守るために有害なNDAsの利用を思いとどまらせることはほぼない。裁判所はまた、職場におけるハラスメントおよび差別をやめさせるために公益に優る契約自由を是認することの意味を考察しなかった。同契約はこうした考慮を不適切とする高尚な文脈を作り出したのである。サーブ対アンゲイト・コンサルティング有限責任会社事件（*Saab v. Angate Consulting Ltd*）においては、公益だけでは開示を正当化するのに十分ではないことが維持された。開示における公益はまた、守秘義務関係および契約自由の点に関する公益に優らなければならない。[132] 契約上の権利濫用に対するブレーキとして機能するどころか、法はそうした濫用を可能にする役割を果たすようになっているのである[133]。しかし、ＮＤＡｓの使用を抑止するのに用いることができる様々なコモンロー上の法理は存在している。裁判所は過度のＮＤＡｓをコントロールするために、解釈、違法性法理および不適切な圧力の利用を禁止する諸原則（強迫および不当威圧）に目を向けることができたのである。[134] それにもかかわらず、これらの法理は事実に依存しており、より一般的に守秘義務関係合意の濫用を完全に承認しないとするだけの効果はない。裁判所が、契約と衝突するとの理由で社会福祉の懸念および公序良俗の問題、すなわち契約の利用で許されるものは何かに関わることに躊躇することは、ＮＤＡｓが繁茂する完璧な条件を生み出すのである。

守秘義務関係に関する以前の判例法において、契約自由を支持することは主要な関心事ではなかった。[135] ガートサイド対アウトラム事件（*Gartside v. Outram*）において、ウード（Wood）副大法官が主張するところでは、「問い合わせの開示に関する信頼は何ら」存在しえず、「社会の諸々の法に反して形成される可能性のあるあらゆるデザインを発見し、公共福祉を破壊するために、私的な義務により、社会の構成員全員が負担する普遍的な義務を排除することはできない」[136] とする。裁判所が今日そのような陳述を行うことを想像するのは困難である。ハラスメントや差別の事例において開示における公益の判断がなされるとしても、契約による守秘義務関係は多くの場合にあらゆるより広い範囲の政策を検討することに勝るのに十分かもしれない。契約規範の力を前提にすると、被告が守秘義務関係に何らかの合法的利益を主張できる場合（例えば、主張が争われ、しかもその真実性が立証できなかった場合）、もしくは情報不開示合意を合意が和解手続の一部として含まれており、原告が見返りに多額の支払を受領している場合には、情報不開示合意を支持する議論は特に説得力を有するかもしれない。このことは、情報不開示合意を単純な私的取引として解釈するものであり、その社会福祉の含意もしくは公益的側面を軽視するのである。

加えて、契約における公序良俗の役割に関する見解が変化しているのは、公序良俗の運用は基本的には立法者の問題であるとする現代の裁判所の態度を反映している。このことは、あらゆるタイプの合意を（明確に違法であるかもしくは公序良俗により無効とされる既存の契約カテゴリーに入らない場合には）公益に違反すると宣言することを阻止する。[137] さらに考慮すべきことは、公序良俗の概念が長い間に変化することである。公序良俗を根拠とする契約への介入は数十年前には受け入れられたと思われるとしても、現代の文脈においてはもはや適切ではないかもしれない。個人の自治と便益とを強調する契約化の出現は、公益に基づく契約への介入に敵対する契約環境と文化を生み出したのである。このような転換の証拠は公序良俗に関する別の領域、すなわち、営業制限の契約との関係において見ることができる。ペニンシュラ証券有限責任会社対デューンズ・ストアーズ（バンガー）有限責任会社事件（*Peninsula Securities Ltd v. Dunnes Stores* (*Bangor*) *Ltd*）において、最高裁判所は営業制限法理が土地の使用を制限する契約に対して提起される可能性がある状況について検討している。[138] 最高裁判所は、ウイルバフォース（Wilberforce）卿の「取引社会」判断基準を支持して、営業制限法理は、「一般的に許容可能かつ必要であると認められている取引類型の承認された仕組みの一部となっており、したがって制限的であると見なされる代わりに、取引社会の構造の一部として承認されている」制限とはかみ合うものではないと判断した。[139] 土地の利用を制限する契約は、それが「商事上のもしくは契約上のまたは不動産譲渡手続に関する通常の通貨」の一部である場合には、営業制限法理とは関係がないと判示された。[140] 当然のこととして、「取引社会の構造の一部として承認される」と見なされるものを手本としている判断基準は、自由に合意された契約条項が公共の利益のために正当化されるかに関する立ち入った裁判所の調査から商事契約を保護する際に商事契約者の個々の利益を促進する恐れがある。ウイルソン（Wilson）卿は、そうした発展は「下から生成され、上から押し付けられたのではない」[141]準則に関するコモンローの伝統に完全に歩調を合わせていると考えた。カーンワース（Carnwath）卿は、営業制限法理は「契約自由に関する通常の諸原則の例外であり、また判例法によりすでに確立しているそれらのカテゴリー以上に十分な正当化事由がないのに拡大されるべきではないか、もしくはそれらから原理的に区別できない」[142]と述べた際に、公益に反対するこうした態度に共鳴した。

こうしたマインドはイギリス契約法の現在の進行方向を良く示しているのである。商的考慮と利益に第一順位を与える際における裁判所の偏頗性は明白である。このことは、ＮＤＡｓに関するほとんどの悪質な利用を無効とするために公序良俗を展開することを阻止する方向で作用する。雇用の文脈において、ＮＤＡｓが通常は雇用契約もしくは紛争に伴う和解契約のいずれかに含まれているという事実は、どのような公序良俗問題にとってもとりわけ問題がある。あらゆる和解契約は裁判所の管轄を奪う傾向があるかもしれないが、それでも裁判所は訴訟もしくはその他の裁判手続のあらゆる場面で引き続き和解を奨励しているのである。裁判所が訴訟を促すと考えられるかもしくは和解の機会を危うくする行動方針を採用する可能性は低い。裁判所に関する限り、和解の私的な性質およびその根幹における苦情申立てが組み合わさると、契約自由の言質とともに、抵抗するにはあまりにも強力なものとなるかもしれず、裁判所が情報不開示合意を無効するために公序良俗の議論を適用することを阻害するのである。

より特殊な法理、例えば経済的強迫は、守秘義務関係条項に対しては効力を有さないであろう。被害者、特に女性は職場における性差別および性的ハラスメントの主張を和解することおよび当該主張を秘密にしておくことに圧力が加わってしばしば合意する証拠がある。[143]被用者は和解を拒否して雇用審判所に訴えることの潜在的なコストの影響に直面して、承諾する以外に選択肢がないと感じるかもしれない。[144]不当差別、脅迫、および長期にわたる困難な交渉は、被害者の不安や苦悩を増幅するかもしれない。[145]情報不開示合意に合意するにあたり被害者に違法な圧力が加わった場合には、同合意は強迫もしくは不当威圧を理由として取り消すことができることがある。強迫を理由とする請求は、実際に加わった圧力が契約交渉プロセスの一部として通常経験されるもの以上であることを証明する要件により妨げられる恐れがある。契約者の古典的法モデルは、当事者は交渉において自分自身の面倒を見ることができることを想定しており、しかも含まれている契約が商事のものではないという事実は穏当なやり方を保証するものでもない。和解は雇用関係の終了を示すので、使用者は和解契約に守秘義務関係条項が含まれていない限り請求を示談にすることを拒否できる。(146) 商事文脈から推定して、裁判所は、使用者が交渉の間に手の内にあるいかなる切り札をも利用することを正当化されると見なす可能性が高いかもしれない。営業制限に関する別の判例では最高裁判所のウイルソン(Wilson)卿は、「高位の被用者は雇用の終了後に使用者の合法的利益に特定の損害を与えることができる。しかも、彼らが退職後の契約を結ぶ時には、使用者との間でほぼ対等な立場で交渉を行うことができるかもしれない」と述べている。(147)

和解の申込みがなされていて、見かけ上は随所に妥当性が散りばめられているかもしくは独立したかつ偏頗のない第三者組織である、例えば、調停・仲裁勧告機関(ACAS)(148)による認可を受けており、しかも使用者と被用者間の関係が根本的に不均衡な契約が提示されている難しい紛争の最中において、NDAsへの合意は容易に得ることができる。加えて、脅し自体が使用者に行う権限が認められているもの、例えば参照を差し控えることである場合には、同プレッシャーの違法性を証明することは困難かもしれない。使用者が被害者に守秘義務関係を強制的に合意させる際にその弱みを搾取しようとする場合でも、裁判所は介入して、使用者が悪意で行為したと判断することに躊躇するかもしれない。商事文脈のように、当該プレッシャーは合法的行為を伴うとしても、一般的には違法となる時点を特定することは困難である。(149) 裁判所は違法にプレッシャーをかけたとする判断を軽々しく行うことはなく、交渉は私利の働きと促進の領域であり、しかもあらゆる交渉形態において「しっちゃかめっちゃか」が予想されなければならない。(150) 被害者は、この種の請求およびそれに類似している不当威圧の準備が困難であることを知るのであるが、特に法

的代理と助言の便益を得ている場合はなおさらである。(151)

契約自由へのコモンローの言質は絶対的ではない。しかしながら、判例法においてまだ認識されていない領域に公序良俗を拡大することに裁判所が口を閉ざしていることは明白である。開示における公益を証明することは、守秘義務関係を含む和解に合意する個人の私的権利と対立する場合には困難であろう。公益に基づいて情報不開示合意を削除することは、裁判官たちを公共の福祉が最も良く提供される方法は何かを見極めるに際しての立法的権限を奪っているとの批判にさらすかもしれない。このことについて裁判官が立法的権限をほしいままにすると認識するのではなく、教育的役割を果たしていると認識する方が良いであろう。ホフマン（Hoffman）とランプマン（Lampmann）が指摘するところでは、契約法の機能の一つは、社会に対して何が重要か、何が認められているか、およびいかなる種類の行為が非難されることになるかを伝達することである。彼らは、「裁判所が契約を強行することを選択するか、もしくは特定のデフォルト準則を取引の基礎として選択するか、または損害賠償額の制限を採用することを選択した場合には、（競合する価値観のなかで）どれが私たちの政治的・法的秩序の特権かに関するメッセージを実質的に送っている」(152)と述べている。契約法の明確なメッセージは、ＮＤＡｓは承認されるということである。しかしそれは契約法領域を支配する商事的利益のもう一つ別の例であり、その過程で他のことを考慮する必要はないのである。

五・五　おわりに

多くの契約活動が効果的な法的監視の範囲を超えて行われていることは当然である。合意の形成および履行は私たちが市場へ参加することの中心である。これらの合意の大部分は、法的に強行可能な場合でも問題はない。問題が生じると、通常はインフォーマルな手段により速やかかつ容易に解決される。しかしながら、本章で検討した四つの領域は、契約法諸原則は、若干の問題のある条項に概念的な法的妥当性を与えるかもしくは法的強行可能性を否定する際に、いくつかの一般的な契約の働きに対してどのように高度に関連性を有しているかを実証している。例として挙げたものは、これらの契約文脈の中で（とりわけ）発生している諸問題の認識において、現行の契約法がいかに不適切であるか示しているのである。これらは、契約法において新しい問題ではないが、しかし契約法はこうした争点にかなりの程度にまで関与しておらず、現行法にそうする十分な用意があるという可能性もない。重要なことは、例が示しているように契約法の諸準則は商事契約者だけに関係するものではないのである。商事契約法環境だけに答えるに過ぎないデフォルトもしくはギャップを埋める法であると想定されたものは、不正義を貫徹するための契約の利用に答える自らの役割を実質的に無効としているのである。

明らかに、こうした問題を巡る紛争が上級審裁判所にまで到達する蓋然性は極めて低い。このことはコモンロー内の一般的な問題であるが、しかし単に事件を裁判所に提起する問題ではない。例えば、ＮＤＡｓは公序良俗に関する複雑かつ多層にわたる争点を提起している。この領域の契約法は詳細な裁判所による分析および守秘義務関係条項の妥当性を支配する諸原則の発展から恩恵を得ているであろう。裁判所が関与することにより、これらの条項の許容性に指針を与えるとともに契約自由の働きに加えられる制限に関してより広いメッセージが伝えられる。しかし、そのような分析は主として当事者自治を支持することに焦点が当てられ、しかも公序良俗の考慮を否定する契約法により事実上排除されるのである。このような契約シナリオが示す諸問題への曝露は、コモンロー諸準則における明確性を提供するであろうし、またジェネラリストの道に沿ったコモンローの発展に影響を与えることが可能であろう。それはまた、契約操作および濫用を禁止する道具としての契約法の基本的諸原則に活力を与えるであろう。

第六章　契約法に対する将来の挑戦

前章までにおいて、契約法が範囲および規範的実体において減少しているとの主張をサポートするために契約法の歴史を検討した。裁判所が創設した契約法諸準則は、それらが社会の大部分に影響を与えるのに、現在の契約問題にはほとんど影響がなく、契約責任のコアな価値、および契約責任の制限について言及する一般的に権威ある発言を私たちにしないままでいる。最終的には、コモンロー諸原則は原則を欠くことになるかもしれないが、その理由は契約法が取引を促進する自主的な使命を果たす必要がもはや存在しないからであり、契約法モデルの商事化が進行していることを是としかつ合法化しているからである。このプロセスの原動力は多数あるので、契約法のさらなる商業化は不可避であろう。そのことは契約法の衰退に劣らず残念なことである。

本章においては、形式主義者および商事主義者への傾向を強める可能性が高い契約法に加わっている現在かつ将来のいくつかの圧力について究明する。これらのなかで第一のものは、主として商事契約者の利益に資するべく（通常は契約条項を支持することにより）法理の発展を犠牲にした、商品としての契約法の改修である。第二は、紛争を解決するのに司法判断が用いられることの減退であり、訴訟のサポートの欠如および裁判所自体の内部において判決によらない紛争解決に力点が置かれることに根差している。第三の要因は契約法に著しく影響を与える可能性があることは確認できるが、その正確な効果は今のところいかなる確実性をもってしても予測できない。これは契約プロセスの自動化の増加であり、「スマート契約」およびアルゴリズム契約の発展に現れている。こうした革新は、特に契約がどのように成立するか、だれによりまたいかなる目的であるかを巡り、契約法が構築されている基本的理解に関する改定を必要とする可能性が高い。契約法の将来の発展に対して影響する可能性があるので、私たちは本章においてこれら三つの要因について検討する。

六・一　商品としての法

イギリスの裁判所は国際商事紛争解決における市場の少なからざるシェアを確保することに熱心であることは明らかである。商事法は契約だけでなく国内法の多くの領域を取り込んでいるが、しかしイギリス契約法の一定の特徴、例えば主観的意思の働きの役割の減退、明白な意味解釈の方法、信義則の一般法理に対する抵抗、当事者自治への強い傾倒および公序の役割の余りにも少なさは、イギリス法に法の市場における産物として一定の際立った特徴を与えている。(1) それには付随した主張である、国内契約法を市場で機能している商品として理解し直すべきであり、しかもこのことから一層フォーマルな法のスタイルが要求されるとすることは、(2) 一部の裁判官および法実務家の間で共感を得ているように思われる。裁判所にとって国際ビジネスが重要であるとの発言は、人工知能およびスマート契約における新たな発展に関してイギリス法が準拠法の地位を維持することを鼓舞するとともに、裁判所・審判所サービス（Courts and Tribunal Service）が提出する文献において定期的に現れている。(3) 裁判官はイギリス契約法が商事契約者の要件に対応するか、およびそれが商事紛争解決の市場において他の法制度が提供するものに比べて良い評価を得るかについて敏感である。(4) ビジネス上の利益の優先順位付けは、高等法院において特別金融リストが二〇一五年に作成されたことから実証される。高等法院の商事法廷もしくは大法官府部において開始された事件は、同請求が金融市場における司法的経験を必要とするか、もしくは訴額五千万ポンド以上である場合、または金融市場の働きにとり一般的な重要性のある争点が提起されている場合には、同リストに割り当てられる。(5) 同リストの作成は、国際的な法および法的サービスの市場において数が増加している競争相手を出し抜こうとするものと見なされるかもしれない。特別な商事裁判所および審判所の設置を後押しすることはアジアにおいて顕著であるが、(6) しかしまた二十七のEU加盟国の閉鎖市場においても、とりわけオランダ、フランスおよびドイツが際立っている。(7)

輸出市場における製品としての国家法の概念化は魅力的でありかつ永続的でもある。イギリスのコモンローはイギリスの植民地時代の過去のお陰で世界中の多くの地域を通じて足掛かりを得ており、国際的な紛争解決において支配的な力を維持している。二〇一九年〜二〇二〇年において、実際に審理された事件数は比較的少数であったが、非国内紛争は商事裁判所における取り扱い件数の七五パーセントを占めていた。(8) 法的サービスは、二〇一八年にイギリスの輸出経済に約五六億ポンド貢献した。(9) 商事裁判所自体は商事的存在であり、将来において法的に重要性がある領域での能力を開発することに熱心である。イギリス政府の内部においてはイギリス法が新しいビジネスを国内法の法システムに引き寄せる明確な願望が存在している。(10) このようなビジネスをもたらすことのプレッシャーは、金融サービスのように法律専門知識を必要とする伝統的に強い経済分野に対するブレグジットの悪影響に照らして強化されたのである。(11) ブレグジットによりイギリスの法的サービスは魅力の低い選択肢となる可能性があるが、そのことはEUのユーザーには確実であり、また非EUの国際環境における顧客にはその恐れがある。イギリスはブレグジットで失われたものを取り戻すためにその法的ならびに金融サービスの新しい販路を見つけようとしているので、EUからの規制の転用はあり得る。(12) ブレグジットは他の点でも法発展に影響を及ぼす可能性がある。イギリスの裁判官は、EU加盟国時代にイギリス契約法に大陸ヨーロッパから法概念を輸入することにほとんど曖昧であった。ブレグジットにより、イギリスの裁判官は契約法諸準則を法的ハーモナイゼーションもしくはコンバージェンスに向かってEUのイニシアティブなしに形成することが許されている。多くのEU由来の法はイギリスの制定法全書に残っているには違いないが、解釈問題について欧州連合司法裁判所を頼みとすることは完全に消滅したわけではなくても、はるかに限定されることになるであろう。[13] EUの契約法学、とりわけそれが信義則のような開かれた概念への言質を明白にしていることは、国内の法発展に対する意義を著しく減少させている可能性がある。

市場におけるイギリス法の魅力への懸念は新しいことではない。[14] 他のところで観察した傾向と同様に、製品として法を認識することは司法判断の社会的利益を強調する正当な議論から紛争解決における私的利害関係のみに目を向けた価値に従ったそれへとする方向転換を反映している。個人的な利害関係および利益に力点を置くことは、紛争解決コストの考慮を前面に押し出すのである。法システムの価値をその財政的実行可能性と等価とすることは、法原則の発展における裁判所の役割に由来するほぼ定量化不可能な公共の利益を過少なものとする。同システムの経済的根拠がすべてになり、その結果として訴訟過程を通じて公の諸準則を生産することは社会的善と見なされるのではなく、ただ乗りの一例に過ぎないと見なされている。[15] 代替的な統治システムを奨励しない国家法は分割される必要がある国家独占として酷評されている。[16] 訴訟そのものはますます過密状態であり、（商事）利用者が価格に鋭敏になっている紛争解決市場の一つの選択肢に過ぎない。「商品としての契約法」の見解は批判を免れているとはいえ、裁判所によるプッシュバックは一般的には政府の司法扶助補助金の削減およびより安価でインフォーマルな紛争解決手続へのチャネリングに向けられる。スコット（Scottt）卿の発言によれば、「民事司法制度を市場において費用負担で提供され、しかもそれを用いることを選択した者が支払う単なるサービスとして扱う政策は、同システムの本質およびその憲法上の機能を深慮かつ危険なレベルに誤解している」。[17] 二〇一〇年のキーティング（Keating）講演において、ノイベルガー（Neuberger）卿は、「民事司法制度はすべての市民のために存在する。それはすべての者に利益を与え、すべての者が適切にアクセスできるようにすべきである。そうでないならば、一般的な公共の利益を適切に提供することができなくなる。すなわち、それは公益にはふさわしくないのである」[18]と認めた。同様にリード（Reed）卿は、裁判所に訴えを提起するのは社会的利益を何ら伴なわないまったくの私的な活動であることを否定している。[19]こうした警告は適切である。私たちが法的諸原則に事欠かく可能性は低いとしても、そうした諸原則は自らの紛争を事実審理および判決を求めて訴訟に持ち込むことができる者の関心事をますます反映するようになるであろう。

商事実務専門の弁護士は商事化および商品化プロジェクトに大きな影響を及ぼしている。ムーアヘッド（Moorhead）およびヒンチレイ（Hinchly）の観察では、「専門職としての法実務はますますビジネスとしての法実務に取って代わられることになり」、しかもこのことは、「実務内において商事上およびビジネス上のロジックが急増することを示し」[20]職業倫理を損ねているとしている。著者たちの結論は職業の意識に関する実証的研究に基づき、「社内もしくは個人開業の商事弁護士の専門家としての倫理的意識はミニマリズム的である」[21]とする。彼らの主張では、弁護士は法について、依頼者を満足させるためにあれこれ仕事を行う上での技術的制限を設けるものとして見なしているとする。より幅広い専門家的もしくは社会的責任にはほとんど関心がないのである。[22]こうした態度はとりわけ個人営業の弁護士の間で顕著であり、彼らは企業の営業利益を公益よりも高く位置付ける傾向がある。[23]商事法および実務に関するこうした見解は裁判所の上級メンバーの一部により保持されているが、商取引の根本的に利己的性質を反映している。サンプション（Sumption）卿の発言である、「公正さは商事契約とは無関係である。……商事当事者は、それを上手くやりおせることができる場合には、もっとも不公正で完全に合理的ではないこともありうる」[24]を想起すべし。このような考え方を永続させ、しかもそれが法準則の発展に浸透することを認める非常に悪い社会的効果はめったに識別されることはなく、ましてやコメントされることもない。

市場のシェアを獲得するプレッシャーが示唆するのは、契約法の商事的転換はより定着することになる可能性があることである。契約法における商事契約への偏見は、コモンローの発展を歪める効果がある。第一に、高価でかつハードルの高い訴訟請求に契約法を集中させること、およびこれらの請求の効率的な処理の促進を望むことは、契約活動の範囲全体を通じて適用されると考えられる、契約に関する普遍的でかつ不可侵の真実を表明しているものと見なされる諸原則を生み出すのである。悪化要因は、多くの複雑な商事契約事件は危機をきっかけとして事後対応型の意思決定を伴うことである。支配的な集団の利害関係に気配りすることはユニークでインパクトのある出来事の周辺に訴訟が集中する傾向を生じる。このシナリオから一般的には、異なる契約文脈を通じて簡単に移転できず、恐らく予測不可能な長期的効果を伴う単一の争点に関する解決策が生み出されることになる。(25) その代わりに、そうした判決に由来する諸準則は、ほとんどすべての他の考慮を排除する結果として明示条項の働きに集中する還元主義的な方法でのみ適用可能である。(26) 最近の例は、世界的な金融危機、とりわけリーマン・ブラザーズ・ホールディングスの経営破綻に伴う訴訟によりもたらされた。(27) こうした事件における大部分の紛争は契約解釈を巡るものであった。採用された個人主義的でかつ契約条項に基礎を置いた推論は当然のこととして、表面的レベルでのみ事実の類似性を示している他の紛争の決定に浸透する傾向がある。(28) 第二に、契約法において商事当事者が支配することは、すでに契約法理を通じて過大に代表されている、非協力的でかつ敵対的関係の契約者の原型をさらに強化する傾向にある。すでに前章で見たように、諸準則の影響を受ける非商事契約者は外れ値である。彼らの利害関係は契約法の中心的関心の余白に過ぎない。このことはフォーマルな契約強行により生み出される深甚な社会福祉の争点の法的把握が不十分であることを示している。契約法が身近な利用者の利害関係に舵を切ることは、結果としての法に影響を受けるずっと広範囲の集団を伴う訴訟を行う契約者のクラスの要求を混乱させることになるのである。

六・二　私有化される正義

契約法に対する製品類似の性格付けがなされることへの懸念は、正義の私有化に関するより広い不安を反映している。[29] このことは、法的紛争を私的な方法、例えば和解および代替的紛争解決手段（ＡＤＲ）を通じて処理する傾向を示している。仲裁は長い間商事契約の領域における主要な紛争解決手段として訴訟よりも好まれてきている。[30] しかしながら、仲裁が紛争審理の推奨されるフォーラムである商事法領域おいては、コモンローは停滞しているとの懸念が表明されている。[31] ＡＤＲの増殖は商事紛争にとどまらず、より一般的な民事司法の景色における特徴の一つとなっている。ウルフ（Woolf）改革以降における様々な民事手続の取り組みは、裁判所の事件管理権限のメカニズムを通じてＡＤＲを促進してきた。[32] 一九九六年以降、裁判所からの一貫したメッセージは、訴訟は最後の手段であるというものである。[33] 裁判官は裁判の和解を仲介しようとして紛争を調停その他の類似の手続きに振り向けることにより、訴訟を思いとどめさせようとするのであるが、その結果何ら不合理ではない参加拒否に対してコスト面で悪影響を及ぼす可能性がある。[34] 訴訟以外の方法で紛争を解決することについて当事者に加えられるプレッシャーは、当事者はＡＤＲを行うように合法的に強制されることができるとする民事司法評議会（Civil Justice Council）の最近の結論を前提にすると、恐らく強まるであろう。[35] 反判決感情は新型コロナウイルス感染症（Covid-19）禍により強められた。コロナの勃発により多数の目新しい法的争点が提起されたにもかかわらず、契約当事者は同危機により生じた契約問題に直面した場合、懐柔的な紛争解決を優先して訴訟を回避する方向に向かっている。[36] 多くの部門に関係する重要性がある問題を生じている紛争だけが、例えばパンデミックに対する保険産業の対応が最高位の裁判所への途を見出しているのである。[37]

裁判官は、反判決の風潮を生み出していることに対して何らかの責任を負っているに過ぎない。コモンローの発展に対する重要な実際上の障害は、商事紛争に対する裁判所の偏見を和らげて契約法のバランスを回復するのに資すると思われるタイプの事件の訴訟を行う零細企業、消費者およびその他の弱い契約当事者への財政支援を欠いていることである。問題となるのは、限りある資源の配分に際しての分配的正義のそれである。二〇〇八年〜二〇〇九年の世界金融危機に続く緊縮期には司法省への公的資金が一般的に急激な減少を見た(38)。二〇一三年における法律扶助制度のオーバーホールにより、大部分の非家族間の私法上の請求は国家から資金援助を受ける資格要件から外され(39)、その中には消費者問題および契約問題も含まれていたのである(40)。契約に関する請求は民事裁判へのアクセスについての議論においてほとんど共感を生むことはないが、そうした共感ですら多くの雇用上の争い、債務問題、住宅事件および消費者の権利の問題が究極的には契約関係に根差しておりかつ伝統的な契約法の要素と関わりがあることが認識されるのを待たなければならない。民事裁判援助資金の削減が反転される可能性はないであろう。政府は法的サービスの必要性が満たされていないことを認識しているが、過度の無駄と見なされている訴訟援助ではなくＡＤＲにその答えを見出そうとしている(41)。その結果、ディングワール（Dingwall）およびコアロ（Cloatre）が観察したように、「国家は民事裁判から手を引いて市場に委ねる(42)」のである。

裁判所命令のＡＤＲは、私的に行われる様々な裁判ではない方法による巨大な紛争処理の氷山の先端に過ぎない(43)。商事サイドでは、専門家による紛争解決が業界の代表団体および組織により提供される場合がある。請求はメンバーのための顧客もしくは専門家決定パネルの苦情処理手続を通じて処理することができる。そのようなインフォーマルな手段は、機能上は準司法的というより行政的である。例えば国際スワップ・デリバティブ協会（ＩＳＤＡ）は利用者に対して、クレジット・デリバティブ決定委員会（ＤＣ）を通じてマスター契約の条項を明確にするサービスを提供している。同委員会の役割は、「市場標準のクレジット・デリバティブ契約条項を特定の事例に適用し、クレジット・デフォルト・スワップ……市場参加者からクレジット・デリバティブ決定委員会に提供された情報に基づき信用事由であるクレジット・イベント、後続の参照組織およびその他の争点に関する事実関係の決定を行う」と述べられている。[44] 規制団体はまた仲裁その他の紛争解決サービスを提供することができる。一例として食料雑貨品規約仲裁者[45]（Groceries Code of Adjudicator）は、販売店（主として大手のスーパーマーケット）と卸売業者との間の食料雑貨品供給に関する行動規約のエンフォースメントの役割を担っている。[46] 同仲裁者は同行動規約の下で販売店および卸売業者間の紛争を仲裁する権限を有している。仲裁およびその結果は両当事者の開示合意がない限り秘密であるが、[47] 通常は守秘義務関係が販売店と卸売業者間の契約により義務付けられている。

個人の請求者および消費者は、特定の市場もしくは部門の働きを監視する任務を課せられている行政機関もしくは規制者が創設した様々な苦情処理手続を目指すかもしれない。そのような手続きは真の意味での紛争解決というよりは、苦情処理の方向へ向かう傾向がある。例えば金融オンブズマンサービス[48]は法的権利の決定を行わず、「個々の事件のユニークな状況を説明して、（彼らが）公正かつ合理的であると考えたことに基づいて」[49]判断を下す。オンブズマン制度は本来公的部門における行政の失敗に関する苦情に答えるために発展したものである。現代のオンブズマンの機能は行政の経営モデルをますます反映するようになっていることが観察されている。このことが明白なのは、管理主義的な言葉の使用、公の部門における効率性および消費者満足度の強調および完全な調査と報告というよりは、（私的部門における苦情管理に従い）インフォーマルな苦情解決への信頼においてである。[50] 管理主義への転換は民事司法においてより一般的に反映されており、[51] 公的サービスにおける紛争処理が「法類似の」諸価値、すなわち法の支配、適正手続および公的判決から離れて多くの現代的規制を支える同一の効率および金銭的価値の目標へと向かう風潮の変化を増幅させているのである。[52]

このような比較的フォーマルな紛争解決方法を補足するのが、企業による苦情処理の主流となっている善意のジェスチャー、賄賂およびその他の懐柔手段である。これらの方法は、問題の源に取り組むという意味で必ずしも直接的で終局的に紛争を解決するものではなく、トラブルを私的にかつ通常は秘密裏に処理する。紛争の報告およびその結果として生じる手続きにおける守秘義務関係は多くの文脈において、例えば内部告発者およびそれ以外の規制者もしくは公的機関に苦情を申し立てた後に報復を恐れるかもしれない者を保護する目的では正当化される。しかしプライバシーはまた、判断および手続きの精査を遮蔽し、批判を未然に防ぎ、しかも明らかにされて議論されれば改革を促進すると思われる公益問題を隠すのである。前章で検討した職場でのハラスメントの主張に関する和解における情報不開示合意の利用は適例である。私的紛争処理は通常は結論に対する詳細な理由なしで済ますことができるし、さらに償還請求するかもしくは控訴するあらゆる権利行使を阻止することが可能であり、さらに交渉に依る場合には経済的に力の強い当事者が支配する（また操作する）ことになる。[53] 明らかにこうした請求の多くは、時には少数の場合もあるが、判決に至る訴訟には適していない。同様に、紛争の大部分は公的な重要性を有する広範囲の問題提起を何ら行うことはない。しかしながら、私的な行政手続を通じた紛争処理へ向かい、かつ法に従った判決から遠ざかる方向転換は、完全に前向きな発展として提示することはできない。私的なプロセスは将来発生する可能性がある紛争のクラスの利益に奉仕するかもしれない公に利用可能な諸準則に貢献することはなく、しかも類似の事件は同様に扱うという正義の基本的教義に従う必要もない。[54] 規制者もしくは専門裁判所および法廷による専門的紛争解決は代表される利益により占拠されるリスクがある。それはまた、経営能力が優先されてジェネラリストとしての裁判官の技術の喪失につながるのである。[55]

私的紛争解決および代替的なそれへの転換は、法発展、とりわけコモンロー上の法発展存亡の危機を引き起こす。それはまた、契約法の商事化に関する論点をより複雑化する可能性がある。ＡＤＲはしばしば正義へのアクセスを促進すると賞賛されているが、関係する手続きが法的権利を擁護するという意味において常に正義を生み出す傾向にないことを看過している。むしろ、ＡＤＲはスピードおよびコストの観点から測定される効率性と正義を同一視する。ジェン（Genn）の観察では、ＡＤＲは問題を解決するが、法的資格を擁護することはめったになく、しかも実体的正義にはほとんど関心を示していない[56]。ここでの契約の役割は看過されるべきではない。契約条項は一方の当事者が利用できる救済手段に様々な制約を設け、紛争を公の裁判所に近付けないですます場合がある[57]。契約メカニズムを通じて行われるＡＤＲは、紛争解決への個人主義的アプローチを強調し、交渉技術の重要性を目立たせるとともに取引力の不均衡の問題を悪化させる[58]。あらゆる契約と同様、ＡＤＲに従うかもしくは和解する合意は、黙認もしくは惰性を通じて得られ、また搾取と不均衡の源にもなる可能性がある。

　紛争解決手段を秘密のフォーラムに追いやることはその場しのぎの解決方法であり、法発展には何ら寄与するものではない。それは契約に固有の何らかの諸価値を伝えることはなく、そうした価値を保護しかつ支持することもないのである。当然のことながら、裁判の公的性質が明らかにするところでは、契約法および法的過程は欠陥があり、偶発的でかつ議論の的になっている。しかし反対意見には契約法の代替的見解を示す価値があるのと同じように、こうした負の特性を露出することは、議論を蓄積するとともに、正義および法的権威の本質に関する問題を提起し、かつそれらに回答する機会を増やすことにおいて重要な意味を有する。ひいては公の判決は、分析、評価、査定ならびに理論化ができる重要なデータ形式である。私的な手段で解決される紛争の件数に関するデータを入手できても、判決過程、もしくは結論の背後にある推論を示すものを獲得することはほとんどないが、それ自体は公衆に対して市場参加時の契約行為に関して期待できる権限を有することに関する情報を提供することの手助けとなるのである。極めて重要なことは、裁判官は判決の公的な性質に気づいており、この透明性が私的な判断を下す者を拘束しない法的推論および判決に対して一定の制限を生じることである。判決はオープンな批評にさらされており、特に他の裁判官から批判される。事実審理および判決ならびにしばしば判決から生じる議論および論争は、裁判官、法学者、法実務家およびより一般的には公衆間における一形式の対話の機会をもたらす。[59] フィス（Fiss）が述べているように、判決は「公の理由の厳格さへの固執」[60]により取り囲まれているのである。

ＡＤＲおよび司法の私有化プロジェクトは、オンライン上の紛争解決手段の利用が増加していることから刺激を受けている。[61] 裁判官の中には、すでにある程度の賞賛をもってビジネスに関するオンライン上の紛争処理システムを注視する者もいる。伝えられているところでは、アマゾンやイーベイはオンライン上の手続きを通じて年間六千万件の紛争を解決して満足を得ているとのことであり、これに比べて民事裁判所、オンブズマン等を通じて解決されるフォーマルな紛争は三百万件である。[62] オンライン裁判所の設置はプラットフォームベースである紛争解決手段のより意欲的な表明であろう。他のＡＤＲ命令と同様に、オンライン裁判所を動機付けるのは、コストの削減、遅延の減少およびイギリスの法的サービスが商業顧客のための競争における市場占有率を保持することを確実にする願望である。[63]

「オンライン裁判所」が示すのは、新型コロナウイルス感染症禍の間必要とされたように、裁判所の仕事が物理的空間から離れてオンライン環境へと移されただけに過ぎないとする範囲においては、コモンローの発展にはほとんど影響がないかもしれない。法的問題に関する判決は依然として下されるであろうが、法的権威の説得力あるシンボルを表し、かつ「正義の理念と私たちの関係を物理的に表現」[64]している厳然とした裁判所の建物を欠いているのである。このことは、正義へのアクセスが何を意味しているのか、また私たちはその改善における成功をどのようにして計るのかに基づくと、積極的もしくは消極的発展なのかもしれない。オンライン裁判所への転換は、「オンライン」が意味するのは単に事件もしくは紛争が審理されかつ解決される環境ではなく、従来の判決に従事する伝統的な裁判所にほとんど似ていない判断を生み出す、まったく別のメカニズムである場合にはさらに問題である。すなわち実質的な意思決定が、通常は判決の領分と考えられている種類の結果を生み出すコンピュータにより行われるシステムである。サスカインド（Susskind）の観察によれば、「オンライン裁判所は、……変形の明確な一実例であり、オートメーションのそれではない」[65]。すなわち、オンライン裁判所は、既存の法的手続を促進する単なる新たな方法ではなく、裁判所は何か、それらの機能は何かに関する私たちの観念、および正義に関する私たちの思考方法への根本的変化を告げているのである。サスカインドにとって、オンライン裁判所の可能性を受け入れることは、法に関する「成果思考」を伴うのである。このことが意味するのは、公衆が法から望むものは、弁護士、裁判所および裁判官ではなく、あるいは必ずしも法そのものでもない。これらは真の目標である、正義、弁明および解決へ達する手段に過ぎない[66]。サスカインドは、こうした成果は私たちがそれらを達成するのに必要であるとする現行の法的および判決手続から分離することができるとする。

私たちは、法準則および法的推論を不必要でありかつ満足が得られる（だれのために）結果を達成することからの高価な気晴らしとして排除するこうした事件決着の見解を受け入れるべきであろうか。これはまったくの道具的な法（もしくは法ではない）の見解であり、紛争解決を法的（もしくは非法的）手続に関する問題のすべてであって、何の疑いの余地もないと考えるのである。しかしそれは、判決の概念を社会価値の表現、透明な推論プロセスおよび非難ならびに説明の導管の頂点としては時代遅れとする。サスカインドはこの発展に熱心ではあるが、ズッカーマン（Zuckerman）はより慎重であり、司法的専門技術が衰退する危険性を指摘している。私たちにはフォーマルな法的推論に熟達することを失うリスクがあるだけでなく、共感、感動、生来の公平感と正義感、法的規範を扱う場合における文脈およびニュアンスの理解、さらには時として、（確かに完璧とはいえない）人間が判決を下すプロセスの重要な要素である人間の脆弱性の認識が消滅するリスクもあるとする[67]。実際上困難なこともある。最初の準則設定は、判決を下すオンライン・プラットフォームにプログラムが作成される必要がある。判決もしくは準則の規範的複雑性は（とりわけコモンローが発するそれは）、恐らくプログラマーにとってはコードにまで拡大し、マシンが異なる実際のシナリオに適用されるまで及ぶであろう。過去の判例および以前の結果を基礎にした計算的判断を備えたルート決定はまた、判決を過度に後ろ向きの企てとするのであり、伝統との完全決別を開始する身近なメカニズムは何ら備わっているものではなく、しかももちろん道徳的または価値に基づく基準、例えば「中立公正な人の合理的期待」を基礎にしたものではないのである。このことが形式主義者を喜ばせることは疑いないところであり、彼らは予見可能で一貫した結論を導き出す固定的で決定的な諸準則のために、司法積極主義および裁判官の裁量権(「偏見」)のあらゆる痕跡を判例から取り除こうとするのである。しかしながら最終的には、変化することが必要なのはコードではないかもしれない。私たちの目的が正義よりも効率性を与えることにあるとすれば、マシンが私たちの法の理念に適応できない場合には、代わりに諸準則はコードで生み出すことができるものに適応しなければならないかもしれない。このことは、私たちの法実務の関する考えだけでなく法とは何かに関するそれを変化させることになろう。こうした争点については次章で検討するが、その際には「スマート」もしくは「アルゴリズム」契約、すなわちコンピュータソフトにより作り出されるか履行される契約であり、人間のプログラマーからの相対的な自律性があり、かつ人間の介入もしくは代理人を欠いているものの契約法上の影響について検討する。

六・三　契約法と契約の自動化

オンライン裁判所および自動化された紛争解決手段は私たちの法に関する根本的な考えのある部分に深甚な影響を及ぼすかもしれない。契約法もその例外ではないであろう。情報およびコミュニケーション技術の革新により、私たちが自発的合意を行いかつ実行する方法は急激に変化している。自動化は一定の取引を促進する際の国家機関の役割をさらに減らす恐れがあり、最小限の法的精査の対象にしかならないコンピュータ駆動型の契約締結および強行方法の到来なのである。このようなプロセスがユーザー間においてコンピュータは有効な債務を創設できるとの信頼を生み出すために法に依拠する限りでは、それらは法的規制を完全に排除することはできない。しかし、現行の契約法が効果的な規制者であるかはまだわからない。契約方法における実際の変化はしばしば契約法のいくつかの前提を緊張関係に置くことになる。すなわち、対面取引は電子的コミュニケーションに置き換えられ、意義深い交渉は瞬間的合意に置き換えられ、冗長な法的手続は自動的かつ即座の強行に置き換えられる。法的期待と契約実態との間にはしばしばかなりのギャップが存在するにもかかわらず、支配的なコモンローの戦略は、関連した抽象化の程度まで既存の準則のフレームワーク内で革新に対応しているのである[68]。かくして画面上の「承諾」をマウスでクリックすれば、契約書に署名したことになぞらえられるのであり、しかも契約条項の合理的通知（および契約条項の不公平性に関するすべてのコントロールを条件として）がなされた場合には、契約が締結されることになる。このことは一貫性を志向するコモンローの本能と調和するのであり、「ゆったりとした変化は、……急速に台頭しかつ高度に破壊的技術の世界向けのものではない」[69]のである。

技術が一層複雑化しており、しかもスマート契約もしくはアルゴリズム契約が法的および契約領域にさらに進入するため[70]、法的諸準則に合うように「事実を強制すること」は有効な戦略となるであろう[71]。このことはあまり問題にはならないかもしれない。なぜならば、科学技術の時代から提示された挑戦に取り組む際のイギリス契約法の力は、その理論的準則ではなく、当事者自治を支持するところに見出されるからである[72]。しかしながら、当事者自治にのみ訴えるだけでは契約成立および履行に関する新しい方法が提示する問題を回避するのには十分ではない。例えば、（個人間の）シェアリング・エコノミーや（オンライン上で単発に行われる）ギグ・エコノミーとの関係においては、詳細な標準契約により関係が生まれかつ仲介される電子的プラットフォームを通じて取引が促進されるのである。このような新しいシステムは、例えば動産およびサービスのピア・ツー・ピア供給を促進する電子的プラットフォームの地位のような新たな法的問題を生み出すのである。裁判所はこうした問題の解決は、プラットフォームがそれを通じてサービスを提供しているユーザーの「代理人」であって、その使用者のようなものではないことを示している可能性のある契約条項自体の独立独行の特質に訴えることでは行えないと理解しているのである。(73) コモンロー上の解決策は既存の概念から作り出すことができるが、プログラマーおよびコーダーは介入を非親和的に無効とする方法を見つけるのであり、それは弁護士が好ましからざる先例もしくは論争の的である制定法上の準則に対して契約の細かな活字を変更することで対応するのとちょうど同じである。当然ながら、法改革団体はこの点において裁判官に比べてもっと明確にリードしている。ローコミッションは、コモンロー、EUおよび国内制定法が作り出した数多くの重複した諸準則に対する答えとして、電子的契約の諸側面に関する法的な陳述および提言を展開しているのである。(74)

自動化が契約法に及ぼす影響を予測するのは困難であるが、その理由は情報およびコミュニケーションにおける発展は様々な方法で契約に影響を与える可能性があるからである。コンピュータに基づく自動化はその他のすべての側面において伝統的な書面による契約の履行を容易にするかもしれない。契約の成立もしくは履行の諸側面を容易にするために技術を用いることは契約法の観点からは問題はない。同様に、諸準則の性質を根本的に変更することなく技術により奪われるかもしれない伝統的な契約法の機能はいくつも存在している。契約解釈の問題は、一定の単語やフレーズの意味について明示的に導き出された情報、および数か月もしくは数年というよりは秒単位で配信される責任に関する結果で満たされているコンピュータを通じて実行可能であると考えられる。(75) 選択された契約法の任務を変容させる能力は、法律専門家の実務的側面のある部分および裁判所の役割を余分なものとするリスクがあるかもしれないが、必ずしも契約法自体の問題ではないのである。技術は、裁判官が無限の時間、資料および証拠と経験的データの塊を処理するのに必須の認知能力を有していた場合に到達する結果を反映するに過ぎないかもしれない。

とはいえ、契約プロセスの諸側面を促進するための比較的優しい技術を使用することでも、確立した法的諸原則のあるものを混乱させる可能性がある。すでに述べたように、裁判官は契約慣行を既存の法準則に適合するように再構成する傾向がある。法的手続を効率化してコストを削減するために革新的な技術を用いることは、この特有の原動力を逆転させることを促進する可能性がある。用心深い裁判官たちは、その巧妙なプロセスを予測不可能な契約法の働きに服させることにより、技術に備わった利点を損なうことに消極的かもしれない。このことは、諸準則は自動化されたシステムの効率性を維持するために犠牲となり、契約法思考を転換させることになるであろう。こうしたことが示すのは、司法省クレーム・ポータルに係る一連の事件において見ることができる。そのポータルはオンライン上のプラットフォームであり、原告、被告、それぞれの弁護士ならびに保険業者が、二万五千ポンドまでの人身損害請求の処理と解決のために利用する。[76] ポータルの電子的書式に誤って入力された定額の和解申込みに被告が「飛びついた」場合には、一方的錯誤の法は適用されないとするのが判例の採用する道筋である。[77] A対B事件（*A v. B*）[78]において、原告の法律上の代表者たちが意図していた五千五百五十ポンドの代わりにポータルに和解金五百五十ポンドを誤って入力した。低い金額を被告が承諾し、直ちに支払いがなされた。被告が申込み金額は錯誤であることに気づいていたにもかかわらず、和解契約は支持された。コモンロー諸準則の下では、このことは結果として成立する契約を無効とする根拠である。[79]

コモンロー上の錯誤よりクレーム・ポータルを優先する判例は、民事訴訟手続規則第三六章の下での和解申込みに関する類似した立場を反映している。ギボン対マンチェスター市議会事件（*Gibbon v. Manchester City Council*）において控訴院が判断を下したところでは、同第三六章は独自の諸準則を含む自己完結的な手続法であり、一般法の諸側面を持ち込むことなく読む必要があるとした。[80] この法的正当性は介入を拒否するより実践的な理由で補足される。オンライン上の手続きで錯誤を犯すのは極めて簡単だが、撤回するのは難しい場合がある。裁判所が採用すると思われる見解では、錯誤に陥った当事者がコモンロー上結果とした成立する契約を回避することを許容することは、比較的低額の人身損害請求の迅速な解決、コスト削減および確実性を提供する略式の裁判手続により解決するというオンライン処理の目的を損なう複雑なサテライト訴訟につながるだけであるとする[81]。サテライト訴訟は必ずしも禁止されているわけではなく、誤ったボタンを押すかもしくは間違った数字を入力してしまい、今やごまかされた依頼者からの請求を処理しなければならない不運な専門家に転嫁されたに過ぎないとすれば、この正当化は不誠実である。結局のところポータルの機能は、法的でも判決的でもなく、一次紛争を処理する、行政的かつ経営上のそれである。オンライン・システムに対する反介入主義者的アプローチは技術に対する一定の法的尊重を示している。クレーム・ポータルは自己完結的システムと見なされていて、迅速、効率および終局性の規範を基礎にして自己正当化している。一般的な契約の法規範は外的であり、余分であり、かつ邪魔であって、「オイルの中の砂」が沢山あるようなものである[82]。

クレーム・ポータルの運用は、契約法が技術的革新にどのように対応するのかを示している。契約法の存在は承認されているが、その規制する力は技術との不適合性を回避するために緩和されている。このことは、契約法にとって潜在的に最も破壊的な技術の使用、すなわち代替的な契約強行システムを創設することに関連して問題である。情報およびコミュニケーション技術の出現、例えば分散レッジャー(ledger)、ブロックチェーンおよび「スマート契約」は、国家機関が一定種類の取引を強行する要件を削除し、それらの機関をコンピュータソフトおよび暗号を通じて電子的に容易に行えるようになる私的で自律的な制御形態に代えるかもしれない[83]。ここでは契約法に対するスマート契約のすべての影響を扱うスペースがない。とりわけ、スマート契約が一体契約であるかという厄介な問題は残しておく[84]。私たちがここで扱うのは唯一、契約法は市場取引の促進および効果的な強行に不可欠であるとの契約法の理念に及ぼすスマート契約の潜在的破壊効果である。

ここでの一つの重要な技術は分散レッジャーであり(ブロックチェーンは恐らく最も有名な例である)、コンピュータのネットワークのいたるところでばらつきを生じることなくシェアされる取引もしくはデータの記録方法の一つであって、その内容は正確であるとの「合意」がなされている[85]。ピア・ツー・ピア取引はレッジャーにおいて記録され、収納され、実行されかつ有効とされる。異なったタイプの公的および私的レッジャーが存在しているが（許可なしもしくは許可済み）、レッジャーには必要な権限とデジタルキィーがある者はだれでもアクセスできる。それは改ざん防止であると思われる。例えば個人銀行ならば、最終的には支払人の口座の状態によって取引が先に進むかに関する仲裁人かもしれないが、それとは異なりレッジャーはいかなる個人もしくは中央組織によっても保持または管理されていない代わりにネットワーク・コンセンサス認証システムの対象となっている。レッジャーは第三者の仲介者もしくは「権威」の必要性を排除するのであり、それらが果たす可能性のある機能は、レッジャーを通じて行われた移転と取引のログをとること、強行することであり、そうでなければ可能にすることである。一般契約法に代わるものとして、これらのシステムは低コストで、より効率的であり、しかも両当事者の契約環境の個別的特徴により素早く対応するかもしれない。分散型台帳技術（DLT）は、例えばビットコインやイーサのような暗号通貨およびスマート契約の現象を可能にする。ギアンカスプロ（Giancaspro）の説明するところでは、スマート契約は「所定の出来事の発生によりその条項を認証しかつ実行するコンピュータプログラムである。一旦コード化されてブロックチェーンに組み入れられると、契約は変更できず、そのプログラムされた指示に従って作用する」[86]。スマート契約における可能性としては「契約当事者が、銀行を介さず、オンライン・レジストリがなく、しかも恐らくは弁護士を必要せずに直接お互いに取引する」[87]のである。

こうした技術的発展に対する単一の契約法上の答えというものはあり得ないが、その理由はそれらが法的契約および法的強行に依存する程度は異なるからである[88]。スマート契約は、その技術の利用者間において法的でかつ「自然言語」の伝統的契約に基づいて予測されることにより、法的パラメーター内で機能する。このプロセスのどこかに、契約法から離れられない合意、およびコーダーが存在するのであり、合意から生じた諸問題を処理する場合に解釈に関する通常の諸準則などを配置しているのである[89]。このように「スマート契約」は、契約上の債務が履行される斬新な方法であるにもかかわらず、法的には完全に伝統的であることが判明する可能性がある。(90) 他のスマート契約は自然言語とコード間の異なったバランスを具体化するかもしれず、法的介入および強行可能性を一層疑わしいものとするのである。いずれにせよ、裁判官、法律専門家および法改革機関間における現在のところのコンセンサスは、これらの技術は法に対して深刻な問題を提起しているが、イギリス法は対処するのに十分に適応可能であるということである。契約法が適応できない場合には、契約法は技術の利用を妨げるべきではないとするのが通説である。「イギリスの法的部門における技術使用の促進を目的とする」ローテック・デリバリー・パネル（Law Tech Delivery Panel）のイギリス管轄権タスクフォース（ＵＫＪＴ）による暗号資産およびスマート契約に関する法的記述（Legal Statement on Cryptoassets and Smart Contracts）が述べるところでは、スマート契約は伝統的な意味において解釈する必要はないかもしれないが、「原理的にスマート契約は、通常の十分に確立した法的諸原則を用いて識別、解釈および強行が可能である」。(91) ＵＫＪＴはまた、コンピュータコードにより自動的強行が可能である場合には、「スマート契約を伝統的な契約とは原理的に異なっていると扱う」理由は今なお何ら存在しておらず、……履行がコードの外部の出来事により影響を受けるリスクは絶えず存在することになり……しかもそのような場合にはいかなる紛争も司法判断が可能でなければならない。……それゆえ原理的には、……契約法の通常の諸準則はスマート契約に適用されることになる」(92) と主張している。法的記述は、イギリス法は技術的進歩に適切に応答することができ、しかも「イギリス法はそうすることの強みを持っている」(93) ことに確信をにじませている。同記述はその分野に精通した弁護士集団が、規制者、金融サービス企業および技術専門家との広範囲の協議を踏まえて展開したものである。法的諸原則の権威的陳述ではないが、技術革新に対するイギリス法の反応の基調を決める可能性が高いのである。(94)

契約法の適応性に関するこうした見解は必ずしも普遍的に共有されているわけではない。裁判官の中には裁判所外の発言ではあるが、少なくともスマート契約の規制におけるコモンローの役割について疑念を表明する者もいる。(95) ローコミッションもまた法とスマート契約との間の関係についてより慎重であり、すべてのスマート契約が法的規制に素直に従うわけではないとの見解を採用している。このように、同コミッションは契約法の分析に限定しているのであるが、その分析が影響を及ぼしかつ影響を受けるのは、促進する「法的に強行可能な」合意に至るスマート契約だからである。[96] 同コミッションは、スマート契約およびDLTを法的介入の可能性を回避するために用いることができるかもしれないと予想しながら、両当事者が合意において法的関係を創設する意思は何ら有していないことを明確にする場合もあると予測している。[97] DLTを通じた完全な自動化の事例において、法的に強行可能な合意を創設する当事者の意思の評価は、すべての状況の評価に依存するであろう。[98] 法的強行可能性を排除しようとするスマート契約は、こうした理由から意思のありふれた働きにより契約法の視界から排斥されるのである。このような契約方法の法的監督およびコントロールの可能性に取って替わるコードが一般的に望ましいことは、現在のところ取り上げられていないのである。

ローコミッションの関心領域外であるとはいえ、法をまったく排除するスマート契約方法の可能性については、スマート契約現象に関する一部のコメンテーターにより観察されている。ライト（Wright）およびデ・フィリピ（De Fillipi）は次のように述べている。

「ブロックチェーンが自力執行できる取引の実装を認める限りにおいて、当事者はお互いに自由に取引することができ、技術的に標準的な契約上の取り決めをする必要性もない[99]」。

このことはスマート契約の概念を、自律的な形成および執行が可能であるが、基礎となる自然言語の契約を前提にしないものと要約することになる。明らかにそのようなシステムは人によりコード化される必要があると思われるが、いかなる特定の当事者もしくは契約を念頭に置いて行われる必要はないのである。何らかの先行する合意の外向きの表現である自然言語による契約書面の文言とは異なり、スマート契約は先行する合意そのものであり、文言および履行は一つの段階にまとめられる(100)。

　この形式のスマート契約により契約法は余分なものとなるであろうか(101)。表面的にはスマート契約および自動執行は、法的請求を生み出す多くの契約問題を排除するように思われる。契約違反を理由とする訴訟は妨げられないようであるが、スマート契約の特徴はそれが自力執行であり、したがって保証付きの履行を優先して違反の可能性を除去することを理由とするのである。損害賠償の支払い条項は合意にコード化できるとしても、強行不可の違約金支払いはコンピュータコードにより法的妥当性とは無関係に実行される恐れがある(102)。しかしながら、そのような自力救済手段は履行を促進することを目的としており、また合意の履行は自動的であるので、損害賠償額の予定規定は不必要になると思われる(103)。イギリス法上の違約金の定義は契約違反を引き金とする支払いであるが、スマート契約では違反は発生しえないので（違反を覆すために取引において人間の介入がない限り、そう思われる）、インセンティブが機能する必要はまったくない。同様に、ボイラープレートのいくつかの種類は、その法的効果はしばしば裁判所の決定を必要とするが、不要になろう。完全合意条項もしくは口頭変更禁止条項は冗長となるであろう。コードが定めるパラメーター外の合意の終了も不可能であろう。マッキニー他（McKinney et al.）が記しているところでは、「スマート契約は柔軟性を欠くように意図的に設計されている(104)」。同様にスマート契約はギャップを含むことはなく、かつ「完全な」ものとなり、少なくともコードに従って取引を実行するために、どうやら契約条項を黙示する可能性を省いているようである。規範的理由付けはスマート契約の強行プロセスのいかなる部分にもなりえず、いかなる解釈上の難問も存在しないだけでなく、解釈の余地すらも存在しないであろう。

　スマート契約の自律的性格は権力の行使に対する国家独占に挑戦することが観察されているとはいえ(105)、契約法は依然として必要かもしれない(106)。スマート契約は「契約違反の可能性およびその結果として生じる強行する訴訟を閉じる」可能性があるが(107)、契約法は違反よりもずっと多くのものに対応するのである。間違いなくその技術は、国の法制度や法定通貨のような権威的制度に依拠しない信頼できる交換システムの創設のために利用することができる。とりわけパブリック・ブロックチェーンは、だれでもアクセスできる分散型システムである。しかし、ブロックチェーンは一つの履行方法である。それはコードから独立し、取引への介入および取引の効果の阻止もしくは破棄を正当化する外部の根拠を理由に取引を精査するという意味においては、取引を規制しない。スマート契約は基礎となっているコードに従って合意を自動的に実行する（強行する）だけである。レッジャーを通して行われた取引に挑戦する外部の根拠はなお存在している可能性がある。コードに誤りがあるかもしれないし、レッジャーには悪意の干渉がある可能性があり、また他の問題の存在も否定できない。このことを前提にすると、権威的な法的応答の可能性がなければならない。契約法は強行において果たすべき役割をほとんど担っていないが、ＤＬＴを通じて執行される取引に付着している無効要因である、詐欺、錯誤、違法性は関連性がある。救済に関する請求は、履行利益の賠償、特定履行およびその他の履行を強化する手段から原状回復にフォーカスしたそれに移る可能性がある。(108) このことに基づくと、契約法を頼りにすることは少なく、あらゆる不正な取引を覆すために不当利得へ依存することが多いのかもしれない。

既存の諸準則が純理論的には自動化された契約に適用可能であるとしても、より興味深い問題は、イギリス法はスマート契約に関する問題に応答する場合にその伝統的法理を配することになるかである。先ほど見たように、契約法の諸原則はクレーム・ポータルの働きに対して適用範囲が限定されている。反干渉主義者的立場はアルゴリズム契約の関係においてより一般的に採用されるかもしれない。契約締結の新しい方法を契約法の精査にさらすこと、およびそのプロセスにおける先導的な社会的諸準則を生み出すことにはかなりの価値があるにもかかわらず、専門家パネルもしくは仲裁を通じたより迅速な紛争解決が支持され、伝統的な裁判所が下す司法判断は避けられるのである。ＵＫＪＴはスマート契約およびオンチェーン・デジタル・リレーションシップ（on-chain digital relationship）に組み込むために一連のデジタル紛争解決規則を作成している。同規則の下での紛争解決は紛争処理の推奨される方法として判決よりも仲裁を採用している。同規則は、私的キィーを用いるオンチェーンでの直接的で迅速な意思決定を確保するために仲裁専門家の利用を提唱している（もっとも正確な手段と手続きは紛争の性質および事実に従って変化することになるが）[109]。仲裁判断は仲裁人が選任されて三十日以内に下されることが見込まれている[110]。同規則はまた、すべての自動的紛争解決プロセス、すなわち「自動的に選任された人もしくはパネル、あるいは人工知能エージェントによるもので、その表決もしくは判断はデジタル・アセット・システム内で直接的に実施される」紛争解決は法的拘束力を有すると規定している[111]。当事者は自分たちの間では最初の取引に合わせて匿名のままでいることを選択できるのであるが、仲裁人との関係ではそうはいかない[112]。公益にかかる裁定もしくは判断は匿名のフォームで公表されるとする規定もある[113]。しかしこのような発展から、スマート契約についての推論は契約法諸原則における持続的変容に何らつながらないのはかなり明確であるように思われる。どちらかといえば、契約法は技術のもたらす利益が完全に実現されることを確かめるまでは回避される可能性が高い。

コモンローの発展には直接的な影響を欠いているとはいえ、スマート契約は間接的に契約法に影響を及ぼす可能性がある。イギリス契約法が自律主導に焦点を合わせていることを考えると、両当事者がアルゴリズムの契約方法に同意している場合には、このスマート契約は（消費者保護もしくは開発される可能性のある他のオーダーメイドの規制を条件に）強行可能となる。フォーマルなやり方で契約条項を強行することに満足している契約法は、技術の進歩に関連した競争力を見つけることができる可能性は高い。スマート契約は、コード化が可能でありかつ「イフ・ゼン（if-then）」コマンドにより処理が実行される種類の取引に好都合である。人間の解釈者がこうしたコードに意味を付与する必要はまったくない[114]。このため、こうした方法は一定の取引形式にのみ適したものとなるのであり、とりわけ比較的固定的で確実な債務に関するもので、ブロックチェーンもしくは他の類似したコンピュータシステムにより履行されるためのコード化が可能なものである。これに含まれるのが、例えばデジタル形式での資産の譲渡もしくは交換に関するもの[115]、もしくは何らかの特定の行為の発生を引き金として支払いがなされる場合、あるいは目的地までの商品の移動を追跡して支払いのメカニズムを円滑にする場合である[116]。言い換えれば、曖昧性がほとんどなく厳密に債務を履行することができるシナリオなのである[117]。

イギリス契約における契約解釈に対する形式主義的で明白な意味のアプローチは、信義則および相当性というあらゆる主要な基準への取り組みが弱まっていることとともに、債務を機械で読み取り可能なコードへと還元する試みに資するように思われ、契約文脈を限界的もしくは無関係にする[118]。契約法はそのような合意を強行する役割を担っていないかもしれないが、それは自動であるので、スマート契約者には、スマート契約は形式主義的な法システムにおいて重大な法的挑戦の対象となる可能性は低いとの何らかの安心感があるかもしれない。結局当該ソフトは、形式主義的な法システムは明確な契約テキストの明白な意味を強行する可能性があるのと同一の方法で契約条項を実行するに過ぎないのである。スマート契約技術は、継続的な協調、調整もしくは約束が反復されること（例えば、インフラ・プロジェクト、戦略的提携もしくはイノベーションの分野）を伴う複雑で、より不確かかつ長期の契約にはあまり向いていないように思われる。当事者はこの場合、より心強い、インフォーマルな規範を選択して法律尊重主義的な明示条項を回避するかもしれない。ソフトな協力義務、信頼の精神による行為もしくは共同ということは、伝統的な契約文言に書き入れることができるが、それらの開かれたかつ価値観に基づく性質により解釈することは困難であり、しかも裁判官がコンピュータコードによりこうした基準が達成されたか否かを確実に捕捉することはより一層困難であると見なされている[119]。例えば、関係的契約は交換に関する基底的な人間的要素との関わりを要求しており、しかも契約文脈により生成された期待に適うようにであって、厳格な、（コードの）文字通りの履行ではないのである[120]。コード化は、契約環境から協働、融和的行為および柔軟性という関係的要素を除去することをまさに目的としているように思われる[121]。しかし文言／コードがフォーマルで明確になればなるほど、それが法的解釈を必要とする可能性はより低くなるか、もしくは何ら法的介入を必要としなくなる。自動的な強行の世界において、契約法が依然として必要とされる限り、その主たる役割はコードでは把握できない曖昧に表現された契約上の言質を解釈して強行することになる。契約法はその法的推論において意味と効果を帰属させることに長い間抵抗してきているそうした関係的特質（信義則、相当性、協働）を無視することはできないかもしれないのである。

技術的革新の効果を取り扱う場合、法制度は技術の利用に自らは閉鎖的ではないこと示すことにより商業ビジネスと競い合うことが期待される。UKJTはすでにこうした方法のための手厚い法的環境を創設しようとしている。しかし競争に直面する可能性がある。ビジネスを引き付けようとすることは、少なくとも最初は、契約法における形式主義者的傾向を増強するかもしれない。この可能性は、コイン非公開有限責任会社対B２C２有限責任会社事件（*Quoine Pte Ltd v. B2C2 Ltd*）[122]におけるシンガポール控訴裁判所の判決によりある程度は裏付けられている。同事件において裁判所は革新的技術を伝統的な契約法の諸準則に服させることへの明白な躊躇を実証しており、基底的な書面による契約に着目することにより同事件を解決している。コイン社は自分たちで開発したアルゴリズムを介して機能する暗号通貨交換プラットフォームを運営した。プラットフォームのトレーダー間の取引は何ら直接的な人間の介入なしで行われる。プラットフォームの利用者の一人であるB２C２社は、当事者独自の取引ソフトウェアを使用してイーサとビットコインの取引をした。コイン社がいくつかの重要なオペレーティング・システムの変更を怠ったため、同プラットフォームはそのソフトウェアプロトコルに従い、二人のトレーダーはマージンを売り切る立場であると誤った結論を導き出した。このことを端緒として、極端な市場状況（実際にはB２C２社は発生することを予期していなかった）を処理することを目的としたB２C２社の取引ソフトウェアにコード化されている指示に従う状況で、イーサと交換に彼らのビットコインの売買が自動的に行われた。B２C２社とトレーダー間の取引は、市場レートの二百五十倍であった。取引は同プラットフォームにより自動的に決済された。コイン社のプログラマーが誤りを発見した時点で、同社は取引をキャンセルして支払われた金額を取り消した。

B2C2社の請求は、取消しが契約違反および信託違反であるとし、その理由としてコイン社とプラットフォーム利用者間の利用規約によると、「注文が完了すると、プラットフォームを通じて通知されてしかもそのような行為は不可逆的である」と規定されていたとする。シンガポール国際商事裁判所は、人間であるプログラマーが取引を取り消すのは契約違反であると判示した。コンピュータは人間である本人の法的代理人であるとの主張は拒否された。取引が錯誤を理由に無効であると判示されることもなかった。[123] シンガポール控訴裁判所は、「様々な契約書類において、明示的にも黙示的にも、コイン社に一方的に係争中の取引をキャンセルする権限を与える旨の条項は何ら存在しない」[124]とする下級審判決を支持した。関連する判決として、プラットフォームの匿名性は、契約者の身元は取引後にのみ明らかにされ、アルゴリズムによる申込みと承諾を通じて売主と買主間に生じる契約を妨げるものではないとしたものがある。[125] 契約成立に関するこの判決は、一方的錯誤を根拠として取引がコモンロー上無効ではなく、またエクイティ上も取り消しうるものではないとする結論に影響を及ぼした。両当事者が交換を行うために取引所で直接会っているとすると錯誤により取引が無効となる可能性はあったが、両当事者は対面契約ではなく、確定的なアルゴリズムを通じて契約することを選択したのであり、このことは無関係であった。[126] 同事件が示すところでは、コンピュータが作り出す契約という素晴らしい新しい世界は、対面取引を同化することはない。クレーム・ポータルと同様に、アルゴリズムおよびそれが操作する条件は自己完結型のシステムを作り出している。とりわけプラットフォーム上の自動的強行の仕組みは、契約当事者の意思は錯誤の争点には無関係であることを意味した。錯誤が機能することに関連する心の状態はソフトウェアプログラマーのそれであり、したがってB2C2社のプログラマーが取引相手の過誤に関する現実的にもしくは推定的知識を有していたことは証明できなかった。結果として生じる契約は人間の買主と売主間のものであったかもしれないが、その成立は両当事者が個人的にというよりは、確定的なアルゴリズムによるのであり、当事者の現実的意思は重要ではないとされる。[127] アルゴリズムに卓越性が与えられたのである。

反対意見としてマンス（Mance）卿は、契約は結局のところ人間の買主と売主間で成立したのであり、したがって彼らには根本的な過誤が発生したしたことは明白であったとする見解を採用した。マンス卿にとって、錯誤に陥っていない当事者が契約は履行されたと主張することは非良心的であるので、本件は明らかにエクイティが介入して救済を与えるべき事例であった。[128] コモンロー上の一方的錯誤を支配する既存の諸原則の範囲内で本件の訴えを提起することはできなかった。[129] 法原則の欠如により、取引を支配するフレームワークが必然的にプラットフォームの利用者とプラットフォーム自体の間の明示的な契約条項であるということにならなかった。むしろ、マンス卿はアルゴリズム契約から生まれる問題に対処するのに必要な諸準則を発展させることは契約法の任務であると見なしたのである。

本件判決はアルゴリズム契約に関する二つの異なった見解を明らかにしている。マンス卿は、問題は契約法（もしくはエクイティ）が解決すべきものと見なした。現存する契約法の諸準則は当面の問題を処理するには不十分であり、イノベーションにより排出された困難なことを効果的に規制できる新しい諸準則が形成されることを必要としているのである。多数意見によれば、当事者自治が完全な効力をもって適用され、結果におけるいかなる不条理も無関係であるとする。裁判官の一人は、これらのうちどれが合法的に通行できる道路であるかが判明するのはプラグマティックな諸要因によること、とりわけどのアプローチが自動的な契約取引をより一層促進しかつ投資家の信頼を生み出すかについて疑問を呈している。法理上の純粋さ、原則的な一貫性、あるいは正義および公正さ自体に関する理論上の諸問題は決定的に重要ではないかもしれない。シンガポール控訴裁判所はアルゴリズムが働く範囲内の孤立した文脈を指摘しているが、注意を喚起する者もいる。セールズ（Sales）卿は、裁判所外で次のように述べている。

「コーディング・アルゴリズムは閉鎖的なシステムである。上記の通り、それらは人間の問題に関する解決にとって潜在的に重要なすべてのものを掌握しないかもしれない。人間により法が適用されることで、正義および公正さのような観念のオープン・テクスチャ的な性質は諸準則の内在的規準が適用される可能性を生み出し、法のアルゴリズムには明確にカプセル化されずにより広い諸価値が最終結果につながる方程式に入る余地を残しているのである[130]。セールズ卿はコンピュータの判断に服従することから生じる問題を以下のように認識している。「公共サービスへのアクセスは非個人化されている。個人は機械のシステムに直面すると無力に見えるのであり、それらのコントロールの対象となってすべての尊厳を失う。ここでの動きは市民を消費者へ、その後農奴へと変化させる恐れがある」[131]。自動化された世界では、同意の規準および両当事者の意思は実質的にあらゆる意義を喪失している。私たちの契約法がこうした諸価値を支持しかつ保護する限り、それもまた冗長なものとなるに過ぎないかもしれない。

六・四　おわりに

三つの要素が将来のコモンローの発展に影響を与える可能性があることについて本章において検討した。第一は、契約法は主として商事契約者の利益となるべき（通常は契約条項を支持することによる）商品であるとする考えである。第二は、紛争解決のために判決および訴訟の利用が減少していることであり、社会全体における訴訟に反対する文化および裁判所内自体でＡＤＲが強調されることに根差している。第三は、契約における自動化の影響であり、とりわけ契約法の諸機能を奪う「スマート契約」の可能性である。これらすべては契約法の諸準則の将来に重大な脅威をもたらすのである。情報およびコミュニケーション技術は一定の取引を促進する際の国家機関の役割を潜在的に削除し、契約法の重要度をさらに減少させ、最小限度の法的コントロールに服する（しかもそのようなコントロールを積極的に回避しようとするかもしれない）私的な形態での契約強行の先駆けとなっている。訴えが提起されて審理および判決に至る契約事件の欠如は、契約法に関するコモンローの商事化の度を増して契約法諸準則の形式的モデルをさらに確固たるものとする可能性がある。こうした諸要因は一般契約法の衰退に寄与し、規範的意義を有する契約法を空虚なものとするプログラムを継続させしかも目立たせ、契約に関する規範的メッセージを伝達するその能力を損なうのである。それらが示すのは正義の私有化と自動化のより広範なプロジェクトである。次章において、コモンローの復活に何らかの可能性があるかを考察することにする。

第七章　コモンロー復活の可能性

本章はコモンロー契約法の復活の可能性を探る。契約法理の発展には様々な障壁が存在しており、しかもこれらのすべては裁判所により建てられたものではないことは承認されなければならない。裁判所は正義が最善に達成される方法に関する政府の政策に責任はなく、訴訟資金提供の削減についても責任を負うものではない。規制の強化、契約および技術革新を通じての私的秩序化における成長は社会的変化の産物であり、法的変化のそれではない。しかしここで強調したいのは、本書で私たちが検討したいくつかの動きに逆行する裁判所の行為である。明らかにこのことは実際に可能であるよりも理想的であるとして強く非難される可能性がある。しかしこれら二つのものは相互に排他的ではない。対象に対してより実践的もしくは実際的なアプローチを行う契約法学者は長い間、契約法は異なる契約文脈をもっと区別し、それぞれに応じてしかるべき準則のセットを発展させなければならないと主張している[1]。近年における司法判断は契約法を商事的方向へと動かし、契約諸準則の解明において商事的利益および関心事を優先させているように思われる。とはいえ、裁判所は何が何でも伝統的な契約法モデルを適用しているのではなく、伝統的な契約モデルが認めると思われる以上にさらに広範な考慮事項に働き掛けている契約法領域が存在している。**第二章**において契約の福祉国家主義者および文脈主義者の時期におけるこれに関するいくつかの事例を見た。近時における関係的契約概念との関与はより一層応答的、文脈的かつ柔軟な契約法を創り出そうとする司法的野心（確かにすべてにより共有されているわけではないが）を示している。しかし裁判所はさらに前進することができた。契約化された社会の公序良俗の側面、さらには契約が存在する規制的フレームワークは、合意が形成されて履行される契約環境についてより深い理解を得るために描かれたのである。

裁判所はまた、契約法原則を発展させる任務に再度関与すべきである。契約法を下支えする一般的な諸原則の育成および明確化は完全にコモンロー・メソッドと調和しているが、裁判官はこうした裁判所が担う役割の重要な側面から次第に乖離しているように思われる。いくつかの方面で関係的契約の概念に対して両面性が示されていることはこのことを実証しているのである。しかし、裁判所が契約法諸原則を発展させるのを躊躇していることは普遍的ではない。イギリスにおける発展（例えば、パテル対ミルザ事件[2]〔*Patel v. Mirza*〕において発展させられた違法性に関する法においておよび他のコモンロー系の法域における革新（カナダにおける信義則の組織化原則および非良心性へのアプローチ）[3]は、かつて必要なインスピレーションを提供できたコモンローの向かうべき別の方向を示している。ここではさらに考慮すべきことがある。一九世紀において、法的諸準則は教育的効果があると見なされていた[4]。その時代の裁判官たちは自らの判決は将来の含意があり、それらは諸準則の対象である人々の行動に影響を与える可能性があることを認識していた。この教育的効果は個々の事件において正義を貫くことよりも重要であると見なされた。しかし、こうした諸準則の教育的能力は一八五〇年代以降衰退した。諸準則が複雑になればなるほど、それらはコミュニケーション価値および行動に関する期待については価値が低くなった[5]。このコモンローの教育的機能は復活させるべきである。たとえ裁判官が諸準則は行動に影響を与えることができることに疑いを抱いていたとしても、彼らは自ら発表しかつ適用した諸準則が契約法の規範的関与を示していることを理解するであろう。応答を明確に述べる際に、裁判官は契約の諸価値を伝達する導管であり、社会の契約文化を形成するにあたり一定の役割を担っているのである。現在、契約自由の働きを通じてあまりにも多くの契約の濫用が行われている。裁判所が契約条項の作用に介入することを躊躇しており、しかも一方的な条項および条件に基づく契約のより広範囲な政策的含意を考察することに難色を示しているのはこのことに資するのである。すでに以前の章で見たように、契約の諸価値は法の過去を通じて変化している。しかし、この変化する能力は簡単に消えてしまう。現在のところ、その兆候としてはコモンローの再生もしくは復活へ向けた可能性は肯定的ではない。このことを確認するために、第一に関係的契約の概念およびそれに関連した信義則の黙示条項を考察することにする。ここでの発展はコモンローの革新の潜在力の例を示すと同時に、それに抵抗する影響力を露出させるのである。

七・一　発展する関係的契約法

一九六〇年代および一九七〇年代にはじめて注目を集め、イアン・マクニール（Ian Macneil）のパイオニア的著作によるところが大きいが、(6) 関係的契約はこれまでのところ司法上の関心事というよりは主として学問上の問題となっている。(7) しかし二〇一三年以来、関係的契約の概念は主として下級審裁判所ではあるが、イギリス契約法に影響を与えている。一般的にいえば、関係的契約は、両当事者間における共同の、しばしば長期にわたる関係を特徴としており、通常は一定の依存および協働の必要性を生み出す生産的な状況で生じるのである。そのような関係は、古典的契約法では不十分な規制しかなされず、しかも当事者の関係から生まれる期待を特定してそれらを事件の判決に導き入れるためには、基準に基づいた文脈的推論形式が必要なことは長い間認められている。(8) 契約の法的推論における形式主義の復活により裁判官は、いくつかの契約関係が古典的契約法により与えられたものに別の応答を必要とするかの考察に駆り立てられたことは、恐らくは偶然の一致ではないであろう。困難なのは、契約法における形式主義者への動きが契約の代替的モデルを生産する即時の刺激を提供すると同時に、それはまた関係的契約の諸原則を育むのにありそうもないか、もしくは敵対的な環境なのである。関係的契約を支持する大部分の下級審判決はかなり事実依存的であり、したがって限定的な先例的価値しかない。関係的契約というカテゴリーが存在しうることを認めることを超えて、上訴裁判所はそれらに適用する一貫した準則のセットを発展させようとする傾向をわずかに示すだけである。権威ある諸原則は関係的契約の特徴を明確にすることおよび「関係性」の認定に伴うべき法的効果が欠落している。(9) 結果として、関係的契約の考えは黙示条項に組み込まれることになり、両当事者は判例法上の関係的契約の立場であるとの判決から生じる黙示的な信義則義務は、伝統的な「取引効率性」基準が満たされ場合にのみ機能するのである。(10) 信義則義務がすべての関係的契約に黙示される可能性は不確実性を生み出す懸念があるため減退しているように思われる。ここに潜んでいるのは、イギリスを契約強行にとって望ましい法域とするのはまさに一般的信義則義務を欠いているからであるとの長きにわたる信念を妨げることに裁判所が躊躇していることかもしれない。(11)

イギリス契約法が協力に関する関係的価値、文脈主義および基準に基づく推論を契約に持ち込むことに抵抗するかもしれない理由の一つは、法廷だけでなくほぼどこでも見つけることができる。こうした関係的諸価値が反映しているのは契約生活であり、契約法ではないとの理由に基づき、このことは契約法が関係的諸価値を排除することを一層容易にするかもしれない。しかし関係的諸原則はしばしば契約規制において役割を演じているから、それはあまりに制限的な見解である。規制枠組みは規制を受ける関係における信義則ならびに協力に関する義務に満ちた指針および行動規範を公表するのである。前述の通り、食料雑貨品［供給］に関する行動規約は小売業者とサプライヤー間の契約に組み込まれる必要がある。同規約は両当事者に公正な取引および信義則に関する除外できない義務を課している。(12) 同様に、小売金融市場における文化や行動の転換の必要性を述べながら、金融行為規制機構（FCA）は金融機関が、中小企業を含む分類としての消費者に対して負担する新たな消費者義務を提言している。提唱されている消費者義務は、規制を受ける企業がその企業の利益以上に消費者の利益を優先させ、消費者に良い結果をもたらすとともに信義則に従った行為を行うことを要求する。[13] このことが金融サービス産業における公衆の信頼と説明責任を取り戻すのを促すことが期待される。ＦＣＡはこの義務違反により消費者側に私的な訴権を生じることになるかについてはいまだに判断していない。ＦＣＡのビジネス諸原則はすでに、「企業は顧客の利益に十分に配慮して彼らを公平に扱わなければならない」[14] および「企業はその依頼者の情報の必要性に配慮するとともに、明確、公平かつ誤解を招かない方法により彼らに情報を伝達するよう配慮しなければならない」[15] と述べている。このＦＣＡの出発点は、市場で遭遇する利害の対立する利己的な契約者が競争的環境の下で取引をまとめるというコモンローの前提とは完全に対照的である。すでに見たように、コモンローは類似した私法上の権利の範囲を決定するにあたり、こうした広範囲にわたる規制的期待および目的を活用することはないのである。

立法もまた、関係的諸価値をいくつかの契約的取り決めに一時的に盛り込んでいる。二〇二〇年企業倒産およびガバナンス法（Corporate Insolvency and Governance Act 2020）は、消費者が破産手続に入った場合には供給契約を終了するかもしくは他の契約変更を行うサプライヤーの契約上の権利を縮小した。[16] 制定法が適用される場合、慎重に起案されておりかつ条項に従って解除することを条件として、同法は契約解除条項を支持するコモンローの傾向を逆転させるのである。コモンローは信義則に従うかもしくは真の理由により行使されることを権利行使の条件とするように、契約上の解除権に何らかの制限を加える傾向を示したことはほとんどない。[17] 新型コロナウイルス感染症による公衆衛生上の緊急事態の渦中において契約へ異常な介入を行うことは、現行の契約法がさらに交換および経済活動を下支えする関係的諸価値から分離されることを示している。パンデミックの衝撃は深刻であり、社会と経済のすべての領域に関連し、その中には契約の履行も含まれる。同じように、パンデミックは私たちすべてが頼りにする不可欠な労働者はだれであったかをまぎれもなく明らかにした。それはまたフォーマルな契約法が同危機の副産物に答えるには不十分であったことを露呈させたのである。先例のない範囲の取り組みが導入され、企業は契約のパートナーを公平かつ合理的に扱うことが奨励された[18]。いくつかの事件では、契約条項を強行する権利は停止された。二〇二〇年コロナウイルス法（Coronavirus Act 2020）は、居住テナントを退去させようとする家主に執行を停止させ[19]、パンデミックの間は家賃不払いを理由とする事業所用不動産権の没収を禁止した[20]。他の手段には、同渦中の間の賃料支払および滞納金に関する商業家主とテナント間の交渉を通知する任意の行動規範が含まれていた[21]。同規準は、両当事者に「相互の解決策」を確認するために「合理的に、迅速に、透過的にかつ信義則に従い行動すること」を促している[22]。パンデミック間の協働、協力、信義則および話し合いを勧めるインフォーマルな行動規範、コンセプトノートおよび指針文書の増加により、イギリス契約法の取引的かつ個人主義的傾向が目立つことになった[23]。同危機の結果を処理するために提唱された解決策は現実に機能している関係理論を示したのであり、とりわけマクニールが特定した関係的契約規範を拠り所としている。すなわち、関係の保持であり、相互性、柔軟性、契約的連帯性および手段の妥当性という諸価値の維持である[24]。

緊急事態への広く反契約的でかつ関係的な反応を求める声は、古典的契約法が機能不全に陥っていることを浮かび上がらせた。これはイギリス契約法の離散性、すなわち完全な（もしくはほぼ完全な）予測（プランニングを通じて未来を現在にもたらす）、高度に客観的でかつ希釈化した同意概念および契約を生産的関係のより広範な側面からの分離に対する同契約法の選好から生じる[25]。離散モデルは契約を共同利益に対する自己利益によって動機付け、さらに敵対的な契約当事者間で行われる非人格的取引と同等視するのである。「同意する」をクリックすることによる同意の自動化は、極端な離散型の契約を受容するとともに採用することになる。すなわち、詳細かつ官僚的な事前計画、複雑な契約条項を通じての予測、契約の「瞬間」的な成立およびその契約のその後の相対的安定性、取引（例えば、ブランド化、評判、以前の経験もしくは交渉過程により生まれるそれらの期待）の関係的側面の最小化である。同じように、契約関係に「非勧告的」基準を課すために「契約書記載以外の表示の依拠禁止」条項を使用することは、まさに契約から銀行のスタッフと顧客間の関連に見られる関係的側面を排除しようとすることに動機付けられているのであり、とりわけ高度の独立性と信頼とを伴う極めて長期に及ぶ関係であることが判明する可能性のある場合にはなおさらである。離散型合意の要点はその関係を正確にコアな要素にまで抽出することであり、それらは書面化された条項が示している。契約における関係的諸価値に関して何らかの一貫性を欠く不完全な承認があるかもしれないが、多くの場合には、契約の関係的特徴は個別の法においては無関係であるとされることになる。形式主義的法は関係的契約について代替的諸原則を発展させる努力をするかもしれないが、そのことでそうした原則がもたらされるのはほぼ不可能である。このことはイギリス法において関係的契約法を誕生させようとする試みを考察すると明らかである。

七・二　関係的契約法の発展

関係的契約概念は契約法において、とりわけ雇用の文脈において知られているが[26]、その概念が一層持続的な注意を集めることになったのは、ヤム・セング非公開有限責任会社対国際貿易有限責任会社事件（*Yam Seng Pte Ltd v. International Trade Corporation Ltd*）におけるレガット（Leggatt）裁判官の判決後である。同判決は二人の個人商人間の独占販売権契約において関係的契約であることを根拠とする、すなわち、同契約には「両当事者間において彼らが実質的に約束するより長期の関係」[27]が含まれていたとした。同裁判官は次のように述べている。

「そのような『関係的』契約は、……相互の信頼と信任に基づく高度のコミュニケーション、協力および予測できる履行を必要とするとともに、忠誠の期待を伴っていることがあり、それらは契約の明示条項では規定されていないが、両当事者の暗黙の了解であり、同契約に取引的効率性を付与するのに不可欠である。そのような関係的契約の例に含まれると思われるのは、ジョイントベンチャー契約、フランチャイズ契約および長期販売代理店契約のあるものである」[28]。

同裁判官は、多くの契約上の文脈は黙示的ではあるが共有された行動規範の情報を得ており、その中には信頼と誠実さの規範が含まれることを認めている[29]。この分析においては、レガット裁判官は関係的理論の核心部分、すなわち社会的文脈は交換を理解するためには必須であり、しかも明示条項はその文脈が生み出した信頼、協力および情報共有に関する期待を必ずしも具体化するものではないことにある程度の理解を示している。その文脈は通常、特定かつある程度結果について詳細な事前のプランニングに不利に作用する契約環境における不確実性を伴うことになる。代わりに、両当事者はプロセスと行動に関する変更可能な債務だけを約束しているかもしれないのである。

レガット裁判官の判決後の判例法は、広く離散的な契約法の中で関係的契約に関する諸原則を作り上げるのに伴う困難がいくつかあることを示している。裁判官たちは関係的契約の概念を抑制し、しかも契約が関係的であると判断される正確な状況およびその認定の正確な結果を確認することで、そのラベルを適用することをより予測可能としてきたのである。問題なのは、関係的契約概念はそのように構造化されることに抵抗することであるが、その理由はマクニールが私たちに述べているように、究極的にはすべての契約は関係的だからである[30]。ベイツ対郵便局事件（*Bates v. The Post Office*）におけるフレーザー（Fraser）裁判官の画期的判決を考察してみよう。同判決においてフレーザー裁判官は、関係的契約の特定に関連する九つの非網羅的な基準を提唱した[31]。これらの中で最初のものは否定的要件であり、「信義則義務が契約に黙示されることを妨げる契約上の特別な明示条項は存在してはならない」[32]とする。古典的なスタイルの契約法では、このことは限定的である。しかし関係的契約理論にとっては、この分析は誤った出発点、すなわち合意の社会的文脈が契約本文にどれだけの重点を置くのかから出発している。フレーザー裁判官は、詳細な契約条項は関係的契約であることを妨げるものではなく[33]、実用的観点から詳細な明示条項はほとんどの場合に卓越性が与えられる可能性があると考え、契約が法的に承認される意味で関係的となる可能性を押し出したのである。明示条項が存在する場合、いかなる黙示条項も機能する余地は何ら存在していないのである。[34] 混合コミットメントを含む契約書面においては、文字通りの形式主義（明確な明示的契約解除権、完全合意条項、もしくは口頭変更禁止条項）がよりソフトな債務（信義則、共同、契約目的への忠誠、パートナーシップ的態度）に沿って現れる限り、裁判所が当該合意の関係的特質を表明する意欲的な陳述を覆い隠す明示的な法的権利を明確に認めている。カバブジSAL対カウト食品グループ事件（*Kabab-Ji SAL v. Kout Food Group*）では、当該契約は口頭変更禁止条項に加えて、同契約は信義則に従い履行されかつ解釈されなければならないとの明示規定を含んでおり、控訴院のフラウ（Flaux）裁判官は、「信義則に従って解釈されるべき規定は合意されたものを超えるかもしくは当該契約書を書き直そうとする解釈を正当化することはできない」[35] と述べている。このことは信義則上の債務を外れ値、すなわち文脈を拡大する条項に対して文脈を縮小する解釈を強行することに優先順を置く古典的契約法と完全に歩調を合わせたアプローチとして扱っている。

契約はレガット裁判官が確認する（独占販売権、ジョイントベンチャー、フランチャイズ）関係的合意の種類に入るかもしれないが、しかしこのことは必然的に信義則義務を負担しかつ契約に黙示されることになることを伴うのではない。[36] 長期的もしくは協力的関係（さもなければ「関係的契約」と記述されるかもしれない）でさえも、黙示的信義則条項は、当事者の一方が契約の明示条項に従って解除権もしくはその他の権利を行使している場合には適用される余地はないと判示されている。[37] このことから裁判官は「関係的契約」の考えを概念的として認識することは許されても、その考えから明示条項に反映されていない付加的もしくは代替的債務の源としてのあらゆる意義をなくしているのである。この一例は、TAQAブラタニ有限責任会社対ロックローズ事件（*TAQA Bratani Ltd v. RockRose*）である。裁判官は北海のブレイ油田に関する共同事業協定（JOA）を関係的契約であると述べたが、信義則規定は明示規定と矛盾するので何ら黙示することはできないと判示した。[38] そのため一人のフィールドオペレータの契約は通知により、何ら実質的理由もなくキャンセルされた。このことはイギリスの大陸棚活動に関与する当事者間の協力およびＪＯＡの終了事由を示す業界規範の重要性に関する専門家による証拠（expert evidence）に直面していた。原告は、北海の油田およびガス産業の規制者が同産業における参加者間における協力規範の存在を裏付けるために作成した報告書に依拠したが、(39)裁判官はこれが無制限かつ絶対的である契約上の権利の効力とは無関係であると考えた。(40)

ここでの裁判官のアプローチは、契約について文脈から規範的にコントロールする基準を何ら導き出さない別個かつ孤立した法的世界を作り出すものと考える傾向の例を示している。さらにそれは、たとえ当事者の期待が関係的諸価値に大きく依存しているとしても、契約が自己利益の規範に支えられていることを補強する。(41)ＴＡＱＡ事件においてペリング（Pelling）裁判官が当該契約に関して行った分析から、離散性および非関係性に関するあらゆる特徴が説明されるのである。マクニールが予測しているように、(42)両当事者は自らの契約上の取引に正当な理由から離散性を課すことになる状況は存在していても、これは裁判官の推論がどのように進むかということではない。離散性に関する結論は契約の形態、すなわち長く詳細な条項で発生した緊急事態を正確に扱っていることから導かれるに過ぎない。合意が代替的な諸々の道具および期待、例えば共同の必要性を強調する規制的フレームワークが知らせるものを用いて分析されるべきかは考慮されていないのである。

裁判所は反復して発生する債務に関する長期契約は、離散的取引と比べて契約者側に異なる期待を生じる可能性があることをしばしば認めている。(43)同様に黙示的協力義務はコモンローにおいて長年にわたる実績がある。(44)しかし古典的契約法が優先するのは、契約変更、裁量的権限、再交渉が期待されと思われる状況および文書化された合意における信義則に関する条項を当事者が規定しておくことである。(45)契約法が前提にしている考えは、契約者が表示することが要求されているいかなる行為であっても、観察可能な結果を伴う検証可能な行為を中心により確実に表示することができることである。すなわち、利益を分配すること、一定の紛争解決手続（例えば、敵対的な仲裁もしくは訴訟というよりは調停）を行うこと、情報交換体制を遵守すること、などである。こうした債務は期待される行動を示す一段と曖昧な基準よりは、かなり明確で、一義的な言語で表現されているのが司法上の期待であるかもしれない。このように、プロジェクトに「忠誠心」を抱いて行為することが規定されている契約上の義務規定は法的強制力がある恐れは少ないが、原告が契約違反により被る可能性のある金銭的損失を超えた支払額を規定する損害賠償額の予定条項は、それが原告の履行における合法的利益を保護する場合には強制力を有する可能性がある。このように被告の忠誠心は違反を阻止する目的のサンクションにより維持されかつ動機付けられるであろう。

イギリスの裁判所は、関係的契約の考えについてそれが黙示的信義則条項と関連付けられるために受容的ではないかもしれない。イギリス契約法が信義則上の一般的義務に反感をもっていることは良く知られている。関係的契約には法政策的な問題として黙示されている信義則上の債務があるべきだとの提言は特に議論の的となっている。ベイツ対郵便局事件において、フレーザー裁判官は当該契約が関係的なものであるとの事実認定の結果として黙示される条項と取引効率性に基づいて黙示される条項とを区別した。[46] これは契約が関係的であるとの判断なされると、信義則に関する黙示条項は両当事者がその働きを排除できるとしても、法的問題として効力を有することを示唆する。[47] アール・ナヒヤーン対ケント事件（*Al Nehayan v. Kent*）においてレガット裁判官は、信義則条項は契約が関係的である状況において法的に黙示されることを示唆している。[48] デイビス（Davies）のコメントでは、このことから黙示条項は、明示条項と相反しない限りすべての「関係的契約」に法的に黙示されることになるものに「硬化」することを示しているとする。彼はベイツ事件をここでの発展の先駆者と見なしたのである。[49]

しかしながら黙示的信義則条項に関する裁判所の最近の関与は異なることを示唆している。裁判官は黙示的信義則条項を伝統的な法の範囲内で提示することでその影響を制限しようとしており、その結果信義則上の債務が生じるのは伝統的な事実上の黙示条項の判断基準が満たされる場合に限られる。[50] 別個のカテゴリーとして法的承認され関係的契約概念は、特定の応答を義務付けており、分析の対象から姿を消し、黙示的信義則条項だけが残る可能性がある。UTB合同会社対シェフィールド・ユナイテッド非公開有限責任会社事件（*UTB LLC v. Sheffield Utd Ltd*）においてファンコート（Fancourt）裁判官が示した見解では、ベイツ事件判決は「当該契約が『関係的』契約であるかの問題を同契約の合理的読者であれば条項が必要であるかもしくは明白かの問題に置き換える傾向」を示したとする。[51] 同様に、ラッセル対カートライト事件（*Russell v. Cartwright*）おいて、裁判官の出発点は該契約が関係的であるかではなく、伝統的な黙示条項の基準が満たされたかであった。[52] このような分析からは、関係的契約を別個のカテゴリーとして発展させることは何の役にも立たない。どうやら契約を関係的契約として機能させるためには、信義則条項はビジネス効率性を根拠として黙示される必要があるのかもしれない。カナダの判例であるバシーン対フリニュー事件（*Bhasin v. Hyrnew*）は、いくつかの合意にビジネス効率性を与えるためには信義則が必要であることを示唆している。[53] イギリス法では詳細な条項が存在する場合、この可能性は通常否定される。[54] 代替的な分析形式としてもしくは古典的契約法に異なった説明上のフレームワークを提供する意義を有するどころか、関係的契約の考えは古典的契約モデルに引き込まれてしまいそうに見える。

関係的契約に関する特定の特徴に法準則を対応させようとする裁判所の賞賛すべき努力は、コモンローにはかなりの改革の可能性があること示している。しかしここにも契約に関する司法的推論の範囲内に真の変化を埋め込むことの困難さがある。契約法が躓く原因となっているのは関係的契約自体を取り巻く不確実性である。それゆえビジネスの長期的性質は一つの要因であるかもしれないが、契約の長さだけでは関係的契約を識別するのに十分でも必要でもない。[55] ゲッツ（Goetz）とスコット（Scott）の観察では、契約は「両当事者が重要な条項を……明確に定義された債務することができない範囲では関係的であるといわれている」。[56] このことは恐らくは関係的契約の核心であり、生成された期待は合意時には明示規定で把握することは困難であっても、履行の過程および日々の当事者間の協力により盛り込まれるのである。[57] ベイツ事件においてフレーザー裁判官は、このことは関係的契約を識別する一つの規準であることを認めている。[58] 契約行為は契約書より重要である。関係的契約を確認するカギ的要因は契約環境における不確実性であり、それは古典的法では達成可能であると推定されていた方法で提示することをまさしく防止するのである。[59] すなわち、発生する合意は私的利益の追求に完全に動機付けられた「取引」に還元することはできないのである。

裁判官のうちの何人かが関係的契約のカテゴリーを承認している衝動は、現行法は断固として関係的ではないことを反映するものである。しかし、最近の裁判所の関係的契約への関与は契約に関する法的推論におけるあらゆる種類の恒久的なパラダイム転換を明示している。関係的契約の考えに十分に関与するのに失敗したことは残念である。裁判所は古典的法の範囲内で関係的契約の輪郭をある程度確実に明らかにする必要があることに妨げられている。このことは同概念の封じ込めを促進する。しかしその基礎においては、関係的契約の考えが混乱を起こさせるは契約の現実に対してではなく、古典的契約法の現実として推定されかつ強いられたものだけである。レガット裁判官は、「商取引の規範および公正かつ誠実な取引に関するそれに強制力を与えることは商事法システムの本質的な機能である」[60]と指摘している。もっとも、恐らく関係的契約における信義則をサイロ化するのは不可能であることが判明するかもしれないとの不安を抱いている裁判官たちから抵抗が生まれる。とりわけ信義則義務が認められた事件は、ほとんどが個人的に債務を履行する個人間の契約関係に関するものなのである。[61] 裁判所は、代理人と被用者を通じて活動して詳細な文書が多くの機能を果たしている複雑な組織間の契約に同一の基準を適用することに躊躇するかもしれない。裁判所はまた、「その他の」規範を利己的でかつ敵対的な契約当事者に課すという見識に関して疑念を抱いている。[62] 基準に基礎を置く推論は契約上の権利の行使を干渉するという恐れは、文脈を制限する契約条項、例えば完全合意条項、契約書記載以外の表示の依拠禁止規定および「口頭変更禁止」規定の承認などの出現を理由の一つとして大きくなるのである。[63]

関係的契約を審理する判決の大部分は下級審で下されている。第一審の判決は先例とはならず、しかも事実に基づいて容易に区別されるのであり、その概念が契約法の中にしっかりと組み込まれることを一層困難なものにしている。法発展に対する断片的なアプローチは、関係的契約を識別しかつ支配する権威的諸準則を生み出すことに必ずしも役立つわけではない。また、裁判官には別のカテゴリーの契約の考えにあまり意欲的ではない人がいることも明らかである。最近の判例は同概念の制限を特定することおよびそれが書面に現れている契約上の権利の働きに干渉しないことを確保することに心を奪われている。同様に、黙示的信義則条項は事実関係が必要とする場合だけ利用される。信義則は契約者の行為を審査し、非難する外部基準として扱われていない。このことは必然的に契約上の権利関係には大原則が適用される可能性があり、契約法に不確実性を招くとの認識を生み出すであろう。一般原則を発展させることに対するイギリス法の沈黙は他の法域においては必ずしも見られるものではない。

七・三　他の法域での原理に基づくコモンローの発展

他の法域でのコモンロー裁判所は契約法の革新的諸原則を育むことにおいてもっと大胆である。バシーン対フリニュー事件において、カナダ最高裁判所は契約上の信義則義務には流動的な正当化事由があることを指摘している。信義則は契約の「法的インシデント［付随事項］」として課せられることもあれば、「両当事者の推定的意思」の結果としてもしくは契約解釈のプロセスから派生したものとして課せられることもある。[64] 同事件においてカナダ最高裁判所は信義則が契約法の組織化原則であるとの見解を選んだ。信義則は特定の契約類型のインシデントではなく契約法におけるそれなのである。信義則が要求することに関して、同裁判所は「両当事者は一般的には自らの契約上の義務を誠実にかつ合理的にしかも気まぐれでもしくは恣意的にではなく履行しなければならない」[65] とした。バシーン事件において同裁判所は、同原則は他のより特別な諸準則を支えると同時に、他の諸準則が発展しかつ正当化する基礎であるととらえたのである。[66] 大事なのは、信義則義務は契約条項に即して行為するだけでは免責されないことである。信義則は、履行が評価されかつ明示的な契約上の権利の行使が節度を保つ尺度となる独立した基準であった。同裁判所にとって、明示条項は誠実な履行義務を無視できる難攻不落のフレームワークを定めなかった。[67] 同義務は、「両当事者の意思とは無関係に機能し、しかもこの範囲では、非良心性法理のように契約自由に制限を加えるエクイティ上の法理に類似している」。[68] 組織化原則は両当事者を保護するためにより特別な行為を正当化している。それは、フランチャイザーがフランチャイジーの監視を怠りブランドイメージの悪化を止めるのを怠った場合にフランチャイザーに対して責任を負担させるため、[69] 当事者の一方が他方当事者を欺いた場合の契約解除権の行使を無効とするため、[70] および契約の目的に沿った裁量権の行使を確実にすることにより裁量的権限の行使をコントロールするために用いられている。[71] 信義則はこうしたより具体的な介入が意味と正当化を引き出す前提である組織化原則もしくは包括的原則であった。[72]

イギリス契約法はまったく対照的である。組織化原則としての信義則の考えは、MSC地中海海運合同会社対コトネックス・アンシュタルト事件（*MSC Mediterranean Shipping Co SA v. Cottonex Anstalt*）において控訴院により拒絶された。[73] イギリスの裁判所はカナダの判例において論難されている行為を、契約上の権利行使の厳しい例ではあっても最終的には契約のフレームワークに従い正当化されると見なすかもしれない。明示的かつ絶対的な契約上の権利を行使する契約当事者の動機は重要ではなく、しかも行為自体は芳しくないとしても、契約条項と一致している場合には（すべての命令的諸準則の効力は別として）それらは一般的には不法ではない。イギリス法では、当事者は当該契約条項が指図する範囲内では自らの私的な利益を追求する権限がある。興味深いことに、カナダの最高裁判所はバシーン事件において同裁判所のアプローチは私的利益の追求に干渉するとは思っていなかった。契約当事者は基本的な誠実義務に反しない限り、自らの私的利益を優先することができる。[74] 同最高裁にとって、契約法には還元不可能な最小限度の契約としての信義則に関する組織化原則が含まれている。そのため同裁判所は、契約法はすべての契約がいかなる点でも「契約」として確認されるために成立する範囲内の基準を規定していることを承認した。バシーン事件において同裁判所は、裁判上のモラリズムを行う口実もしくは裁量的正義の一形式として信義則を用いることに警告を発している。[75] 同義務の内容に関して同裁判所は、それは他方当事者の合法的利益を考慮することを含んでいるが、すべての事件においてそれらの利益に役立つような行為を要求するものではないとすることを強調した。[76] 何にも増して優先され要因は、契約は交換が存在する一つの契約である。マクニールの主張によれば、双務性（「与えられた何かの代わりに何かを得ることに関する原則」）[77] は共通の契約規範であり、したがって契約はある者の利益を別の者のそれに完全に従属させることを要求できることには何ら疑いはないとする。しかしこのことから、私的利益の追求は必然的に契約が保護する唯一の価値であるということにはならない。

組織化原則としての信義則を明確に表現することは、イギリスの裁判所とは異なる方向へ動いているコモンロー法域の孤立したインシデントではない。カナダの裁判官たちは非良心性にイギリスの裁判官たちよりもっと容易に頼ろうとしており、それを現代の課題に照らして改革する意欲があることの例を示している。ウーバー・テクノロジーズ社対ヘラー事件（*Uber Technologies Inc v. Heller*）[78] においてカナダ最高裁判所は、カナダに本拠地を置く宅配業者とウーバー・プラットフォーム間の標準定型役務提供契約における紛争解決条項を無効とするために非良心性を用いた。標準定型契約はデジタル・プラットフォームおよびシェアリングエコノミーの一つの普遍的特徴である。その仲裁条項はオランダでの仲裁および被告ドライバーが多額の初期費用を支払うことを命じていた。当該契約条項はソフトウェア使用許諾ならびに役務契約に置かれ、長さは約十四頁であった。同裁判所は、結果として無思慮な取引を招いた両当事者間の取引力における著しい格差および契約条項における交渉の欠如に言及した。同判決の結果が示唆するのは、取引力の弱い当事者の脆弱性は非良心性の判断に必要であるが、他方当事者の取引上の力および洗練度と関連する可能性があるということである。脆弱性は取引力の弱い当事者が何らのかの障害、明白なハンデ、もしくは特別な弱点を抱えている立場にあり、取引力の強い当事者がそのことを知りながら悪用しようとした状況に限定されない。同裁判所は、そのように制限することは非良心性法理がエクイティに起源があることと相いれないと考えた。[79] オーストラリアの裁判所はオーストラリアで機能している制定法上の非良心性準則との関係で同様の方向を採用している。[80]

これらの判例において明らかなのは、コモンローを発展させ、かつ契約実務の内在的諸価値を伝えようとする願望である。カナダ最高裁判所の見解では、誠実に履行する信義則義務は契約法の法理であり、解釈もしくは黙示条項を基礎にして正当化されるものではないとする。[81] これはイギリス法が伝統的な黙示条項のルートによる場合を除いて信義則を発展させることに抵抗しているのとは対照的である。こうした法技術は個人的であり、事実に依存する。それは裁判所が、権限付与、制限および例外で制約されていない契約行為の基準を明文化することを妨げるのである。カナダのアプローチはまたコモンローの推論に関して異なった理解を反映している。それは無定形の原則として出発したかもしれないものが、構造、境界、および実際の事件において提示される異なった事実関係および文脈に適用されることによる一定の確実性を獲得することを認めるのである。しかしイギリスの裁判所は確実性の維持に関心があるので、既存の諸準則の範囲内に新たな発展を据えようとする。すでに見たように、関係的契約についての最近の判例のなかには、その構想を黙示条項に関する既存の法理上のフレームワークと融合させようとするものもある。この動きは直ちにその発展を骨抜きにし、関係的契約に関する革新的かつ特徴的なものを否定する。その過程において、異なるタイプの契約および契約当事者をより透明にかつ組織的に区別し、これらの違いを結び合わせる代替的諸準則を発展させる機会を失うのである。イギリス法が関係的契約を特別なもしくは特有の法的アプローチを要求するものであることを認めることに抵抗していることは、商事契約に関係する法的前提から生じるのであり、その主たるものは冷静で、利己的でありかつ合理的な効用を最大化しようとする者の間の独立した当事者が行う別々の取引である。この非文脈的契約モデルがこれまで関係的契約概念から真摯な挑戦を受けたことを示唆するものはほとんど存在していないのである。

七・四　イギリス契約法の改革

イギリス契約法の命令的諸準則で最近上級審裁判所による再検討と再述の対象となったものがある。違法性に関する法および契約における裁量的権限の法的コントロールは、裁判所が契約上の権利の効力についての政策および公の利益に関する困難な問題を扱わざるを得ないことを明らかにしている。関わることは回避できないが、これらの問題に対する裁判所の答えは論争を巻き起こしている。パテル対ミルザ事件（*Patel v. Mirza*）[82]において、最高裁判所のトルソン（Toulson）卿は違法性が柔軟な「様々な要因」のアプローチを支持する請求を阻止するのは何時かを決定する準則に基づいた方法を拒否した。パテル事件においては、法システムの統合性を維持することが違法性の結果を決定する際に関連する優先的方策であると確認された。トルソン卿は次のように述べている。

「違法性の非常に重要な根拠は、請求することが法システムの整合性に有害となる場合に請求を行うことは公の利益に反することになるということである。公の利益がそのように害されるかを判断する際には、(a)違反された禁止の基底的目的および請求の否定によりその目的が強化されたかを考えること、(b)請求の否定が基礎付けられるその他の関連する公序良俗はどれでも影響力を有するかもしれないことを考えること、および(c)同請求の否定は、刑罰が刑事裁判所の問題であることに留意して、違法性に相応な答えとなるかを考えることが必要である」[83]。

トルソン卿の政策に基礎を置いた違法性の効果の決定方法、とりわけ判断に到達する際に各特定のケースに関する様々な要因を比較検討するのは裁判所の責任であるとすることは、最高裁判所の他のメンバーの間で普遍的な支持を得ることはなかった。恐らく想像していた通りに、少数意見は違法性法理をいくつかの簡潔な教えに還元することには深刻な問題点があるにもかかわらず、違法性抗弁の効力に対する準則に基礎を置いた方法に賛成すると主張した。(84)裁判所の裁量権の拡大は、契約法における確実性には否定的結果を伴うのであり、少数意見判決では特別な恐怖であった。(85)違法性抗弁が広範囲に適用されることおよび違法性の引き金となり得る状況の程度に違いがあることを前提にすると、準則に基礎を置くアプローチは完全に誤っているように思われる。しかし、それは私法問題において裁判官に比較的自由ないかなる権限でも付与するのを形式主義者が嫌悪しているのと軌を一にしているのである。

パテル事件は契約における政策に基礎を置く推論が依然として重要でありかつ影響力があることを示しているとはいえ、裁判所の裁量的権限へのアプローチは、裁判所は当事者自治の制限を念頭に置いていることである。契約条項は契約の下でのあらゆる将来の判断に関して当事者の一方に対して裁量権を付与する場合があることを示しており、それは例えば許可と承認の付与、他方当事者の契約上の権限の決定、基準に達しているかもしくは履行規準が満たされたかの判断などである。(86)契約自由に関する堅牢な解釈を支持するアカデミック・コメンテーターは、当然のこととして契約により付与される裁量権の行使を審査するいかなる一般的な法的権限にも批判的である。(87)しかし審査権限は、裁判所が心に留めるのは当事者の一方による制約を伴わない裁量権の行使により当該取引は他方当事者にとっては完全に疑似的なものとなる可能性があることを明らかにするに過ぎない、との主張も可能であった。(88)裁量的権限についてのコントロールは、当該合意の当事者の一方に付与された自由が濫用されていないことを確実にするため、その行使を裁判所が監視しようとすることを明確に示している。このことにより当事者の一方が交渉を経ていない条項を用いて契約を一方的な文書に変えてしまうことを阻止することで双務性の価値は維持される。裁量的権限のコントロールが必要かつ重要であるとする証拠は存在している。(89)そのため裁量的権限のコントロールは契約が交換であるとする契約法の原理と軌を一にしている。コントロールはまた、裁判所が手続的公正さに関心をもっていることの現れでもある。

契約の裁量権を抑制する法的権限が裁判所の行き過ぎにつながるとの不安は誇張されていると思われる。裁判所が契約の裁量権行使を審査する権限は比較的大きくない。裁量的権限は通常は解釈および黙示条項のメカニズムを通じてコントロールされる。解釈上の問題に含まれるものは、契約条項により付与される権限はそもそも裁量権であるか、およびその裁量権はその条項に従いかつその範囲内の事柄との関係で行使されるのかである。絶対的な契約上の権利として解釈されるもの、例えば解除権は、一般的には信義則、相当性もしくは合理性を根拠にしたいかなるコントロールにも服することはない。[90] 審査の対象となる「裁量権」とされているものの多くは、この最初のハードルで脱落する可能性がある。絶対的な権利を裁量的権限から区別するに際して、裁量権には代わりのものの選択を伴うが、これに対してイエス－ノーの二者択一を含む絶対的な契約上の権利はそうではない。[91] この絶対的権利と裁量的権限との区別は微妙であり、抽象的な形で簡単に行うことはできない。[92] 正直なところ、当事者の一方が契約上の権利を行使しているかもしくは裁量的権限を行使しているかを決定することは同条項の解釈いかんによるかもしれないが（それには二者択一もしくは選ぶオプションの範囲が含まれるのであろうか）、事後の合理化の要素は含まれる可能性がある。すなわち裁判所は干渉する気がない場合には（解除権と同様に）契約上の権利を行使し、裁判所が干渉することに関心がある場合には契約上の裁量的権限を行使する判断である。[93]

しかしながら裁量権は審査可能であるとしても、その行使をコントロールする黙示条項は厳格ではない。その権限を行使するには誠実性、信義則および真正性の要件を満たすとともに頑固なよこしまさおよび非合理性が存在していないことが必要である。[94] 譲渡抵当の合意においては、同譲渡抵当の下で支払うべき利率を変更する契約上の裁量権は、「裁量権は……不誠実に、不適切な目的で、気まぐれにもしくは恣意的に行使されてはならない」とする黙示条項の適用を受けると判示された。[95] 他の定式化が強調しているところでは、裁量権は「それが付与された目的に適うように誠実かつ信義則に従い[96]」行使される必要があるとする。契約者は裁量権を自らの私益に拘って行使することができるが、その行使の態様は正当化されなければならない。契約法がここで行っているのは合理的な期待が何かを明らかにすることもほとんどしていない。相手方当事者の意思決定プロセスが非合理的、気まぐれ、恣意的もしくは不誠実に行われたかもしれないとの主張に同調するような契約者を見かけるのは困難である。これらの判断基準は必ずしも裁量権に由来する結論を命じるものではない。例えば、パラゴン・ファイナンス公開有限責任会社対ナッシュ事件（*Paragon Finance plc v. Nash*）において、黙示条項は貸主が合理的に行為することを要求するが、まっとうに行動する、合理的貸主なら決してしないやり方では裁量権を行使しないという意味においてであり（いわゆるウェンズベリー事件の非合理性、後に契約上の文脈において「不条理」[97]と名付けられた）、それは契約者に合理的利率もしくは他の貸主と著しく離反しない利率を課す義務を負わせるものではなく、利率を上げる際に正当な理由（この事件では貸主側の経済的にひっ迫した状況）により行う義務を課すだけである[98]。このようにコントロールが企図しているのは、一方で意思決定者が好むものは何でも行う無制限の権限の極と他方では意思決定者が裁量権に由来する客観的に合理的結果を証明する要件との間の道を描くことである。裁量権に加えられる制限は実体的というよりは手続上のものであり、一定程度の手段・結果の合理性を必要とする。このようにナッシュ事件において貸主は、極めて高い利率を課すについて理由があること、すなわち合法的な営業利益を増やすことを証明できる場合には、そうすることができたかもしれない。こうした理由がない場合には、裁量権の行使は黙示条項に違反する可能性が高い[99]。さらに、意思決定者は誠実に行為すること、すなわち裁量権の行使が合法的利益を確保するのに必要であるとの正直な信念がなければならない[100]。裁量的権限に関する一連の先例は、裁判所は契約自由の行使について原則に基づいた制限を加えられることを明らかにしているが、本当のところは、契約者の「合法的利益」に言及しているのは、別の文脈で見たように評価の個人主義的性質を強調しているのである。

裁量的権限に対するコントロールの実施自体は文脈により大きく異なる場合がある。例えば商事の文脈においては、契約上の裁量権の行使により追求される合法的利益（合法的利益が生み出されると仮定して）と他方当事者の利益とのバランスをとる必要はない。[101]関係的契約の文脈においては、裁量的権限の行使において期待される基準は高いかもしれない。このことは審査するあらゆる司法権能に内在する不確実性を明らかにしていると主張できるが、これが明らかにするのは恐らく裁判所が契約および契約者の種類を正しく区別していることを示しているに過ぎないと主張するかもしれない。このことは多岐にわたる契約状況に見境なく同一の商事契約基準を適用する傾向からの望ましい離脱である。ブラガンザ対BPシッピング有限責任会社事件（*Braganza v. BP Shipping Ltd*）は、使用者が、「彼らの意見として」被用者は自殺したので、その末亡人は勤務中の死亡給付金の対象外である、との判断を行ったことに関するものである。最高裁判所は同判決の再審査に際して、「判決は合理的に（善意にだけでなく）かつその契約目的と矛盾することなく下される」[102]ことが要件であると述べている。公法を引き合いに出して、最高裁判所はこれに含まれるのは、第一にプロセスの合理性（判決を下すにあたり権利問題は考慮に入れられたか）および第二に、結論の合理性（しかも意思決定者が到達した結論は、合理的意思決定者であれば下すことがないくらい非合理的なものであったか）であると述べている。この定式化が示唆するところは、裁判所は関連する問題が考慮されていないと感じた場合（プロセス）、およびそのことに照らして、その結論が明確に非合理的である場合（実体）には、裁判所はもっとたやすく同判断に干渉する可能性がある。レディ・ヘイル（Lady Hale）は、ブラガンザ事件における判決の雇用の文脈が意味するところは商事の場面では必ずしも同一の方法で適用されないであろうとほのめかしている。[103]ビジネスの文脈ではプロセスの合理性（その判断は合法的利益を追求する場合に正当化される）および誠実性がより強調され、それに比べると実体的および客観的合理性、もしくは意思決定者がその判断により他方当事者に及ぼす可能性のある効果に十分な注意を払っていたかということはそれ程ではないのである。

裁量的権限に対するコントロールは契約自由に対する干渉ではなく、契約自由がどこまで拡大するかを決定する法的権限の適切な行使である。両当事者は意思決定者が裁量権を行使する場合に、契約条項の中で、到達しなければならない基準を規定すること、もしくはその権限に制限を設けることを妨げられることはない。その場合には裁量権は無制限ではなく、したがってそれがどのように行使されるかに関する黙示条項は何ら存在しないであろう。[104] 消費者契約においては、裁量的権限もしくは契約を変更する一方的権利は不公平［契約］条項立法におけるコントロールに服することになろう。[105] 結局のところ、問題はいくつかの異なった契約上の権限に関連して現れる同一の争点を提起する解釈上の問題、すなわち裁量権の行使は意思決定者の合法的利益に資するのかである。裁量権が行使される方法は、契約上の関係における双務的価値に留意して、合法的利益を促進しもしくは保護することと釣り合いがとれているであろうか。こうしたコントロールは私たちが契約法をもっていることを確実にする上で正当化されるのである。

七・五　訴訟に対する制約

本書の主な主張の一つは、契約法はあまりにも長い期間商事契約者の利益と関心を反映してきたということである。その結果契約法の一般原則は契約において重要な規制力としての重要性を減退させている。明らかな問題の一つは非商事契約の紛争を法廷に持ち込むことが困難なことである。訴訟のための資金提供が減少している状況は改善しそうになく、また訴えを裁判所に提起することは多くの個人には手が届かない。加えて、「通常の」紛争に関する訴訟は推奨されないことを示す明確な兆候がある。特定のグループが広範かつ法的に問題となる契約慣行の影響を受けるとすると、その場合には規制措置は適切かもしれない。しかしすでに見たように、規制措置はしばしば法的手続とは独立して進められるのであり、その結果として規制的強行は必ずしもコモンローの発展に影響を及ぼすことはないのである。個人レベルでは資金不足、関係のあるリスクのレベルおよび報酬が少ない可能性を理由として行動を起こすことをためらう以上、集団訴訟は一つの答えとなる可能性がある。最近の判例法は非商事行為者に影響を及ぼす契約法上の争点を法廷に持ち込む場合のグループ訴訟命令（Group Litigation Orders）の意義を示している。かくしてベイツ対郵便局事件における関係的契約に関する重要な判例はグループ訴訟命令のもとで開始された手続きの結果であった。[106]民事訴訟手続規則の下でグループ訴訟を行うことができるが、しかしそれぞれの原告が同意する必要がある。同じように不十分な市場慣行に挑戦する可能性は、集団訴訟命令（ＣＰＯｓ）のもとで生まれている。グループ訴訟命令とは異なり、ＣＰＯｓでは、主張が事実もしくは法に関する同一のもしくは類似の争点を提起している場合には、原告代表は潜在的に広大でかつ不確定なクラスの原告に代わって反競争的行為に対する法的措置をとることができるとしている。

こうした命令の有効性は最近、マスターカード社対メリック事件（*Mastercard Incorporated v. Merrick*）における最高裁判決により後押しされることになった。[107]同事件は、一九九二年から二〇〇八年まで十六年以上にわたり非合法の高額な売上交換手数料を請求していたことで競争規則に違反しているとしてマスターカードに対する請求を拒否したことに関連して、競争審判所（Competition Appeal Tribunal〔ＣＡＴ〕）が集団訴訟命令の確認を拒否したことに関するものである。その違反は約四千六百万人の英国成人に影響すると考えられた。判決において最高裁判所は、代表原告の認定に伴う障壁のいくつか（主に損失を証明することの困難性を中心にする）を除去し、集団訴訟命令に関する同判決を競争審判所へ差し戻すことを命じた。ＣＰＯｓは一九九八年競争法の効力に限定されるとはいえ（二〇一五年消費者権利法は同法改正において同手続を定めた）、そうした手続きは反競争的慣行を取り扱おうとする試みである。これらの慣行は往々にして確立しており、契約条項の利用を通じて遂行される。競争法違反を理由としたこれらの集団訴訟のクラスにおける各原告に対する損害賠償による返還は名目的である可能性があるが、そうした訴訟における公益、およびそのことがもたらす法発展の可能性は潜在的ではあるが極めて重要である。少なくともそれは、市場における巨大企業による捕食的かつ搾取的慣行に寄与する商事契約文化と行動に挑戦する一つの重要な経路を提供するのである。

弱い立場の契約当事者が救済を求める道および救済方法は提供されているとはいえ、これらの発展が一般契約法に及ぼす影響は限定的である可能性が高い。関係的契約法に関連してすでに見たように、下級審裁判所に限定される法発展は、恐らくかなり長い間流動的なままとなるか、もしくはそもそも契約法に組み込まれることにはならないかもしれない。控訴手続は、法原則に関する重要な争点もしくは公的に重要であって勝訴する見込みが十分ある争点を伴うものとして審理されるべき重要な争点が存在するかを導き出すことを目的としている。一九九六年仲裁法六九条三項c号およびd号の規定では、仲裁裁定に対する控訴許可が与えられることになるのは、「問題が一般大衆に重要なものであり、同審判所の当該判断に少なくとも重大な疑いの余地があり、しかも当事者が仲裁により問題を解決することを合意したにもかかわらず、あらゆる状況において裁判所が同問題に判断を下すのが正当かつ適切である」場合だけであるとする。民事訴訟手続規則の下では、控訴院への控訴の許可が認められるのは、同裁判所が「同控訴には真の意味での勝訴の見込みがあり、しかも原則もしくは実務に関する重要な問題点を提起しているかもしくは控訴院がそれを審理するその他の何らかの切実な理由が存在する」(108)と考えた場合に限られる。控訴許可の拒否もしくは認容に際して裁判官は以下のことの諾否を示すことを要求される。すなわち、「競合する先例が存在するか、重要な実務および手続きに関する問題点があるか、一般原則に関する問題点でありかつ実体法の発展において重要なものであるか、同様の問題点に基づく数多くの控訴は、控訴院の考察を必要とするテーマもしくは傾向が展開していることを示唆しているか」(109)である。最高裁判所への上訴は、「一般公衆に重要な議論のある法的問題点」(110)を理由として許可されることになる。このことが示唆するかもしれないのはつまるところ、契約事件が多様性を欠如している理由は、契約(とりわけ非商事契約)から生じる争点の多くは事実審理もしくは上訴の価値があると考えられていないからである。社会の契約化のプロジェクトは根付きかつ確立されているので、もはやそれは一般契約原則に関するいかなる争点も提起すること、もしくは原則に立ち返ることを要求することはないのであり、すなわちそれが基礎にしている諸原則はいかなる意味のある修正の余地もない。[111]

同じように、契約紛争解決の手段として司法判断を正当化することはさらに困難になっていることは明らかである。今までのところでは、裁判所の裁判権は契約条項により完全には排除できない。そうしたいかなる試みも公序良俗に反するとして無効であろう。[112] しかし代替的紛争解決手段は裁判所内部においてますます奨励されている。どのような場合に事件は調停に付されるべきかについての方針は存在していても、民事訴訟手続規則においては事実審理に向かわせるべき事件に関連する特徴を特定する同じような規定は何ら存在していない。現在のところ、事件の法的重要性は調停を行うことを拒否するしかるべき理由とは見なされていないように思われる。権威的決定にはコモンロー準則の大部分に役立つか、もしくは長年論争となっている争点に明確性を付与する可能性があるのは、事実審理に与する主張を明確に特徴づける関連した規準の一つかもしれない。このことは、いかなる理由であろうともそうした調停に不向きであると見なされるそうした事件を確認するだけの問題ではない。むしろ訴えの金銭的価値を超えた諸要因に従った手順配分（track allocation）を含むと思われるのであり、その中にはコモンロー原則の継続的な更新を支える十分な論拠が暗示されているのである。しかしながら、訴訟に否定的な意見の潮目が有力になっているとすると、変化の可能性は低い。事実審理に賛成する公益の議論は、「理想的」もしくは「信念に基づく異議」であるとしばしば揶揄されているが、それは実質的には解決の速さ、コストおよび紛争処理に関わる実務上の諸要因の方を重視しているのである。[113] 担当事件数に苦労している裁判所は、事件が和解に向けられていることで法の支配にほとんど危険はないことの証拠としても用いられている。[114] 社会組織の最も基本的かつ重要なツールの一つ、すなわち契約を巡る一般法原則を維持するために、裁判所は十分に多様な事件に触れているかについての考察は乏しいのである。

七・六　おわりに

契約におけるコモンローの持続的発展に対する実際の制約は相当なものである。このことは裁判官が重要な諸原則を再生させるかもしくは再表明させる機会を得た場合は、コモンローにおいて進歩の領域が存在することを否定するものではない。契約への違法性の効果に関する法は最近の一例である。しかし、違法性は一般契約法に影響を及ぼすより広い政策的課題に裁判所が直接関与する、比較的例外的な一例を示している。その結果、すなわち違法性の働きに柔軟な「様々な要因」アプローチは一般の支持を得ていない。関係的契約は、すべての契約が古典的契約法の枠組みに収まるわけではないとの認識に答えて、原則に基づく線に沿ってコモンローを変化させることを試みているコモンロー上の革新の別の領域である。しかし現在のところ、関係的契約の発展は黙示条項に関する既存の諸準則の中に吸収される危機にさらされている。契約に関する代替的分析方法を発展させることで古典的契約法のパラダイムの把握力を弱めるという関係的契約により示されたチャンスをふいにしてしまう危機に瀕している。本章で検討した判例を通じて、裁判所はコモンロー契約法における独自性は依然として存在可能であることを示している。しかしこうした発展は、容易に改革を認めないフォーマルな法の範囲内に位置付けられ、しかも法システムが変化の重大な阻害要因を示している場合には、脆弱であって失敗しやすいのである。ここで考察した実験的に試みられた進歩は、契約法に商事契約者に不利となる不確実性を導入するとして批判の対象となっている。このことを勘案すると、複雑な商事契約が契約法に及ぼしている影響はすぐには解消されないであろうと予想することができる。フォーマルな古典的契約法のモデルを強固にする改革は現在の裁判所による意思決定に容易に受け入れられる可能性がある。しかし契約法が契約活動領域全般に何らかの有意義な一般的審査権限を保有し続けようとするならば、古典的契約法へ挑戦する新たな技術は必要である。

第八章　結論

裁判所により形成された契約法の諸準則は多くの契約活動を支え、促進させる目に見えない仕組みを提供する。しかし多くの契約を監視する契約法の役割は消失点に近づいている。現行約法は文書化された契約における明示条項を強行することで概ね満足しており、その結果として契約関係における正義および公平さに深刻な結果をもたらしている。契約を経由した私的秩序化の役割は契約の範囲を拡大したが、契約法に圧痕を残すことはほとんどなかった。契約が成立し、観念的に拘束力ある債務が発生する方法は、一層潜行的になっている。消費者はほとんどコントロールできない遠隔での自動的プロセスにより（インターネットを通じて）、しかもその法的妥当性がしばしばテストされていない標準約款に基づき契約を締結するのである。契約法の意義が先細りしているのは商事領域においても明白である。商取引は複雑かつ多角的な契約メカニズムを通じて行われるが、こうした契約の強行は、国内の契約法ではなく、社会のシステムおよび規範（信頼、名声ネットワーク、インフォーマルなコードおよび内部手続）に依存しているのである。同じように、国際取引を支配するのは、法的機関ではなくて専門業界団体が定めた、モデルルール、標準書式契約およびオーダーメイド規則である。情報およびコミュニケーション技術の発展、例えば「スマート契約」の出現は、一定の取引を促進する際の国家機関の役割を潜在的に取り除いてしまい、契約法の重要性をさらに減少させ、最小限の法的精査を受ける契約強行の私的形態を生むことになるのである。

こうしたプレッシャーに対するイギリスのコモンローの回答は、「契約自由」により正当化される、フォーマルで、内向きで、ミニマリスティックなモデルにまで後退することである。このモデルは商事契約者の利益および関心に合うように作られている。契約における商事的転換は、国内の契約法は商事法および法的サービスの国際的な市場において他の法域に対して競争力を保持すること（コスト重視）が必要であるとの裁判所の考え方を反映している。商事契約者だけが単独使用する魅力的商品として契約法を提示することに裁判所が焦点を当てることは、社会における契約法の一般性、範囲および規制の有効性をさらに減少させ、しかも、例えば合理的期待の保護の擁護および契約書式の働きを通じた弱者の虐待および搾取の禁止という規範的諸価値を反映するその能力を侵食するのである。契約法の一般原則がこのように疲弊した効果の一つとして、これらの契約には問題のある条項が含まれているにもかかわらず（学資ローン契約、情報不開示合意）、多くの契約活動は法的コントロールの範囲を超えて行われているのである。社会における契約の役割に関する多くの重要な争点についての決定的な判決が下される見込みは何ら存在していない。訴訟の気まぐれなことおよび圧倒的に商事契約者にアピールするように作られた諸々のコモンロー上の法準則はその可能性を排除するのである。契約に過度に依存している社会において、制度としての契約法が実質的に衰弱していることに裁判所は真剣に対処していない。

私たちの契約に関する法的精査が問題となる。契約法、とりわけコモンローは、契約を用いることにより私たちの行動の自由を守りかつ高めることを可能にするだけでなく、それを縮小することもできるのであって、時には決して透明ではない方法のこともある。このことが特に顕著なのは、一般契約法がその正当化の根拠として大きく依存している当事者自治は、真の合意の代用品、例えば標準条項および条件を合意に組み入れるコンピュータの画面におけるボックスをクリックすることを通じて成立するとされている場合である。これらのシナリオが債権債務関係を発生させるとして承認されるのは、一般契約法の教えおよびその根幹をなす契約自由の原理を主たる理由としている。しかしこのような文脈において契約を用いることにより発生するより深い政策的問題へ契約法が関与することはごくわずかである。二〇世紀後半における消費者契約の成長、過去四十年以上にわたる自由市場経済イデオロギーの復活、あまりパターナリスティックではないが同時により規制的な国家、企業の経済的組織および生産手段における諸変化、市民が商品やサービスを入手する方法に影響を及ぼす技術革新は、自由社会における契約、特に約款に基づく契約の拡大の重要な社会的原動力なのである。しかしながら契約法はまた、契約が社会において現在占めている支配的立場にまで高める役割を果たしているのである。現代の契約が依拠している契約の一般原則の大半は、多かれ少なかれコモンローに由来している。すなわち裁判所において契約紛争を解決する過程で裁判官が生み出した法原則の権威的陳述、および先例拘束性法理に従ったこうした原則に関する他の裁判官による解釈および再解釈である。

現行の諸々の契約原則は古典的契約法、すなわち一九世紀の間に裁判所が発展させた契約準則である。これらの準則は契約に関する私たちの理解の重要な要素のいくつかのもの、すなわち、契約は何に似ているか、どのようにして私たちはそれに拘束されることになるか、契約はいかなる権利や合法的な脱出方法を与えているか、を形成するにあたり重要であったのは明白である。古典的契約法は「契約する」ことの意味に関する過度にフォーマルなモデルに関与している。この形式性はいろいろな意味で一つの特性である。それは商業において賞賛される諸準則の確実性および予見可能性を優先する。しかし契約法が契約自由、当事者自治および客観性に焦点を当てていることはこっそりとかつ惰性によった約束を促すことにもなり、契約上の債務を負担するプロセスを搾取と虐待へと傾くようにさせるのである。日々私たちが対峙している契約の官僚的モデルの合法化において（官僚的とは「道理に基づいた詳細なプランニングにより支配されている人間社会に関するガバナンスの特定の一方式」(1)である）、それ自体の合法性は疑わしいのであるが、一般的およびコモンロー上における諸々の契約準則は、現代の契約プロセスおよびその結果としての合意の多くの側面に対して直接監視を行うことはほとんどない。

裁判所は契約には好ましからざるかもしくは否定的な社会的効果を伴う可能性があることを認めている。しかし現在のところ、これに対する修正として行動することはコモンローのいかなる部分にも勘案されていない。裁判所の役割は、合意された条項を強行するだけの比較的中立的なものとして示されている。マクブライド（McBride）の観察したところでは、裁判所があまりにも闇雲に「当事者自治」という形式主義的な考えを実行することによって、契約法は「自らを食する」ことになるリスクが存在している。(2) 自律へ過剰に関与することは取引力不均衡の問題を一層悪化させ、契約文書に過剰な意義を与えるのである。契約法に情報を伝達する商事上のパラダイムは、契約の法的推論に悪い影響を及ぼし、その結果著しく不均衡な契約法が誕生することになり、交渉に基づく合意の文脈において発展した諸準則は無分別かつ不適切に適用されている。コモンローは一般原則の発展を犠牲にして確実性および当事者自治を成し遂げようとしているのである。

コモンローは柔軟なシステムであり、契約実務における転換に答えるよう十分整備されている。この特徴はその継続的更新と関連性の確保を必要とする。実際、古典的法の諸価値への明白な逆戻りは、裁判官たちが前世紀末にわたって受容した契約法のより文脈的なスタイルへ向かう動きを逆転させるように思われる。こうしたより反射的で期待主導型アプローチとは対照的に、現在のコモンローは少なくともイギリスにおいては、次第に契約問題に関する究極的な一般的権威としての役割から自らを排除している。契約に関するコモンロー上の諸準則は依然として基本的事項との関連性を主張しているが、細部においては徐々に重要ではなくなってきている。簡単に替えの利く契約法は商事契約者には向いているかもしれないが、それは契約関係の範囲全体に正義と公平さを確保する契約法の力に対して重大な結果をもたらすのである。

本研究の目的は、契約を通じた私的秩序化に過度に依存している社会において消滅途上にある契約法が意味するところを検討することであった。契約法の減退は制度としての契約法の実質的な弱体化において明白であり、とりわけコモンローにおいては契約法の内部的に（契約の法的推論における古典的規範の復活）および外部的に（契約法の機能の多くを私的プロセスに専用すること）双方にわたるのである。この減退は潜在的に相当な否定的結果をもたらしている。契約法の法的役割はぼんやりしているとしても、契約は結局のところ法準則により明確にされる。契約法は、自発的合意の形成、履行および強行において何が許されるか、また何が許されないかについての最終的な仲裁人であることに変わりはない。裁判所は、他の形式の規制が存在していないことで残されたギャップを埋めるに過ぎない場合であっても、契約を支配する法準則および基準を公に明らかにするにあたり重要な機能を果たしている。このことは、契約が具現化すべき諸価値を伝達することにも及ぶ。裁判所がすべての契約紛争に判決を下すこともしくはすべての契約に根差した問題について別個の法的立場を発展させることは不可能であるので、これらの諸価値の関連性は契約の詳細な準則について直接の聞き手を超えて広がっているのである。法的推論における特定の聴衆の利益に過度の敬意を払い、他のものを排除してしまっているので、裁判所はこれらの価値を損なう形で歪めている可能性がある。結局のところ裁判所は、社会の契約文化に対して重大責任を負っているのである。契約規制の私有化の欠点もすでに明らかである。契約活動全体をほぼ国家法システムの範囲外もしくは有効な法的コントロールを超えたところで行おうとする試みは、正義へのアクセス、合法性および意思決定における説明責任、ならびに法の支配に関する問題を提起している。(3) 契約および契約法の役割を人工知能が引き受ける加速度的な速さを前提にすると、こうした問題は一層深刻なものとなり、新しい種類の契約を基礎とする隷属を生み出す恐れがある。(4) 契約は私法のパラダイム概念であり、しかも私的取り決めを保護する領域であるかもしれないが、コモンローの管理者として裁判官には、公益に資するようにそれを維持する責任がある。しかしいまだかつてコモンローが「納骨堂」(5)に矮小化されてしまう可能性がこれほど高いと思われたことはないのである。

こうした論点に対して即答できるならば、契約法の代替物の利用が意味することは、コモンローは適応する必要がないということである。もしくは、コモンロー諸準則の影を薄くすることは問題ではなく、伝統的法が同一の役割を担うか、またはかつて行っていたのと同一の機能を果たすことを私たちは要求しないだけである。複雑な現代の行政国家は、公共財、民主的権能および法を、一貫した原則の体系に内在する規範的諸価値に訴える必要がないが、その代わりに規制もしくは機能的効果に関する基準に依拠しなくてはならない形で供給するのである。[6] この発展は一貫性の理想に基礎を置いた統一されたシステムの可能性に対して徹底的に戦う。当然のことながら、コモンローの諸準則は取引の一部、すなわち機能不全に陥っている関係において敵対的紛争に巻き込まれている当事者の個別的合意を除き、すべてものにとってあまり重要ではなくなっている。他の契約形態は強行および紛争解決に関する別の方法により異なった考慮を適用させることができる。

契約法とは別に、契約を支える規範的フレームワークが存在していことは事実である。しかしこのようにシステムが重複している帰結の一つは、何ら明白な価値を追求しない契約規制のますます細分化されかつ断片的な風景が増していることである。伝統的な契約法は、大部分の契約および契約環境を考慮することを除外することのみで、契約自由および当事者自治に関する諸原則への関与を維持しようとしている。アティア（Atiyah）の観察によれば、実質的に契約自由を妨げるような立法的介入は、「契約諸原則自体に影響を与え」ないものと見なされており、「その点で自由選択は理論上契約法の究極的な基礎のままである」[7]とする。ブラウンズワード（Brownsword）は、スイスアトランティック事件（*Suisse Atlantique*）判決を検討する中で、上級審裁判所がコモンロー契約法は異なる種類の契約を区別する必要はないとの信念を常に堅持していたと述べている。同一の準則のセットは、契約文脈に適用上の差異があるにもかかわらず、適用可能であった。[8] ウイルバフォース（Wilberforce）卿は同判決において、このことおよびその含意を明確に述べている。すなわち「契約上の意思が使用されている単語から文法的にだけではなく、商事目的（もしくは契約の種類により他の目的）との関係においてそれらの単語の検討から確定されるべきであることは十分な柔軟性を備えているものの、附合契約においては契約意思を確認するかまたはそれがあると見なす場合に特殊な問題が生じるのであり、それには特別な解決策を必要とする可能性があり、そうした困難なことが一般契約法に持ち込まれる必要も、一般契約法を変形させることが認められる必要もない」[9]。一つの準則もしくは原則の働きに過大なカテゴリーもしくは例外を設けることは、裁判官ではなく国会の仕事として最もふさわしい余分な政策上の争点を生み出す可能性がある[10]。そのため、コモンロー契約法は自らを規制国家もしくは行政国家における自由および自治に関する諸価値の最後の隠れ家として見なしている。コモンローが基づいている基礎は現代の大部分の契約状況にはますます不安定で不適当なものになっている。そのモデルが契約実務における諸変化を同化して反映することができないことは、契約法において最大の弱点であり、それが示唆することのある面については本研究の過程において探究がなされた。

契約法は必ずしも常に単一のビジョンもしくは価値に関わっていない。代替的な契約モデルもしくは説明は長年にわたって出現しており、別の法領域から契約領域へ侵食することにより促進されている。私たちはこれまで、とりわけ古典的な法の知られている欠点を改善するために不法行為に頼ることを説明するために開発された信頼原則、EUのハーモナイゼーションの影響、グローバル化およびトランスナショナリズム、消費者保護を説明するための合理的期待および福祉国家主義に関する諸原則のアーティキュレーション、ならびに取引関係に関する実証的研究の調査結果を説明するための関係的契約を見てきた。しかしこれらのものはどれをとっても、いくつかの基本的なコモンローの理解について、それへの恒久的な侵入に耐えることも、その中に食い込むこともなかった。その代わりに、古典的契約法の諸側面が強力に再び主張され、このような代替的説明もしくはモデルへの戯れは、契約法の基本からの逸脱した出発として言い逃れをしたのである。こうした純粋であることの価値はかなり陳腐化している。契約法は自由、自治および同意という考えを巡る一貫性のようなものに執着しているかもしれないが、しかしその手法は過去数十年にわたる契約実務および規制における主要な変化の社会的影響から距離を置き、法理上の発展を放棄して明示条項を支持するために契約解釈および約束の範囲を拡大しているに過ぎないのである。おそらく契約の核をなすものとされる概念、すなわち任意性および同意はそれぞれの意義と重要性がほとんど空になっているのである。

私たちはこの事態にすっかり満足しているかもしれない。何といっても、契約紛争を扱う私的なフォーラムは沢山存在している。しかし私的な紛争解決は必ずしも常に法に取って代わるほど十分なものではない。私的プロセスは社会における契約の働きを支配する公の法準則の総体に寄与しない。規則は他の契約文脈にわたり類推により適用可能な一般的な諸準則を生み出すことはない。コモンロー上の諸準則が契約により生み出されるあらゆる課題への対応を展開することを期待するのは非現実的であると同時に不当であるが、コモンローが現代の契約を取り巻くいくつかの喫緊の問題にかみ合うことができないことは、法的停滞のリスクを生むのであり、究極的には契約法は無関係とされるのである。

商事契約者は独自の諸準則を創り出すことができ、しかもそれらが支持されることを期待できるとすると、契約法はその役割を商事契約者にデフォルトを提供することに制限すべきか、もしくはそれは諸原則が社会における契約問題全体にわたるより広い規制的役割を含むように発展させるべきかを問うことは正当である。契約法は、その基本的諸原則を削ぎ落としている代替的な契約ガバナンスの形態の数が増している中で、自治を主たる価値とする島としての立場を維持できるのは明らかである。しばらくの間は条項に関する紛争を発生させてビジネスにおける法を守るのに事欠かないだけの商事契約者も存在することになろう。しかしそのような法は契約規範の濫用および搾取をコントロールすることはほとんどなく、社会における契約の役割に関して発言することもないであろう。

訳者あとがき

本書は、Catherine Mitchell, *Vanishing Contract Law: Common Law in the Age of Contracts*（Cambridge University Press, 2022）の全訳である。

訳者が本書の翻訳を思い立った発端は、拙著『英米法・芸術法の研究——芸術と法 第2巻』（尚学社、二〇二三年）の校正作業がほぼ完了した二〇二二年晩秋に出版された本書に接して、これまでイギリス契約法およびコモンローそのものに抱いていた疑問を直接テーマとし、著者の長年の研究に基づく明快な分析が展開されていることを知ったことである。イギリス契約法の危機的状況は直ちに日本法に直結するものではないとはいえ、現代契約法の抱える問題状況は驚く程に共通でありながら、これまで深刻な課題として十分に意識されることもなかった問題点を膨大な資料を基にして浮かび上がらせるインパクトのある内容であり、直接著者に翻訳許可を打診したところ幸いにも快諾を得ることができた。

著者であるバーミンガム大学ロースクールのキャサリン・ミッチェル教授は関係的契約論の立場から契約法を中心に研究を進めておられ、これまでに、*Interpretation of Contracts*（Routhledge-Cavendish, 2007）, *Interpretation of Contracts* 2nd ed.（Routhledge, 2019）、および *Contract Law and Contract Practice: Bridging the Gap between Legal Reasoning and Commercial Expectation*（Hart Publishing, 2013）をはじめとして、多数の論文を発表しており、その著作はイギリスの貴族院・最高裁判所だけでなく、シンガポール控訴裁判所、イングランドおよびスコットランドのローコミッションにおいて引用されている。

イギリス法は比較法的観点からは判例法主義を採用しており、ドイツ法、フランス法に代表される大陸法系の制定法主義に対峙し、法源論を軸に一方の旗頭としての地位にあるとされている。(i) 判例法形成の主戦場の一つは契約法であるが、契約解釈方法をめぐるイギリス最高裁判所の混迷を見るにつけても、判例法の供給源である上級審裁判所の裁判官の足元はかつてほどには確固たるものではないと感じていたが、筆者は、契約の仕組みが多様な展開を示すなかで、裁判所の定立する契約法は取引社会における契約の盛況という現実を前にして、契約を規律する力を喪失しているとの事実認識の下でイギリス契約法のあるべき将来像を模索している。

裁判所、特に上級審裁判所が有する法創造機能の衰退現象は、独りイギリス・コモンローのだけのものではなく、制定法主義を採用する国においても共通しているが、厳格な判例法主義を司法部門の中心に据えているイギリスにおいては、その深刻度はより大きいといえる。(ii) こうした現象は、AI、IT技術の急速な進展をはじめとする社会における様々な要因により急速に展開しており、これに抗することは至難の業であることは間違いないが、裁判所による契約法規範の弱体化により、取引社会における強者に都合の良い法が傍若無人な振る舞いをすることを制するシステムが機能しない結果をもたらすのを等閑視しているだけでは豊かな社会を期待すべくもない。

スチュアート・マコーレー教授の分析手法に依れば（前掲書補遺参照）、社会において現実に機能している契約に関する法と制度としての契約法の乖離現象は、現実の法がデジタル技術との結びつきを深めていく中で、ますます多元的、多層的なものとなっていくことが予想される。(iii) 筆者の示した分析、提言を前提にして、わが国においても自らの問題として真摯な取り組みが必要とされるのではないだろうか。(iv)

二〇二四年一月一二日　福地郷の寓居にて

山口裕博

（ⅰ）イギリス法の判例法主義を支える先例拘束性理論については、新井正男著『判例の権威――イギリス判例法理論の研究』（中央大学出版部、一九八七年）参照。

（ⅱ）近年における民事裁判の相対的地位の低下はイギリスだけではなく世界的な傾向であることは、その対策を検討するヘイゼル・ゲン（Hazel Genn）著『民事裁判の展望（*Judging Civil Justice*）』（Cambridge University Press, 2009）においても指摘されているが、アメリカの法学者マック・ガランター（Mac Galanter）が唱えるトライアルの衰退現象はイギリスにおいては現れていないとする法社会学的研究が公表されている（Linda Mulcahy and Wendy Teeder 'Are Litigants, Trails and Precedents Vanishing After All ?'（2022）85(2) *Modern Law Review* 326-67）。同論文は法領域全般にわたる司法統計に加えて二次的資料の分析に基づいているが、結論として最終審の上訴裁判所が判決を下す紛争類型の中心は個人間の経済的紛争から国家対個人のそれに移行しているとしており、その主張は本書の研究対象である契約領域に関する分析内容と予盾するものではない。

（ⅲ）本書カバーの装画「Peinture」（二〇二二年）は井川惺亮長崎大学名誉教授のご厚意によるのであり、訳者の関心事であるアートと法の相互関係の一端が「聞く」ために不可欠な内耳の蝸牛構造をモチーフとする同作品に的確に示されていると思われる。マクロ的視点から危機的状況にあるイギリス契約法の動向を考察することにより、両者の関係を解明する一つの重要な素材が提供されるであろう。

（ⅳ）現代日本社会における契約法の抱える課題に関する先端的研究については、「特集『契約の死』を超えて――契約は今度こそ死ぬのか？　また、民法自体も死ぬのか？」（法律時報九六巻八号〔二〇二四年〕）参照。

(112) *Lee* v. *The Showmen's Guild of Great Britain* [1952] 2 QB 329; *R* (*on the application of UNISON*) v. *The Lord Chancellor* [2020] AC 869. 雇用審判所へ訴えを提起するための手数料は「法の支配に内在する……裁判所へのアクセスという憲法上の権利」に反するので違法である。per Lord Reed [66].

(113) Civil Justice Council, *Compulsory ADR* (June 2021), at para 81; Civil Mediation Council, *Response to the Civil Justice Council's Report "Compulsory ADR"* (13 July 2021) は，反強制代替的紛争解決手段の議論は，「正義の機能および今日の裁判所システムに関する，現実的というよりは，より理想的な見解に基礎がある」とする (para 10)。

(114) Civil Justice Council, *Compulsory ADR*, at para 84.

第八章

(1) Ian R. Macneil, 'Bureaucracy and Contracts of Adhesion' (1984) 22 *Osgoode Hall Law Journal* 5, 8.

(2) Nicholas J. McBride, *Key Ideas in Contract Law* (Hart Publishing, 2017), p. 18.

(3) Margaret Jane Radin, *Boilerplate: The Fine Print, Vanishing Rights and the Rule of Law* (Princeton University Press, 2013).

(4) Lord Sales, 'Algorithms, Artificial Intelligence and the Law' The Sir Henry Brooke Lecture for BAILII (12 November 2019), p. 9.

(5) Lord Toulson, *Kennedy* v. *The Charity Commission* [2014] 2 WLR 808 at [133]; Lord Thomas, 'Developing Commercial Law through the Courts: Rebalancing the Relationship between the Courts and Arbitration', BAILII Lecture (9 March 2016), at para 22が引用。

(6) Edward L. Rubin, 'From Coherence to Effectiveness: A Legal Methodology for the Modern World' in Rob van Gestel, Hans-W. Micklitz, and Edward L. Rubin (eds.) *Rethinking Legal Scholarship: A Transatlantic Dialogue* (Cambridge University Press, 2017), pp. 310, 350.

(7) Patrick S. Atiyah, *An Introduction to the Law of Contract*, 5th ed. (Oxford University Press, 1999), p. 23.

(8) Roger Brownsword, 'Suisse Atlantique Société d'Armement Maritime SA v. NV Rotterdamsche Kolen Centrale' in Charles Mitchell and Paul Mitchell (eds.) *Landmark Cases in the Law of Contract* (Hart Publishing, 2008), pp. 299, 314.

(9) *Suisse Atlantique Société d'Armement Maritime SA* v. *NV Rotterdamsche Kolen Centrale* [1967] 1 AC 361, per Lord Wilberforce, 434.

(10) Brownsword, 'Suisse Atlantique', p. 313.

(91) *Monde Petroleum SA* v. *Westernzagros Ltd,* 上記注 (55), [266] は, *Mid Essex Hospital Services NHS Trust* v. *Compass Group UK and Ireland* at [83] を引用している。

(92) Bridge, 'The Exercise of Contractual Discretion', 237-38.

(93) Bridge, 'The Exercise of Contractual Discretion', 237.

(94) *Socimer International Bank Ltd* v. *Standard Bank London Ltd* [2008] EWCA Civ 116; [2008] 1 Lloyd's Rep 558, per Lord Justice Rix at [66] and [106].

(95) *Paragon Finance plc* v. *Nash* (*and others*) [2002] 1 WLR 685 [32]. *Abu Dhabi National Tanker Co* v. *Product Star Shipping Ltd* (*The Product Star*) (*No 2*) [1993] 1 Lloyd's Rep 397においては, 傍論を拠り所にしていた。「AとBとがお互いに裁量権をAに与えることを契約した場合, そのことでBはAのしたい放題の気まぐれに従わされることはない」(per Lord Justice Leggatt at 404)。

(96) *Ludgate Insurance Co. Ltd* v. *Citibank NA* [1998] Lloyd's Rep IR 221 per Lord Justice Brooke at [35].

(97) *Socimer International Bank Ltd* v. *Standard Bank London,* 上記注 (94), [66].

(98) *Paragon Finance* v. *Nash* [41].

(99) *BHL* v. *Leumi ABL Limited* [2017] EWHC 1871.

(100) Hooley, 'Controlling Contractual Discretion', 72参照。

(101) *Property Alliance Group Ltd* v. *Royal Bank of Scotland* [2018] EWCA Civ 355 [169].

(102) *Braganza* v. *BP Shipping Ltd,* 上記注 (26), [30].

(103) *Braganza* [32]; per Lord Hodge at [54], [55]. ただし, 異なるアプローチについては *BHL* v. *Leumi ABL Limited* 参照。

(104) *Federal Mogul Asbestos Personal Injury Trust* v. *Federal Mogul Ltd and others* [2014] EWHC 2002 [120].

(105) Section 62(4) Consumer Rights Act 2015.

(106) CPR Part 19 III.

(107) *Mastercard Incorporated* v. *Merricks* [2021] 3 All ER 285.

(108) Part 52 CPR.

(109) HM Courts and Tribunals Service, Form N460: *Reasons for Allowing or Refusing Permission to Appeal.*

(110) Supreme Court Practice Direction 3.3.3.

(111) Francis Reynolds, 'Commercial Law' in Louis Blom-Cooper, Brice Dickson and Gavin Drewry (eds.), *The Judicial House of Lords 1876-2009* (Oxford University Press, 2009), pp. 700, 710は, 貴族院まで到達する商事事件における相対的減少について言及している。

(77) Macneil, 'Values in Contract: Internal and External', 347.

(78) *Uber Technologies Inc* v. *Heller*（*Supreme Court of Canada*）[2020] SCC 16.

(79) *Uber Technologies Inc* v. *Heller* [82].

(80) *Australian Competition and Consumer Commission* v. *Quantum Housing Group Pty Ltd* [2021] FCAFC 40, [91]. オーストラリア消費者法（Australian Consumer Law）21条は制定法上の非良心性を扱っている。

(81) 例えば *Wastech*, 上記注（71）参照。「契約法の一般的法理として信義則に従った裁量権行使義務を認めることは適切である。誠実履行義務と同様に，それは契約の黙示条項に源があることを見つける必要はないが，当事者の意思とは関係なくすべての契約において機能している」[91]。

(82) [2017] AC 467.

(83) *Patel* v. *Mirza* [120].

(84) パテル対ミルザ事件におけるトルソン卿のアプローチに関して，サンプション(Sumption)卿，マンス(Mance)卿およびクラーク(Clarke)卿の批判を参照。「様々な要因」方法を支持している，Andrew Burrows, 'Illegality after *Patel v Mirza*'（2017）70 *Current Legal Problems* 55も参照。

(85) *Patel* v. *Mirza*, per Lord Sumption at [226], [239], [261].

(86) 全般的には，Richard Hooley, 'Controlling Contractual Discretion'（2013）72 *Cambridge Law Journal* 65, 68ff; Michael Bridge, 'The Exercise of Contractual Discretion'（2019）135 *Law Quarterly Review* 227, 235ff 参照。

(87) 例えば，Jonathan Morgan, 'Resisting Judicial Review of Discretionary Contractual Powers' [2015] *Lloyd's Maritime and Commercial Law Quarterly* 483 参照。

(88) *Equitable Life Assurance Society* v. *Hyman* [2002] 1 AC 408, 459において，スタイン(Steyn)卿は，取締役は契約上の権利と衝突する態様では裁量権を行使することはないとするのが当事者の推定であることを明確にしている。

(89) Competition and Markets Authority, *Care Homes Market Study: Final Report*（30 November 2017）参照。競争・市場庁は，ケアホームに入所者の料金を増額する広い裁量権（para 11.30）および短期の通知で契約を終了させる広い裁量権（11.39）を与える条項が広く使われていることに言及している。条項によってはさらに，ホーム側に入居者が死亡した後でも継続して料金を請求すること認めている（11.45）。

(90) *Mid Essex Hospital Services NHS Trust* v. *Compass Group UK and Ireland Ltd*（*t/a Medirest*）[2013] EWCA Civ 200, [83] and [91] における議論参照。カナダの判例である *Callow* v. *Zollinger*, 上記注（53）において，カナダ最高裁判所は誠実に行為する契約上の義務は解除する契約上の権利に付随しており，しかも契約者が自らの解除権に従って行為しただけでは免責されないと判示した（[37]and [84]）。

(56) Charles J. Goetz and Robert E. Scott, 'Principles of Relational Contracts' (1981) 67 *Virginia Law Review* 1089 at 1091. *Dunkin' Brands Canada Ltd* v. *Bertico Inc* [2015] QCCA 624, [62] は，すべての条項を記載していない長期契約を関係的契約と記していることも参照。

(57) David Campbell, 'Good Faith and the Ubiquity of Relational Contract' (2014) 77 *Modern Law Review* 475, 479.

(58) *Bates* v. *Post Office Ltd* at [725].

(59) *Cathay* v. *Lufthansa,* 上記注（37），[218]; *Al Nehayan* v. *Kent,* 上記注（48），[167] and [174]; *UTB* v. *Sheffield Utd Ltd,* 上記注（10），[200] 参照。

(60) *Al Nehayan* v. *Kent* [187]. *Astor Management AG* v. *Atalaya Mining Plc & Ors* における第一審判決も参照。[2017] EWHC 425 at [98].

(61) *Yam Seng* v. *ITC,* 上記注（27）; *Al Nehayan* v. *Kent*; *Bristol Ground School Ltd* v. *Intelligent Data Capture Ltd* [2014] EWHC 2145; *Bates* v. *Post Office Ltd,* 上記注（31）.

(62) *Carewatch,* 上記注（36），[109]-[111]。

(63) Jonathan Morgan, 'Contracting for Self-Denial: On Enforcing "No Oral Modification" Clauses' (2017) 76 *Cambridge Law Journal* 589, 600–01.

(64) *Bhasin* v. *Hyrnew,* 上記注（3），[48] and [52]。

(65) *Bhasin* v. *Hyrnew* [63].

(66) *Bhasin* v. *Hyrnew* [66].

(67) Stephen Waddams, *Sanctity of Contracts in a Secular Age* (Cambridge University Press, 2019), p. 108.

(68) *Bhasin* v. *Hyrnew,* 上記注（3），at [74]. このことは *C M Callow Inc* v. *Zollinger,* 上記注（53）において確認された。すなわち，契約履行上の誠実義務は信義則の「組織化原則」の一部であり，契約法の法理であるとする。[3].

(69) *Dunkin' Brands Canada Ltd* v. *Bertico Inc,* 上記注（56）.

(70) *C M Callow Inc* v. *Zollinger,* 上記注（53）.

(71) *Wastech Services Ltd* v. *Greater Vancouver Sewerage and Drainage District* [2021] SCC 7.

(72) *Bhasin* v. *Hyrnew,* 上記注（3），at [64].

(73) Per Lord Justice Moore-Bick [2016] EWCA Civ 789 at [45].

(74) *Bhasin* v. *Hyrnew,* 上記注（3），per Cromwell J at [65], [70] and [86].

(75) *Bhasin* v. *Hyrnew,* 上記注（3），at [70].

(76) *Overlook* v. *Foxtel* [2002] NSWSC 17 [67]. *CPC Group Ltd* v. *Qatari Diar Real Estate Investment Company* [2010] EWHC 1535 (Ch) at [246] においてボス（Vos）裁判官は，明示信義則義務は両当事者に「契約の精神を遵守すること……および公正な取引に関する合理的な商業基準を守ること，ならびに合意された共通の目的に忠実であると，もしくは両当事者の正当な期待に一貫した行為を行うこと」を要求すると解釈した。

(40) *TAQA* [39] and [53].

(41) したがって *TAQA* 事件においてペリング裁判官は証拠に基づき，ジョイントベンチャーは「功利的な商事当事者」であり，その利益は「完全には整列させられることはない」とする。at [61].

(42) Ian R. Macneil, 'Relational Contract Theory: Challenges and Queries', 877, 895-96.

(43) 例えば，*Globe Motors Inc* v. *TRW Lucas Varity Electric Steering Ltd* [2014] EWHC 3718 (Comm), [75] 参照。

(44) *Mackay* v. *Dick* (1881) 6 App Cas 251 at 263; *Mona Oil Equipment & Supply Co Ltd* v. *Rhodesia Railways Ltd* (1949) 83 Lloyds Law Rep 178; *Swallowfalls Ltd* v. *Monaco Yachting & Technologies SAM* [2014] EWCA Civ 186.

(45) グローブ・モーターズ（*Globe Motors*）事件において控訴院は，信義則条項を契約に挿入するのは当事者次第であることをくり返し表明している。[2016] EWCA Civ 396 [63]-[64].

(46) *Bates*, 上記注（31），at [770] 参照。

(47) *Bates* [725].

(48) *Sheikh Tahnoon Bin Saeed Bin Shakhboot Al Nehayan* v. *Kent* [2018] EWHC 333 [167].

(49) Davies, 'Excluding Good Faith and Restricting Discretion', 96.

(50) *Globe Motors, Inc & Ors* v. *TRW Lucas Varity Electric Steering Ltd* [2016] EWCA Civ 396; [2017] 1 All ER (Comm) 601参照。「信義則義務の黙示は契約文言が，その文脈に照らし合わせて見るると，それを許す場合にのみ可能になるだけである。したがってそれはこの契約カテゴリーのための特別な解釈準則を反映しているではない」。Per Lord Justice Beatson [68].

(51) *UTB LLC* v. *Sheffield Utd Ltd* [2019] EWHC 2322 [201]. 裁判官は [198] において，「一定のタイプのジョイントベンチャー契約はそれらにビジネス効率性を与えるために，そうした条項を黙示することを要求するかもしれないが，他のタイプのジョイントベンチャー契約はそうではないかもしれない」と述べている。

(52) *Russell* v. *Cartwright* [2020] EWHC 41 (Ch) [87].

(53) *Bhasin* v. *Hyrnew*, 上記注（3），[24]. アプローチを確認するものに，*C M Callow Inc* v. *Zollinger* [2020] SCC 45がある。

(54) *Marks and Spencer plc* v. *BNP Paribas Securities Services Trust Co Ltd* [2016] AC 742.

(55) *Monde Petroleum SA* v. *Westernzagros Ltd* [2016] EWHC 1472 (Comm), [2016] 2 Lloyd's Rep 229 at [250]; *General Nutrition Investment Company* v. *Holland and Barrett International Ltd* [2017] EWHC 746 (Ch). 合意は長期契約であったが，信義則条項が黙示されなかった *Cathaz* v. *Lufthansa*（上記注（37））も参照。

(25) David Campbell, 'Ian Macneil and the Relational Theory of Contract' in Ian Macneil, *The Relational Theory of Contract: Selected Works of Ian Macneil*, David Campbell (ed.) (Sweet & Maxwell, 2001), pp. 3, 21.
(26) *Johnson* v. *Unisys Ltd* [2003] 1 AC 518, per Lord Steyn at [20]; *Braganza* v. *BP Shipping Ltd* [2015] 1 WLR 1661, per Lord Hodge at paras [54] and [61]; Lizzie Barmes, Common Law Implied Terms and Behavioural Standards at Work' (2007) 36 *Industrial Law Journal* 35, 42.
(27) *Yam Seng Pte Ltd* v. *International Trade Corporation Ltd* [2013] 1 Lloyd's Rep 526, [2013] EWHC 111 [142].
(28) *Yam Seng* [142].
(29) *Yam Seng* [134]-[135] and [138].
(30) Macneil, 'Values in Contract: Internal and External', 341-42.
(31) *Bates* v. *Post Office Ltd No 3* [2019] EWHC 606 (QB), [2019] All ER (D) 100 [725]-[726].
(32) *Bates* [725].
(33) *Bates* [732]; *Amey Birmingham Highways Ltd* v. *Birmingham City Council* [2018] EWCA Civ 264 at [92] も参照。
(34) *Essex County Council* v. *UBB Waste (Essex) Ltd* [2020] EWHC 1581 (TCC) [106], [113], [148].
(35) *Kabab-Ji SAL (Lebanon)* v. *Kout Food Group (Kuwait)* [2020] EWCA Civ 6 [65].
(36) *Carewatch Care Services Ltd* v. *Focus Caring Services Ltd* [2014] EWHC 2313 (Ch) では，詳細な条項のフランチャイズ契約に信義則条項は黙示されなかった。*Hamsard 3147 Ltd* v. *Boots UK Ltd* [2013] EWHC 3251, [2013] All ER (D) 12においては，ジョイントベンチャー契約は信義則義務を含まないと判示された。
(37) *Cathay Pacific Airlines Ltd* v. *Lufthansa Technik AG* [2019] EWHC 1789 (Ch), [202]; *Ilkerler Otomotiv Sanayai ve Ticaret Anonim Sirketi* v. *Perkins Engines Co Ltd* (CA) [2017] 4 WLR 144; *MSC Mediterranean Shipping Co SA* v. *Cottonex Anstalt* [2016] EWCA Civ 789 at [45]; *TSG Building Services* v. *South Anglia Housing Ltd* [2013] BLR 484; *Compass Group UK and Ireland Ltd (t/a Medirest)* v. *Mid Essex Hospital Services NHS Trust* [2013] EWHC Civ 200も参照。
(38) *TAQA Bratani Ltd* v. *RockRose UKCS8 LLC* [2020] EWHC 58 (Comm).
(39) *TAQA* [39]. ogauthority.co.uk/regulatory-framework/commercial-good-practice/ と Oil and Gas Authority, *The OGA Strategy* (16 December 2020) を比較せよ。Sir Ian Wood, *UKCS Maximising Recovery Review: Final Report* (24 February 2014), p. 6; *TAQA* at [58] で引用されている *The Maximising Economic Recovery Strategy for the UK*, p. 12, para 28も参照。

[2019] EWHC 1220 (Comm).

(10) 最近の判決である，例えば *Russell* v. *Cartwright and others* [2020] EWHC 41 (Ch); *TAQA Bratani Ltd & Ors* v. *RockRose UKCS8 LLC* [2020] EWHC 58 (Comm); *UTB LLC* v. *Sheffield Utd* [2019] EWHC 2322 (Ch)参照。

(11) この種の規準の最近の一例についてはPaul S. Davies, 'Excluding Good Faith and Restricting Discretion' in Paul S. Davies and Magda Raczynska (eds.) *Contents of Commercial Contracts: Terms Affecting Freedoms* (Hart Publishing, 2020), p. 89, at 98-99参照。Magda Raczynska, 'Good Faiths and Contract Terms' in same volume 65, p. 82 ff も参照。

(12) *Groceries Supply Code of Practice* (4. August 2009) Part 2, Principle of Fair Dealing.

(13) Financial Conduct Authority, *A New Consumer Duty* CP21/13 (May 2021), paras 1.11 and 2.21. 信義則への言及はpara 2.25においてなされている。信義則は同綱領において「誠実，公正かつオープンな取引および消費者の合理的期待との整合性を特徴とする行動規範」(3.25) と定義されている。

(14) Financial Conduct Authority, *Handbook: Principles for Business*, 2.1, Principle 6.

(15) Financial Conduct Authority, *Handbook: Principles for Business*, 2.1, Principle 7.

(16) 2020年企業倒産およびガバナンス法Section 14は，1986年破産法に新たに233B条を挿入している。

(17) 例えば，*Compasss Group UK and Ireland Ltd* (*t/a Medirest*) v. *Mid Essex Hospital Services NHS Trust* [2013] EWCA Civ 200 [64] 参照。

(18) Cabinet Office, *Guidance on Responsible Contractual Behaviour in the Performance and Enforcement of Contracts Impacted by the Covid-19 Emergency* (7 May 2020).

(19) Section 81 and Schedule 29 Coronavirus Act 2020.

(20) Section 82(1) Coronavirus Act 2020.

(21) Ministry for Housing, Communities and Local Government, *Code of Practice for Commercial Property Relationships During the Covid-19 Pandemic* (6 April 2021).

(22) *Code of Practice for Commercial Property*, [14] and [17].

(23) 例えば，British Institute of International and Comparative Law, *Breathing Space: Concept n. 1 on the Effect of the Pandemic on Commercial Contracts* (April 2020); Cabinet Office, *Guidance on Responsible Contractual Behaviour* (上記注 (18)); Construction Leadership Council, *Covid-19 Contractual Best Practice Guidance* (7 May 2020), para 2.4参照。

(24) Ian R. Macneil, 'Values in Contract: Internal and External' (1983) 78 *Northwestern University Law Review* 340, 349.

第七章

(1) David Campbell, 'The Relational Constitution of the Discrete Contract' in David Campbell and Peter Vincent-Jones (eds.) *Contract and Economic Organisation* (Dartmouth, 1996), pp. 40, 43-45; Hugh Collins, *Regulating Contracts* (Oxford University Press, 1999); David Campbell and Hugh Collins, 'Discovering the Implicit Dimensions of Contracts' in David Campbell, Hugh Collins and John Wightman (eds.) *Implicit Dimensions of Contract* (Hart Publishing, 2003), pp. 25-27. Stewart Macaulay, 'The Real and the Paper Deal: Empirical Pictures of Relationships, Complexity and the Urge for Transparent Simple Rules' in David Campbell, Hugh Collins and John Wightman (eds.) *Implicit Dimensions of Contract* (Hart Publishing, 2003), p. 51; Roger Brownsword, *Contract Law: Themes for the Twenty-First Century*, 2nd ed. (Oxford University Press, 2006); Catherine Mitchell, *Contract Law and Contract Practice* (Hart Publishing, 2013).

(2) [2017] AC 467.

(3) *Bhasin* v. *Hyrnew* [2014] SCC 71; [2014] 3 SCR 494; *Uber Technologies Inc* v. *Heller* [2020] SCC 16.

(4) Patrick S Atiyah, *The Rise and Fall of Freedom of Contract* (Oxford University Press, 1979), p. 357.

(5) Atiyah, *Rise and Fall*, p. 394.

(6) 詳細は，Ian Macneil, *The Relational Theory of Contract: Selected Works of Ian Macneil*, David Campbell (ed.) (Sweet & Maxwell, 2001) 参照。

(7) もっとも初期の司法的関与は，*Total Gas Marketing Ltd* v. *Arco British Ltd* [1998] 2 Lloyd's Law Rep 209に見られる。スタイン（Steyne）卿は予想される14年間の関係が関係的契約であることを確認したが，そのような合意に何ら特別な諸準則は適用されないとも述べている（218）。*Dymocks Franchise Systems (NSW) Pty* v. *Todd and others* [2002] UKPC 50; [2002] 2 All ER (Comm) 849も参照。ブラウン＝ウイルキンソン（Browne-Wilkinson）卿は，フランチャイズ契約は「通常の商事契約ではなく，実質的にはジョイントベンチャーとなるものを追求する長期の相互的債権債務関係を生じる契約であり，そのため協調行為および協力に依拠している」ことを認めている。at [63].

(8) Ian R. Macneil, 'Relational Contract Theory: Challenges and Queries' (2000) 94 *Northwestern University Law Review* 877, 881.

(9) 包括的な明示条項が存在しかつ事実関係からいかなる契約問題が発生しても一つの答えを提供すると解釈される関係的契約においても（たとえどのように定義されても），信義則の黙示条項の余地は存在しないことが明らかとなっている。*Marks and Spencer plc* v. *BNP Paribas Securities Services Trust Co Ltd* [2016] AC 742; *Teesside Gas Transportation Ltd* v. *CATS North Sea Ltd*

(108) Werbach and Cornell, 'Contracts *Ex Machina*', 376.

(109) UK Jurisdiction Taskforce *Digital Dispute Resolution Rules* Version 1.0 (2021); Sir Geoffrey Vos, 'Technological Challenges for English Law and Jurisdiction' Speech to ISDA Virtual Annual Legal Forum (10 March 2021), para 9.

(110) DDRR rule 12.

(111) DDRR rule 4.

(112) DDRR rule 13.

(113) DDRR rule 15.

(114) UKJT *Legal Statement on Cryptoassets* は，コードによるスマート契約は「言語が明瞭であり，その結果としてそれから離れることの正当化事由は何ら存在しない契約の極端な一例と見る」ことができると述べている。[150].

(115) Green and Sanitt, 'Smart Contracts', 196.

(116) Finck, 'Blockchains: Regulating the Unknown', 672.

(117) Kevin Werbach, *Blockchain and the New Architecture of Trust* (MIT Press, 2018), p. 125.

(118) Werbach and Cornell, 'Contracts *Ex Machina*', 43.

(119) Werbach, 'Trust, But Verify', 527; Giancaspro, 'Is a "Smart Contract" Really a Smart Idea ?', 831-33参照。反対意見として，Eliza Mik, 'Smart Contracts: Terminology, Technical Limitations and Real World Complexity' (2017) 9 *Law, Innovation and Technology* 269, 288-89は，すべての契約は自然言語を含んでいるため，すべてのそれは解釈上の困難に脆弱であると主張していることを参照。いかなる種類の契約もコードに変換するのは困難であろう。

(120) Sally Wheeler, 'Modelling the Contracts of the Future' (2017) 26 *Griffith Law Review* 593, 606.

(121) Jeremy M. Sklaroff, 'Smart Contracts and the Cost of Inflexibility' (2017) 166 *University of Pennsylvania Law Review* 263, 284-86.

(122) [2020] (I) SGCA 02.

(123) [2019] SGHC(I) 03.

(124) 上記注 (122), at [7]。

(125) 上記注 (122), per Chief Justice Sundaresh Menon at [96]。

(126) 上記注 (122), at [97]。

(127) 上記注 (122), at [98]。

(128) 上記注 (122), per Lord Mance [173]。

(129) 上記注 (122), per Lord Mance [182]。

(130) Lord Sales, 'Algorithms, Artificial Intelligence and the Law' Sir Henry Brooke Lecture for BAILII, Freshfields Bruckhaus Deringer (12 November 2019), p. 6.

(131) Lord Sales, 'Algorithms, Artificial Intelligence and the Law', p. 9.

tracts as the Beginning of the End of Classic Contract Law' (2017) 26 *Information & Communications Technology Law* 116, 127.

(91) UK Jurisdiction Taskforce, *Legal Statement on Cryptoassets and Smart Contracts* (November 2019), para [19].

(92) UKJT, *Legal Statement on Cryptoassets*, [136].

(93) UKJT, *Legal Statement on Cryptoassets*, [22].

(94) *AA* v. *Persons Unknown and others* [2019] EWHC 3556 (Comm) [57], [61] において，ブライアン(Bryan)裁判官は，暗号通貨を財産として扱うことができると判断する際に，同記述に依拠した。

(95) Lord Hodge, *Technology and the Law*, Dover House Lecture (10 March 2020), pp. 12, 16.

(96) Law Commission, *Smart Contracts: Call for Evidence*, para 2.4.

(97) Law Commission, *Smart Contracts: Call for Evidence*, para 3.45.

(98) Law Commission, *Smart Contracts: Call for Evidence*, para 3.49.

(99) Aaron Wright and Primavera De Filippi, 'Decentralized Blockchain Technology and the Rise of Lex Cryptographia' (2015) www.ssrn.com/abstract=2580664, 11(脚注省略)。

(100) Jason G. Allen, 'Wrapped and Stacked: "Smart Contracts" and the Interaction of Natural and Formal Language' (2018) 14 *European Review of Contract Law* 307, 310.

(101) 全般的には，Werbach and Cornell, 'Contracts *Ex Machina*', 338参照。

(102) Werbach and Cornell, 'Contracts *Ex Machina*', 373.

(103) Cuccuru, 'Beyond Bitcoin', 187.

(104) Scott A. McKinney, Rachel Landy and Rachel Wilka, 'Smart Contracts, Blockchain, and the Next Frontier of Transactional Law' (2018) 13 *Washington Journal of Law, Technology and Arts* 313, 322.

(105) Florian Möslein, 'Legal Boundaries of Blockchain Technologies: Smart Contracts as Self-Help?' in Alberto De Franceschi and Reiner Schulze (eds.) *Digital Revolution – New Challenges for Law* (C H Beck Nomos, 2019), pp. 313, 317.

(106) 現在の一般的コンセンサスは，契約法は依然として必要であるということである。Yeung, 'Regulation by Blockchain'; Giancaspro, 'Is a "Smart Contract" Really a Smart Idea ?'; Werbach and Cornell, 'Contracts *Ex Machina*'; Möslein, 'Legal Boundaries of Blockchain Technologies; Mik, 'From Automation to Autonomy'; Phillip Paech, 'The Governance of Blockchain Financial Networks' (2017) 80 *Modern Law Review* 1073, at 1110参照。「ブロックチェーンを基礎とする金融ネットワークは，法，裁判所および監督者の手の届く範囲内で機能すべきであると一般的理解が存在している」。

(107) Werbach and Cornell, 'Contracts *Ex Machina*', 353.

tracts: Call for Evidence; Law Commission, *Digital Assets: Electronic Trade Documents – A Consultation Paper* CP 254（30 April 2021）参照。

(75) Betsy Cooper, 'Judges in Jeopardy! Could IBM's Watson Beat Courts at Their Own Game?'（2011）121 *Yale Law Journal Online* 87, 95ff.

(76) www.claimsportal.org.uk/

(77) *Zommers* v. *Litham* and *Lis* v. *Rogers* [2020] 6 WLUK 499 Liverpool County Court（23 June 2020）; *Purcell* v. *McGarry* [2013] 12 WLUK 237; *Draper* v. *Newport* [2014] 9 WLUK 74; *Fitton* v. *Ageas* [2018] 11 WLUK 703も参照。反対意見には，*Harris* v. *Browne* 判例集未収録 HHJ Davey, Bradford County Court（18 June 2019）;（2020）Law Society Gazette（14 September）, p. 11がある。

(78) *AKA Mahoney* v. *Royal Mail* 判例集未収録 , DDJ Doman, Truro County Court（26 May 2020）. *Zommers* v. *Litham* at [35] も参照。

(79) *Hartog* v. *Colin & Shields* [1939] 3 All ER 566と比較せよ。

(80) [2010] EWCA Civ 726, per Lord Justice Moore-Bick [6].

(81) *Draper* v. *Newport* [5]; *Fitton* v. *Ageas* [36]-[37]; *Zommers* v. *Litham* [32].

(82) Lord Goff, 'Commercial Contracts and the Commercial Court'（1984）*Lloyd's Maritime and Commercial Law Quarterly* 382, 391.

(83) Kevin Werbach and Nicolas Cornell, 'Contracts *Ex Machina*'（2017）67 *Duke Law Journal* 313; Kevin Werbach, 'Trust, But Verify: Why the Blockchain Needs the Law'（2018）33 *Berkeley Technology Law Journal* 487; Karen Yeung, 'Regulation by Blockchain: The Emerging Battle for Supremacy between the Code of Law and Code *as Law*'（2019）82 *Modern Law Review* 207.

(84) 疑問を呈するものに，Eliza Mik, 'The Resilience of Contract Law in Light of Technological Change' in Michael Furmston（ed.）*The Future of the Law of Contract*（Routledge, 2020）, pp. 112, 114; 'Smart Contracts: A Requiem'（2019）36 *Journal of Contract Law* 70がある。

(85) Michèle Finck, 'Blockchains: Regulating the Unknown'（2018）19 *German Law Journal* 665, 667.

(86) Giancaspro, 'Is a "Smart Contract" Really a Smart Idea?', 826.

(87) Sarah Green and Adam Sanitt, 'Smart Contracts' in Paul S. Davies and Magda Raczynska（eds.）*Commercial Contracts: Terms Affecting Freedoms*（Hart Publishing, 2020）, pp. 191, 192.

(88) Law Commission, *Smart Contracts: Call for Evidence*, para 2.32参照。

(89) Eliza Mik, 'From Automation to Autonomy: Some Non-existent Problems in Contract Law'（2020）36 *Journal of Contract Law* 205, 222-23.

(90) Pierluigi Cuccuru, 'Beyond Bitcoin: An Early Overview on Smart Contracts'（2017）25 *International Journal of Law and Information Technology* 179, 185（脚注省略）; Alexander Savelyev, 'Contract Law 2.0: "Smart" Con-

ry Brooke Lecture for BAILII (12 November 2019), p. 9.

(62) Sir Geoffrey Vos, 'Technological Challenges for English Law and Jurisdiction' ISDA Virtual Annual Legal Forum (10 March 2021), para 27. Sir Geoffrey Vos, 'The Relationship between Formal and Informal Justice', Hull University (26 March 2021), at para 24も参照。

(63) Lord Justice Briggs, *Civil Courts Structure Review: Final Report*, paras 9.3 and 5.18.

(64) Linda Mulcahy, *Legal Architecture: Justice, Due Process and the Place of Law* (Routledge, 2011), p. 1.

(65) Richard Susskind, *Online Courts and the Future Justice* (Oxford University Press, 2019) p. 35.

(66) Susskind, *Online Courts*, p. 48.

(67) Adrian Zuckerman, 'Artificial Intelligence-Implications for the Legal Profession, Adversarial Process and Rule of Law' (2020) 136 *Law Quarterly Review* 427, 428.

(68) Mark Giancaspro, "Is a "Smart Contract" Really a Smart Idea? Insights From a Legal Perspective' (2017) 33 *Computer Law & Security Review* 825, 829.

(69) Roger Brownsword, 'Smart Contracts: Coding the Transaction, Decoding the Legal Debates' in Philipp Hacker, Ioannis Lianos, Georgios Dimitropoulos, and Stefan Eich (eds.) *Regulating Blockchain: Techno-Social and Legal Challenges* (Oxford University Press, 2019), pp. 311, 312.

(70) スマート契約が，伝統的な契約の諸側面を自動化する方法であるのに対して，アルゴリズム契約は人間がまったく関与せずに自動的に動くマシン間での契約形成プロセスを表すものである点において，スマート契約はアルゴリズム契約と区別することができる。Lord Sales, 'Being a Supreme Court Justice in 2030', Law and the Digital World Cour de Cassation Seminar (16 April 2021) 参照。

(71) *New Zealand Shipping Co Ltd* v. *A M Satterthwaite & Co Ltd* (*The Eurymedon*) [1975] AC 154, per Lord Wilberforce.

(72) Sir Geoffrey Vos, 'Cryptoassets as Property: How can English Law Boost the Confidence of Would-be Parties to Smart Legal Contracts? Joint Northern Chancery Bar Association and University of Liverpool Lecture (2 May 2019), at para 13.

(73) *Uber BV and others* v. *Aslam and others* [2021] UKSC 5, [2021] ICR 657参照。

(74) 例えば，Law Commission, *Electronic Commerce: Formal Requirements in Commercial Transactions: Advice* (2001); Law Commission, *Electronic Execution of Documents* Law Com No 386 (2019); Law Commission, *Smart Con-*

Dispute Resolution: A Misguided Policy Decision' (1999) 88 *Kentucky Law Journal* 183.

(44) www.cdsdeterminationscommittees.org/

(45) www.gov.uk/government/organisations/groceries-code-adjudicator

(46) 2013年食料雑貨品規約仲裁者法（Groceries Code Adjudicator Act 2013）2条。

(47) 2013年食料雑貨品規約仲裁者法18条。また，Groceries Code Adjudicator, *Arbitration Policy*（April 2014）, para 43 も参照。*Annual Report and Accounts* HC 256（2020-2021）は，苦情申立ておよび訴え提起における守秘義務関係の重要性について述べている（19）。

(48) www.financial-ombudsman.org.uk/

(49) www.financial-ombudsman.org.uk/data-insight/ombudsman-decisions

(50) Chris Gill, Tom Mullen and Nial Vivian, 'The Managerial Ombudsman'（2020）83 *Modern Law Review* 797, 798.

(51) Gill, Mullen and Vivian, 'The Managerial Ombudsman', 829-30.

(52) Gill, Mullen and Vivian, 'The Managerial Ombudsman', 801.

(53) Trevor C. W. Farrow, *Civil Justice, Privatization and Democracy*（University of Toronto Press, 2014）, pp. 62-68参照。正義の必要条件としての公開法廷に関する司法的抗弁については，*Scott* v. *Scott* [1913] AC 419, 477（HL）のショー・オブ・ダンフェルムライン（Shaw of Dunfermline）卿参照。

(54) Farrow, *Civil Justice, Privatization and Democracy*, Chapter 3, pp. 251ff; Dame Hazel Genn, 'Why the Privatisation of Civil Justice is a Rule of Law Issue', 36th F A Mann Lecture（19 November 2012）.

(55) Owen M. Fiss, 'The Bureaucratization of the Judiciary'（1983）92 *Yale Law Journal* 1442, 1466; Judith Resnik, 'Managerial Judges'（1982）96 *Harvard Law Review* 376; Luban, 'Settlements and the Erosion of the Public Realm', 2624.

(56) Genn, *Judging Civil Justice*, p. 116.

(57) 消費者契約においては，そうした条項は1996年仲裁法（Arbitration Act 1996）96条１項，および1999年不公正仲裁契約(金額特定)令（Unfair Arbitration〔Specified Amount〕Order）1999年もしくは2015年消費者権利法の下では自動的に不公正になるかもしれない。

(58) Fiss, 'Against settlement', 1075, 1076ff; Luban, 'Settlements and the Erosion of the Public Realm', 2639(脚注省略)。

(59) Joanne P. Braithwaite, 'Standard Form Contracts as Transnational Law: Evidence from the Derivatives Markets'（2012）75 *Modern Law Review* 779, 801-02.

(60) Owen M. Fiss, 'The History of an Idea'（2009）78 *Fordham Law Review* 1273, 1276.

(61) Lord Sales, 'Algorithms, Artificial Intelligence and the Law', The Sir Hen-

(34) *Dunnett* v. *Railtrack plc* (*in railway administration*) [2002] 1 WLR 2434; *Halsey* v. *Milton Keynes General NHS Trust* [2004] EWCA Civ 576; *PGF II SA* v. *OMFS Co 1 Ltd* [2014] 1 WLR 1386. 調停の拒否が正当化されると思われるのは，紛争が複雑であるか，もしくは当事者の一方が裁判所における権利擁護を求めることを正当化されるか，もしくは調停が成立する合理的な見込みがまったくない場合である。*Gore* v. *Naheed and Ahmed* [2017] EWCA Civ 369 [49]-[50].

(35) Civil Justice Council, *Compulsory ADR* (June 2021), para 7.

(36) 例えば，Cabinet Office, *Guidance on Responsible Contractual Behaviour in the Performance and Enforcement of Contracts Impacted by the Covid-19 Emergency* (7 May 2020) 参照。

(37) *Financial Conduct Authority* v. *Arch Insurance* (*UK*) *Ltd and others* [2021] 2 WLR 123.

(38) バリスター評議会のために行われた調査が示すところでは，2008年から2018年の間に司法省への資金は28パーセントの実質的カットが行われた。www.barcouncil.org.uk/resource/new-research-questions-link-between-austerity-and-legal-aid-cuts.html　これは行政府の部門における最大の予算削減であった。The *Guardian* 26 December 2018, www.theguardian.com/law/2018/dec/26/legal-aid-how-has-it-changed-in-70-years

(39) Legal Aid, Sentencing and Punishment of Offenders Act 2012 (LASPO); Law Society of England and Wales, *Access Denied? LASPO Four Years On: A Law Society Review Report* (June 2017); 政府統計が示すところでは，非家族問題において法律扶助機関により充足される法律扶助料は，2010年～2011年における79ポンドから2018年～2019年の40ポンドへと減額されている（Legal Aid Statistics England and Wales, Tables October to December 2019, Table 6.5)。

(40) LASPO の範囲には含まれないが，消費者事件および契約事件は，例外的事件類型資金提供（ECF）を通じて法律扶助の対象となることがある。政府統計によれば，2013年から2019年末までになされた28件の ECF 申請のうち，2件だけが助成金を獲得した（Legal Aid Statistics England and Wales Tables October to December 2019, Table 8.2)。

(41) Ministry of Justice, *Legal Support: The Way Ahead-An Action Plan to Deliver Better Support to People Experiencing Legal Problems* CP 40 (February 2019), p. 3.

(42) Dingwall and Cloatre, 'Vanishing Trials?', 70.

(43) Gillian K. Hadfield, 'Where Have All the Trials Gone? Settlements, Nontrial Adjudications, and Statistical Artifacts in the Changing Disposition of Federal Civil Cases' (2004) 1 *Journal of Empirical Legal Studies* 705, 705; Chris A. Carr and Michael R. Jencks, 'The Privatization of Business and Commercial

(2013) 13 *Journal of Corporate Law Studies* 361, 366.

(26) Emily Strauss, 'Crisis Construction in Contract Boilerplate' (2019) 82 *Law and Contemporary Problems* 163, 164.

(27) *RAB Capital Plc* v. *Lehman Brothers International* (*Europe*) [2008] EWHC 2335 (Ch); *Belmont Park Investments PTY Ltd* v. *BNY Corporate Trustee Services Ltd and Lehman Brothers Special Financing Inc* [2011] 3 WLR 521; *Re Lehman Brothers International* (*Europe*) [2011] EWCA Civ 1544; [2012] 2 BCLC 151; *Lehman Brothers International* (*Europe*) *Ltd* v. *CRC Credit Fund Ltd* [2012] 3 All ER 1; *Lomas & Ors* v. *JFB Firth Rixson Inc* [2012] EWCA Civ 419; *BNY Mellon Corporate Trustee Services Ltd* v. *LBG Capital No 1 plc* [2016] 2 Lloyd's Rep 119; Bridge and Braithwaite, 'Private Law and Financial Crises', 365.

(28)「契約の基礎」条項および「契約書記載以外の表示の依拠禁止」条項の働きに関しては，**第三章**も参照。

(29) Owen M. Fiss, 'Against Settlement' (1984) 93 *Yale Law Journal* 1073; David Luban, 'Settlements and the Erosion of the Public Realm' (1995) 83 *Georgetown Law Journal* 2619, 2622; Judith Resnik, 'Diffusing Disputes: The Public in the Private of Arbitration, the Private in Courts, and the Erasure of Rights' (2015) 124 *Yale Law Journal* 2804; Margaret Jane Radin, *Boilerplate: The Fine Print, Vanishing Rights and the Rule of Law* (Princeton University Press, 2013), pp. 133-34参照。イギリスに関しては，Robert Dingwall and Emilie Cloatre, 'Vanishing Trials ?: An English Perspective' (2006) 7 *Journal of Dispute Resolution* 51; Hazel Genn, *Judging Civil Justice* (Cambridge University Press, 2010); Linda Mulcahy, ' The Collective Interest in Private Dispute Resolution' (2013) 33 *Oxford Journal of Legal Studies* 59参照。裁判上の留保 (judicial reservation) については，Lord Reed in *R* (*on the application of UNISON*) v. *Lord Chancellor* [2020] AC 869 [66]-[67]; Lord Thomas, 'Developing Commercial Law through the Courts: Rebalancing the Relationship between the Courts and Arbitration' BAILII Lecture (9 March 2016) 参照。

(30) Walter Mattli, 'Private Justice in a Global Economy: From Litigation to Arbitration' (2001) 55 *International Organization* 919-20; Vijaya Kumar Rajah, 'W(h)ither Adversarial Commercial Dispute Resolution?' (2017) 33 *Arbitration International* 17, 24-25.

(31) Lord Thomas, 'Developing Commercial Law through the Courts: Rebalancing the Relationship between the Courts and Arbitration', para 5.

(32) 民事訴訟手続規則 (Civil Procedure Rules) 1.4条 (2)(e)(優先目標) および3.1条 (2)(m)(事件処理手続権限) の下で。

(33) Lord Woolf, *Access to Justice: Final Report to the Lord Chancellor on the Civil Justice System in England and Wales* (HMSO, 1996), s 1, para 9.

(10)「法的サービスは偉大」キャンペーン参照。www.gov.uk/government/publications/legal-service-are-great

(11) John Armour, 'Brexit and Financial Services' (2017) 33 *Oxford Review of Economic Policy* S54; Oliver Wyman/TheCityUK, *The Impact of the UK's Exit from the EU on the UK-Based Financial Services Sector* (2016).

(12) Rishi Sunak, *Mansion House Speech* (1. July 2021). www.gov.uk/government/speeches/mansion-house-speech-2021-rishi-sunak

(13) Catharine MacMillan, 'The Impact of Brexit upon English Contract Law' (2016) 27 *King's Law Journal* 420, 427–28. https://commonslibrary.parliament.uk/brexit-next-steps-the court-of-justice-of the- the-eu-and the-uk/ も参照。

(14) Lord Devlin, 'The Relation between Commercial Law and Commercial Practice' (1951) 14 *Modern Law Review* 250.

(15) William M. Landes and Richard A. Posner, 'Adjudication as a Private Good' (1979) 8 *Journal of Legal Studies* 235, 238–39 and 249.

(16) Thomas Ackermann, 'Private Production of Transnational Regulation through Standard Form Contracts' in Horst Eidenmüller (ed.) *Regulatory Competition in Contract Law and Dispute Resolution* (Verlag C H Beck, Hart Publishing, Nomos, 2013), pp. 142, 145.

(17) Lord Neuberger, 'Has Mediation Has Its Day?' Gordon Slynn Memorial Lecture (10 November 2010), at [10] で引用。同引用は, Michael Zander, *The State of Justice* (Sweet & Maxwell, 2000), at p. 39 n. 49でも見られ，そこではそれはスコット卿が1997年5月16日に州裁判所助言者集団に行った発言の書き起こしに由来しているとする。Lord Neuberger, 'Equality, ADR, Arbitration and the Law: Different Dimensions of Justice, Fourth Keating Lecture (19 May 2010) at [6] も参照。

(18) Lord Neuberger, 'Equity, ADR, Arbitration and the Law', [24].

(19) *R* (*on the application of UNISON*) v. *Lord Chancellor* [2020] AC 869 [66]-[72].

(20) Richard Moorhead and Victoria Hinchly, 'Professional Minimalism: The Ethical Consciousness of Commercial Lawyers' (2015) 42 *Journal of Law and Society* 387.

(21) Moorhead and Hinchly, 'Professional Minimalism', 389.

(22) Moorhead and Hinchly, 'Professional Minimalism', 396.

(23) Moorhead and Hinchly, 'Professional Minimalism', 399.

(24) Lord Sumption, 'A Question of Taste: The Supreme Court and the Interpretation of Contracts' (2017) 17 *Oxford University Commonwealth Law Journal* 301, 310.

(25) Michael Bridge and Jo Braithwaite, 'Private Law and Financial Crises'

含まれている。paras 7 and 8.

(149) *Times Travel* (*UK*) *Ltd* v. *Pakistan International Airlines Corporation* [2019] 3 WLR 445; *CTN Cash and Carry Ltd* v. *Gallaher Ltd* [1994] 4 All ER 714.

(150) *DSND Subsea Ltd* v. *Petroleum Geo-Services ASA* [2000] BLR 530.

(151) MacMillan, 'Private Law and Public Concerns', p. 323.

(152) Hoffman and Lampmann, 'Hushing Contracts', 207.

第六章

(1) Ilias Bantekas, 'The Globalisation of English Contract Law: Three Salient Illustrations' (2021) 137 *Law Quarterly Review* 330, 330.

(2) Jonathan Morgan, *Contract Law Minimalism: A Formalist Restatement of Commercial Contract Law* (Cambridge University Press, 2013), pp. 87-89.

(3) Lord Burnett, *The Lord Chief Justice's Report 2020* (Judicial Office, 2020), p. 24; Law Commission, *Smart Contracts: Call for Evidence* (December 2020), para 1.5.

(4) Lord Thomas 'Keeping Commercial Law Up to Date', Jill Poole Memorial Lecture, Aston University (8 March 2017) [8]. 恐らく，このことが検証される方法の優れた示適は，Lord Justice Briggs, *Civil Courts Structure Review: Final Report* (July 2016), paras 5.18 and 9.3.1であろう。

(5) Civil Procedure Rules, part 63A.1. 同リストにおいて最初に最も注目すべき判例は，*Financial Conduct Authority* v. *Arch Insurance* (*UK*) *Ltd and others* [2021] 2 WLR 123である。この事件は新型コロナウイルス感染症に照らして，事業中断保険を巡る様々な争点について判断を下している。

(6) シンガポール国際商事裁判所は2015年に開設され，2018年には中国第1国際商事裁判所および同第2国際商事裁判所が設置された。

(7) オランダの商事裁判所が設置されたのは2019年，パリ控訴院の国際商事裁判所は2018年に設立され，フランクフルトの国際商事紛争裁判所は2018年初頭に設置。

(8) *The Commercial Court Report 2019-2020*, pp. 18-19.

(9) 国家統計局の数字によれば，法サービスにおける国際取引は2018年に56億ポンドの価値がある。2013年の金額は32億ポンドであった。www.ons.gov.uk/businessindustryand trade/internationaltrade/datasets/ internationaltradeinservicesreferencetables Table C5 2013-1018 Professional, Scientific and Technical Support industry analysed by product 2013-2018; KPMG, *Contribution of the UK Legal Services Sector to the UK Economy; A Report for the Law Society* (January 2020), p. 15; Ministry of Justice, *Plan for Growth: Promoting the UK's Legal Services Sector* (2012) も参照。

(129) 上記注（125），[34]（強調付加）。

(130) 上記注（125），[41].

(131) *Arcadia* v. *Telegraph Media* [2019] EWHC 223（QB）補遺の関連判例参照。Moorhead , 'Professional Ethics and NDAs', pp. 356–57. 契約自由を支持し，和解を促す公序良俗に関しては，*Printing and Numerical Registering Co.* v. *Sampson*（1875）LR 19 Eq 462, per Sir George Jessel MR 465; *Simantob* v. *Shavleyan* [2019] EWCA Civ 1105, [50]-[51].

(132) *Saab* v. *Angate Consulting Ltd*, 上記注（127），[132].

(133) Hoffman and Lampmann 'Hushing Contracts', 171.

(134) さらに，MacMillan, 'Private Law and Public Concerns', pp. 321ff 参照。

(135) *Neville* v. *Dominion of Canada News Co Ltd* [1915] 3 KB 556; *Initial Services* v. *Putterill* [1968] 1 QB 396, 405.

(136)（1857）26 LJ Ch 113.

(137) Warren Swain, *The Law of Contract 1670–1870*（Cambridge University Press, 2015）, pp. 245–46; *Multiservice Bookbinding Ltd* v. *Marden* [1979] 1 Ch 84, 104; *Johnstone* v. *Bloomsbury Health Authority* [1992] 1 QB 333, 346–47参照。

(138) [2020] 3 WLR 521; [2020] UKSC 36.

(139) *Esso Petroleum Co. Ltd* v. *Harper's Garage*（*Stourport*）*Ltd* [1968] AC 269 per Lord Wilberforce, 335.

(140) *Esso Petroleum Co Ltd* , per Lord Wilberforce 333. *Peninsula Securities Ltd* at [46] においてウイルソン卿が引用。

(141) *Peninsula Securities Ltd*, per Lord Wilson [45].

(142) *Peninsula Securities Ltd*, per Lord Carnwath [61].

(143) Evidence of Melanie Newman to HC Women and Equalities Committee, *The Use of Nondisclosure Agreements in Employment Cases* HC 1720（11 June 2019）.

(144) HC Women and Equalities Committee, *The Use of Non-disclosure Agreements*, para 59.

(145) HC Women and Equalities Committee, *Sexual Harassment in the Workplace* HC 725（25 July 2018）, paras 110–11および Zelda Perkins at para 122の証明。HC Women and Equalities Committee, *The Use of Non-disclosure Agreements*, paras 23 and 24も参照。

(146) HC Women and Equities Committee, *Sexual Harassment in the Workplace*, para 109.

(147) *Egon Zehnder Ltd* v. *Tillman* [2020] AC 154 at [82]. Ian Ayres, 'Targeting Repeat Offender NDAs'（2018）71 *Stanford Law Review Online* 76は類似の指摘をしながら，NDAs との関係においてその合法性を疑問視している。

(148) 例えば，ACAS が用いている COT3標準和解書式には守秘義務関係条項が

(110) MacMillan, 'Private Law and Public Concerns', pp. 317ff; Gordon, 'Silence for Sale', 1123ff 参照。

(111) ACAS COT3: *Settlement Where No Tribunal Claim; Duchy Farm Kennels* v. *Steels* [2020] EWHC 1208 (QB).

(112) *Attorney General* v. *Blake* [2001] 1 AC 268における原状回復的損害賠償の発展。

(113) Gordon, 'Silence for Sale', 1114.

(114) MacMillan, 'Private Law and Public Concerns', p. 328.

(115) Part IVA of the Employment Rights Act 1996. 1998年公益情報開示法(Public Interest Disclosure Act 1998) により改正。

(116) 1996年雇用権法 (Employment Rights Act 1996) 43B条。

(117) 保護を受ける開示を行うことができる所定の人・団体のリストは, https://www.gov.uk/government/publications/blowing-the-whistle-list-of-prescribed-people-and-bodies-2/whistleblowing-list-of-prescribed-pepole-and-bodies で利用できる。

(118) 雇用権法 (Employment Rights Act) に開示は公益上という付加的要件が付け加えられたのは, 2013年企業規制改革法 (Enterprise and Regulatory Reform Act 2013) によってである。

(119) Department for Business, Energy and Industrial Strategy, *Confidentiality Clauses: Response to the Government Consultation on Proposals to Prevent Misuse in Situations of Workplace Harassment or Discrimination* (July 2019), pp. 4–5.

(120) Department for Business, Energy and Industrial Strategy, *Confidentiality Clauses*, pp. 10–12.

(121) Department for Business, Energy and Industrial Strategy, *Confidentiality Clauses*, p. 6.

(122) Moorhead, 'Professional Ethics and NDAs', p. 350.

(123) 概観するのに, MacMillann, 'Private Law and Public Concerns' 参照。

(124) Charles Phipps, William Harman and Simon Teasdale, *Toulson and Phipps on Confidentiality*, 4th ed. (Sweet & Maxwell, 2020), para 6-075,「秘密保持条項の尊重はそれ自体公益である」。*Attorney General* v. *Observer Ltd* [1990] 1 AC 109, per Lord Keith of Kinkel, 256.

(125) [2018] EWCA Civ 2329, [27]and [47]ff; *Mionis* v. *Democratic Press SA* [2017] EWCA Civ 1194, [67] も参照。

(126) Moorhead, 'Professional Ethics and NDAs', p. 354.

(127) 上記注 (125), [24]. *Saab* v. *Angate Consulting Ltd* [2019] EWHC 1553.「裁判所は秘密保持契約のために公序良俗を保護するだけでなく, 契約自由を支持するために十分に認識されている公序良俗を保護することを狙っている」[151]。

(128) 上記注 (125), [24].

2018), para 12.

(95) *The Guardian* report www.theguardian.com/money/2016/apr/08/student-loans-firm-erudio-leaves-graduates-fuming-over-latest-error 8 April 2016参照。

(96) 2000年金融サービス・市場法（適用除外）令2001（Financial Services and Markets Act 2000〔Exemption〕Order 2001）（2015年改正）付則４部パラグラフ57。

(97) FCA, *The Financial Lives of Consumers Across the UK: Key Findings from the FCA's Financial Lives Survey 2017*, 58, 127.

(98) 2015年消費者権利法（Consumer Rights Act 2015）61条１項。

(99) 2008年学資ローン売却法（Sale of Student Loans Act 2008）（2013年改正）８条。

(100) 例えば，Competition and Markets Authority, *Higher Education: Undergraduate Students-Your Rights Under Consumer Law*（12 March 2015）参照。

(101) *Abu Dhabi National Tanker Co* v. *Product Star Shipping Ltd*（*The Product Star*）（*No 2*）[1993] 1 Llyod's Rep 397, 404 per Lord Justice Leggatt; *British Telecommunications Plc* v. *Telefónica O2 UK Ltd and Others* [2014] 4 All ER 907 at [37].

(102) *Braganza* v. *BP Shipping Ltd* [2015] 1 WLR 1661.

(103) HC Treasury Committee, *Student Loans*, para 100ff.

(104) Financial Conduct Authority, *Understanding the Financial Lives of UK Adults: Findings from the FCA's Financial Lives Survey 2017*（October 2017, updated January 2020), p. 29.

(105) 2015年消費者権利法64条５項は，「平均的消費者」を「合理的に十分な情報があり，注意深くかつ慎重である消費者」と規定している。

(106) HC Treasury Committee, *Student Loans*, paras 47–49.

(107) *Student Loans: Government and Office for National Statistics Responses to the Committee's Seventh Report* HC 995 (May 2018), para [11].

(108) とりわけ，Harvey Weinstein, 'Former Weinstein Assistant Seeks Reform of Nondisclosure Deals' *Financial Times*（8 March 2018）に関して Zelda Perkins の示唆するところに照らして。Jeffrey Steven Gordon, 'Silence for Sale'（2020）71 *Alabama Law Review* 1109, 1177ff.

(109) Catharine MacMillan, 'Private Law and Public Concerns: Non-disclosure Agreements in English Contract Law' in Paul S. Davies and Magda Raczynska (eds.) *Contents of Commercial Contracts: Terms Affecting Freedoms*（Hart Publishing, 2020), p. 315; Richard Moorhead, 'Professional Ethics and NDAs: Contracts as Lies and Abuse' in Davies and Raczynska (eds.), *Contents of Commercial Contracts: Terms Affecting Freedoms*, p. 339; David A. Hoffman and Eric Lampmann, 'Hushing Contracts'（2019）97 *Washington University Law Review* 165.

控訴院裁判官（もっともここで扱っているのは不当威圧）。Faiweather, 'Redressing Inequality in Personal Credit', pp. 61ff も参照。

(78) [1979] 1 Ch 84 at 110.

(79) (1995) 69 P & CR 298.

(80) *Boustany*, 303, *Alec Lobb (Garages) Ltd* v. *Total Oil (Great Britain) Ltd* [1985] 1 WLR 173, 183を引用。

(81) *Australian Competition and Consumer Commission* v. *Quantum Housing Group Pty Ltd* [2021] FCAFC 40. *Australian Securities and Investments Commission* v. *Kobelt* [2019] HCA 18; 267 CLR 1を踏襲。

(82) 全般的には，Dr Philip Augar, *Independent Panel Report to the Review of Post-18 Education and Funding*, CP 117 (May 2019) ('Augar Review') 参照。

(83) 諸々の争点に関するすぐれた概観は，HC Treasury Committee Report, *Student Loans* HC 478 (February 2018) に含まれている。

(84) 数字は，Financial Conduct Authority, *The Financial Lives of Consumers Across the UK: Key Findings from the Financial Lives Survey 2017* (20 June 2018), 74から。

(85) Student Loan Company, *Student Loans in England: Financial Year 2018-2019*, SP 01/2019 (June 2019), p. 6. 2021年までに，ローン残高は1,600億ポンドに達し，学生の25パーセントだけが完済することを期待されていた。Paul Bolton, *Student Loan Statistics*, HC Library CBP01079 (23 June 2021), p. 5.

(86) HC Treasury Committee, Student Loans, para 103参照。

(87) Augar Review, 169参照。

(88) *Student Loan Forecasts, England: 2017 to 2018* www.gov.uk/government/statistics/student-loan-forecasts-england-2017-to-2018 (p. 5); Augar Review, 169.

(89) Paul Bolton, *Student Loan Statistics* HC Briefing Paper 1079 (28 June 2019), 3. 明白な理由から，長期間にわたり返済率を予測することは困難である。HC Treasury Committee, *Student Loans*, para 6.

(90) Student Finance England, *Form PN1 Application for Student Finance for New Students* (2019/20), Loan Contract Conditions b, e, and m (p. 25).

(91) HC Treasury Committee, *Student Loans*, para 48; 2011年教育法 (Education Act 2011) 76条（金利の変化）; www.gov.uk/guidance/how-interest-is-calculated-plan-2

(92) HC Treasury Committee, Student Loans, para 47.

(93) 現行法は，2008年学資ローン売却法（Sale of Student Loans Act 2008）にある。Sue Hubble and Paul Bolton, *Update on the Sale of Student Loans*, HC Briefing Paper 8348 (9 January 2019).

(94) 2008年学資ローン売却法５条６項; Department for Education, *Second Sale of Pre-2012 (Plan 1) Income Contingent Student Loans* HC 1843 (December

GCCR 709 (CA 1984)において，過酷な信用取引の認定に対する控訴を認容するにあたり，裁判官は「言葉は『過酷な(extortionate)』であり，『賢明ではない(unwise)』ではない」と述べている。per Sir John Donaldson MR, 716.
(52) *Davies* v. *Direct Loans* [1999] GCCR 795 (ChD 1985).
(53) *Coldunell Ltd* v. *Gallon* [1986] 1 QB 1184 per Lord Justice Oliver, 1202.
(54) Geraint G. Howells and Lionel Bentley, 'Judicial Treatment of Extortionate Credit Bargains: Part 1' (1989) *Conveyancer and Property Lawyer* 164, 173.
(55) Geraint G. Howells and Lionel Bently, 'Judicial Treatment of Extortionate Credit Bargains: Part 2' (1989) *Conveyancer and Property Lawyer* 234.
(56) Howells and Bently, 'Loansharks', 236.
(57) *Wills* v. *Wood*, 上記注 (51)。
(58) *Woodstead Finance Ltd* v. *Andreas Petrou and Androuilla Petrou* [1999] GCCR 925 (1986 CA).
(59) Howells and Bently, 'Loansharks', 237.
(60) Howells and Bently, 'Loansharks', 236.
(61) *Brookman* v. *Welcome Financial Services Ltd* [2015] GCCR 13267.
(62) Department of Trade and Industry, *Fair, Clear and Competitive: The Consumer Credit Market in the 21st Century* Cm 6040 (December 2003), para 1.62参照。通商産業省は，30年間（1974年～2003年）に30件の事件があり，そのうち勝訴したのは10件に過ぎないことを特記している。para 3.43.
(63) DTI, *Fair, Clear and Competitive: The Consumer Credit Market in the 21st Century*, para 3.31.
(64) 2006年消費者信用法により改正された，1974年消費者信用法140A 条。
(65) *Nine Regions t/a Logbook Loans* v. *Sadeer* [2008] GCCR 8501 at [41]. 反対意見として，*Patel* v. *Patel* [2009] GCCR 9801におけるレガット（Leggatt）裁判官参照。
(66) *Harrison* v. *Black Horse Ltd* [2012] Lloyd's Rep IR 521 [58].
(67) [2014] 1 WLR 4222.
(68) *Plevin* [18].
(69) *Plevin* [17].
(70) *Plevin* [10].
(71) *Plevin* [20].
(72) *Carney* v. *N M Rothschild & Sons Ltd* [2018] EWHC 958 (Comm).
(73) Office of Fair Trading, *Review of High-cost Credit* (2010), pp. 6 and 4.4ff.
(74) *Paragon Finance plc* v. *Nash* (*and others*) [2002] 1 WLR 685, per Lord Justice Dyson [36].
(75) *Paragon Finance plc* v. *Nash* (*and others*) per Lord Justice Dyson [41].
(76) Fairweather, 'Redressing Inequality in Personal Credit', p. 62.
(77) *Allcard* v. *Skinner* (1887) 36 ChD 145, 182におけるリンドレイ（Lindley）

明らかにしている（para 34）。

(31) Office of Fair Trading, *Payday Lending Compliance Review: Final Report* OFT 1481 (March 2013).

(32) Financial Conduct Authority, *Proposals for a Price Cap on High-Cost Short-Term Credit* CP 14/10 (July 2014), p. 6. 価格キャップは2015年１月に導入された。諸準則はCONC［CONCは，クレジット関連の規制対象業務に関する専門的なソースブック（Consumer Credit sourcebook)］5A.2.3Rに含まれている（現在，利率キャップは１日0.8パーセント）。総コスト・キャップは借入金額の100パーセントで，その中に総利息，手数料および料金が含まれる。ローンの借り換えができるのは２つの場合に限定される。Aldohni, 'The UK New Regulatory Framework' 334-35も参照。

(33) Competition and Markets Authority, *Payday Lending Market Investigation Final Report*, 2.74. Andrea Fejős, 'Achieving Safety and Affordability in the UK Payday Loans Market' (2015) *38 Journal of Consumer Policy* 181も参照。

(34) Rowlingson et al., 'Payday Lending in the UK', 528.

(35) Aldohni, 'The UK New Regulatory Framework', 326-27.

(36) Karen Fairweather, 'Redressing Inequality in Personal Credit Transactions: 1700-1974' in Kit Barker, Simone Degeling, Karen Fairweather and Ross Grantham (eds.) *Private Law and Power* (Hart Publishing, 2016), pp. 53, 62-63.

(37) とりわけ1974年消費者信用法137条の下での暴利的信用取引(extortionate credit bargains)を再開する権限。従前の調整権限は1900年および1927年金融業者法(Money Lenders Act)により与えられていた。

(38) Fairweather, 'Redressing Inequality in Personal Credit', p. 68.

(39) [1901] 2 KB 110.

(40) At p.113. Fairweather, 'Redressing Inequality in Personal Credit', p. 70も参照。

(41) *Wilton* v. *Osborn*, 上記注（39），at 114.

(42) [1906] AC 461.

(43) *Consumer Credit: Report of the Committee* (Cmnd 4596, 1971) ('Crowther Report'), para 6.1.12.

(44) Crowther Report, para 3.9.1.

(45) Crowther Report, para 3.9.9.

(46) Section 138(1)(a) Consumer Credit Act 1974.

(47) Section 138(1)(b) Consumer Credit Act 1974.

(48) Section 138(3) Consumer Credit Act 1974.

(49) Section 138(4) Consumer Credit Act 1974.

(50) Section 138(2)(a) Consumer Credit Act 1974.

(51) *A Ketley Ltd* v. *Scott* [1999] GCCR 543 (ChD 1980). *Wills* v. *Wood* [1999]

IVA (version 4, 2018) condition 4.

(19) *Standard Conditions for IVA*, condition 9.

(20) Walters, 'Individual Voluntary Arrangements', 29.

(21) *Green* (*Supervisor of the Voluntary Arrangement of James Patrick Wright*) v. *Wright* [2017] EWCA Civ 111 [32].

(22) 2021年5月，2020年債務猶予スキーム（息つく暇モラトリアムおよびメンタル・ヘルス・モラトリアム〔イングランドおよびウェールズ〕規則〔Debt Respite Scheme (Breathing Space Moratorium and Mental Health Crisis Moratorium) (England and Wales) Regulations 2020〕）は施行された。この規則により，同規則に示された条件を満たす問題のある債務を抱える適格な個人債務者に対し，債権者の一定行為を禁止するモラトリアムと呼ばれる保護期間を提供する。H. M. Treasury, *Breathing Space Scheme: Response to Policy Proposal* (June 2019), Chapters 4 and 5.

(23) Competition and Markets Authority, *Payday Lending Market Investigation: Final Report* (24 Feburary 2015), paras 9–10.

(24) Abdul Karim Aldohni, 'The UK New Regulatory Framework of High-Cost Short-Term Credit: Is There a Shift towards a More "Law and Society" Based Approach ?' (2017) 40 *Journal of Consumer Policy* 321, 324.

(25)「16,734,509.4パーセント請求した給料日貸付業者」, *The Guardian* 16 March 2013, www.theguardian.com/money/2013/mar/16/payday-lender

(26) 強力な先例がある議論：*Blair* v. *Buckworth* (1908) 24 TLR 474,476. Office of Fair Trading, *Review of High-cost Credit* OFT 1232 (June 2010), 2.12も参照。給料日貸付に関する他の積極的側面には，例えば，匿名，尊厳の保持，速さおよび容易さなどが特定されている。Karen Rowlingson, Lindsey Appleyard and Jodi Gardner, 'Payday Lending in the UK: the Regul(aris)ation of a Necessary Evil ?' (2016) 45 *Journal of Social Policy* 527, 534ff.

(27) Office of Fair Trading, *Review of High-cost Credit,* at 5 and para 3.5. 同報告は市場における問題を承認するが，価格コントロールについては勧告しなかった（at 9 and para 2.29ff)。

(28) Office of Fair Trading , *Payday Lending Compliance Review: Final Report* OFT 1481 (March 2013) によると，貸金業者は価格よりもスピードで競争する傾向があり (3)，借り換えは収入の50パーセントになったとのことである (11)。同報告はまた，最悪の給料日貸付プロダイバーの中には，適切な業界団体のメンバーもいたとする (5)。

(29) 全般的には，Aldohni, 'The UK New Regulatory Framework', 321, 328–29参照。

(30) Office of Fair Trading, *Review of High-cost Credit* 3.62; Competition and Markets Authority, *Payday Lending Market Investigation Final Report,* at paras 31 and 35. CMA 報告は，「顧客の需要は価格に弱い反応を示した」ことを

第五章

(1) *Williams* v. *Roffey Bros & Nicholls* (*Contractors*) *Ltd* [1991] 1 QB 1; *Simantob* v. *Shavleyan* [2019] EWCA Civ 1105.

(2) [2019] AC 119.

(3) *Foakes* v. *Beer* (1884) 9 App Cas 605.

(4) *Rock* v. *MWB*, 上記注(2), [1].

(5) *Rock* v. *MWB* [18].

(6) Peter Wyman, *Independent Review of the Funding of Debt Advice in England, Wales, Scotland and Northern Ireland* (Money Advice Service, 2018), at para 6.

(7) こうしたプロセスがインフォーマルな性質であることを考慮すると，何人の人が債務管理に関する自己交渉もしくは他の法的拘束力のない手段に依拠するかのデータを見つけることは困難である。*Review of the Literature Concerning the Effectiveness of Current Debt Solutions : Final Report for Money Advice Service* (Money Advice Service, 2017), para 1.2.4参照。しかしながら，このようなインフォーマルな手段が様々な破産手続よりも頻繁に利用されているとする証拠がいくつか存在している。Wyman, *Independent Review of the Funding of Debt Advice*, 118; *Final Report for the Money Advice Service*, 10; Financial Conduct Authority, *Consumer credit and Consumers in Vulnerable Circumstances* (April 2014), p. 34.

(8) FCA, *Consumer Credit and Consumers in Vulnerable Circumstances*, p. 34.

(9) [2021] EWCA Civ 228. *Collier* v. *P & M J Wright* (*Holdings*) *Ltd* [2008] 1 WLR 643も参照。

(10) *CFL Finance Ltd* per Lord Justice Newey at [36].

(11) *Simantob* v. *Shavleyan* 上記注 (1)。

(12) Fiancial Coduct Authority, *Quality of Debt Management Advice: Thematic Review* (June 2015), 2.16.

(13) Financial Conduct Authority, *Quality of Debt Management Advice*, 3.3.

(14) Financial Conduct Authority, *Consumer Credit Research: Payday Loans, Logbook Loans and Debt Management Services* (ESRO Ltd, April 2014), p. 40.

(15) Insolvency Act 1986, Part VIII.

(16) Katharina Möser, 'Making Sense of the Numbers: The Shift from Nonconsensual to Consensual Debt Relief and the Construction of the Consumer Debtor' (2019) 46 *Journal of Law and Society* 240, 246-247参照。

(17) Adrian Walters, 'Individual Voluntary Arrangements: A "Fresh Start" for Salaried Consumer Debtors in England and Wales?' (2009) 18 *International Insolvency Review*, 5, 19 脚注省略。

(18) Association of Business Recovery Professionals, *Standard Conditions for*

(127) *Russell Adams* [152].

(128) [2021] EWCA Civ 474 at [131].

(129) 2000年金融サービス・市場法第19節は，一般的禁止を規定する。2001年の2000年金融サービス・市場法(規制活動)令53条は「投資についての助言」に関する規定。

(130) *Russell Adams* 上記注 (128)，[115] (CA).

(131) *Adare Finance DAC* v. *Yellowstone Capital Management SA and another* [2020] EWHC 2760 at [101].

(132) Financial Conduct Authority, *Report on the Financial Conduct Authority's Further Investigative Steps in Relation to RBS GRG* (June 2019) 31.

(133) [2018] EWHC 1829.

(134) RBS GRGの略史およびその行為に対する規制的回答については，HC Treasury Committee, SME Finance HC 805 (26 October 2018), paras 52-64参照。

(135) *Standish* v. *RBS*, 上記注 (133)，[38]-[39].

(136) FCAは零細企業が金融サービスにおいてしばしば「哀れな結末」を受ける側の立場に立つことがあることを認めている。Financial Conduct Authority, *Our Approach to SMEs as Users of Financial Services* DP 15/7 (November 2015).

(137) Beale, 'Access to Financial Justice: Three Financial Services Conduct Scandals, and a Proposal for Reform', 153, 157-58.

(138) *Flex-E-Vouchers Ltd* v. *Royal Bank of Scotland plc* [2016] EWHC 2604 [18].

(139) *Marks and Spencer plc* v. *BNP Paribas Securities Services Trust Co Ltd* [2016] AC 742.

(140) *Target Rich International Ltd* v. *Forex Capital Markets Ltd* [2020] EWHC 1544 [95] 参照。

(141) *Green & Rowley*, 上記注 (105)。

(142) John Penrose MP, *Power to the People* (February 2021) がCMAは裁判所に頼らずに消費者事件の判決を下すことができるべきであると勧告していることを参照。Department for Business, Energy and Industrial Strategy, *Reforming Competition and Consumer Policy* CP 488 (July 2021), para 3.15.

(143) Samuel, 'Tools for Changing Banking Culture', 138; Beale, 'Access to Financial Justice', 160.

(144) Cooter, 'Decentralized Law for a Complex Economy'.

(145) Ogus, *Regulation: Legal Form and Economic Theory*, pp. 26-27.

Banking Law and Regulation 148.

(107) Chiu and Brener, 'Articulating the Gaps', 224.

(108) *Carney* v. *Rothchild,* 上記注（105)。契約における「基礎」条項の存在により助言義務が生じているかの判断を可能とする（[346])。

(109) *Green & Rowley* v. *RBS* 上記注（105）参照。

(110) *Fine Care* v. *RBS,* 上記注（105), [117] 以下は,「助言なし」および「実行のみ」条項をこのように基礎条項として理解し，不公正［契約条項］法の下では審査できないとする流れを継承している。

(111) *Thornbridge* [109]; *Carney* [346]; *Property Alliance Group* v. *RBS* [98] 参照。反対するものとして，*Thomas & Anor* v. *Triodos Bank NV* [2017] EWHC 314; Jo Braithwaite, '*Springwell*-watch: New Insights into the Nature of Contractual Estoppel', LSE Law Society and Economy Working Paper No 12/2017, p. 10-12参照。

(112) *Parmar* v. *Barclays Bank plc,* 上記注（105), [222].

(113) *Green & Rowley* v. *RBS* [2013] EWCA Civ 1197.

(114) *Carney,* 上記注（105), [79].

(115) *Parmar,* 上記注（105), [133]; *Raffeisen Zentralbank* v. *Royal Bank of Scotland plc* [2011] 1 Lloyds Rep 123, [271]-[315].

(116) *Parmar,* 上記注（105), [133]. *First Tower Trustees Ltd* v. *CDS (Superstores International) Ltd* [2018] EWCA Civ 1396; [2019] 1 WLR 637 [98].

(117) *Thornbridge,* above n. 105, [117]; *Carney* [347]-[348].

(118) *Crestsign,* 上記注（105), [119]-[120].

(119) Dame Elizabeth Gloster, *Report of the Independent Investigation into the Financial Conduct Authority's Regulation of London Capital & Finace plc* は，ロンドン資本・金融会社（London Capital & Finance plc [LCF]）の経営破綻をうけたFCAの失敗を検討している。

(120) [2020] EWHC 1229 (Ch).

(121) Financial Conduct Authority, *Handbook,* COBS, r 2.1.1.

(122) 同判決の [31]-[33] および [54] において報告されている原告の証言参照。

(123) *Russell Adams,* 上記注（120), [147]。

(124) *Russell Adams* [150]. *Financial Conduct Authority* v. *Avacade Limited (In Liquidation)* [2020] EWHC 1673と比較。同事件では，2001年の2000年金融サービス・市場法（規制活動）令第544号53条（無許可で投資の売買に関して助言を行う者）に関する請求の文脈において，人が助言を行ったことは，その者に与えられた役割が助言的なものか販売かを問わず事実問題であったか，もしくは契約条項は助言者の役割を何ら担わないと規定していたか，または注意義務が生じなかったのかについて判断が下された。

(125) *Russell Adams,* 上記注（120), [149].

(126) *Russell Adams* [154].

Adults (2017, updated January 2020).

(91) BDRC Continental for the CMA, *SMEs & Unfair Contract Terms Qualitative Research Report* (11 January 2016); IFF Research, *Unfair Contract Terms Research* (19 October 2016).

(92) *Online Platforms and Digital Advertising: Market Study and Final Report* (1 July 2020) n. 88.

(93) 例えば，CMA, *Consumer Protection: Enforcement Guidance*, paras 1.4–1.5参照。

(94) Dame Elizabeth Gloster, *Report of the Independent Investigation into the Financial Conduct Authority's Regulation of London Capital & Finance plc* (23 November 2020), Chapter 6.

(95) Financial Services Authority, *Interest Rate Hedging Products - Pilot Findings* (May 2013).

(96) www.fca.org.uk/consumers/interest-rate-headging-products

(97) *Suremime Limited* v. *Barclays Bank plc* [2015] EWHC 2277 (QB); *CGL Group Ltd* v. *Royal Bank of Scotland plc, Bartels* v. *Barclays Bank plc and WW Property Investments Ltd* v. *National Westminster Bank plc* [2017] EWCA Civ 1073.

(98) 全般的には，Samuel, 'Tools for Changing Banking Culture' 参照。

(99) www.fca.org.uk/news/news-stories/update-irhp-final-report

(100) Samuel, 'Tools for Changing Banking Culture', 132.

(101) Iris H.-Y. Chiu and Alan H. Brener, 'Articulating the Gaps in Financial Consumer Protection and Policy Choices for the Financial Conduct Authority - Moving beyond the Question of Imposing a Duty of Care' (2019) 14 *Capital Markets Law Journal* 217, 219–20.

(102) Financial Conduct Authority, *Handbook*, COBS 4.2.

(103) 1977年不公正契約条項法。

(104) 1974年消費者信用法 140A 条～140D 条であり，同法137条の「法外なクレジット取引」を再開する従来の権限に代えている。

(105) *Green & Rowley* v. *Royal Bank of Scotland plc* [2013] EWCA Civ 1197; *Crestsign Ltd* v. *National Westminster Bank plc & Anor* [2014] EWHC 3043 (Ch); *Thornbridge* v. *Barclays Bank plc* [2015] EWHC 3430; *Marz Ltd* v. *Bank of Scotland plc* [2017] EWHC 3618 (Ch); *Property Alliance Group* v. *Royal Bank of Scotland plc* [2018] 1 WLR 3529; *Carney & Ors* v. *NM Rothschild & Sons Ltd* [2018] EWHC 958 (Comm); *Parmar & Anor* v. *Barclays Bank plc* [2018] EWHC 1027 (Ch); *Fine Care Homes Ltd* v. *National Westminster Bank plc & Anor* [2020] EWHC 3233 (Ch).

(106) Piers Reynolds and Anthony Collins, 'Non-advised Sales of Financial Products: An End to Caveat Emptor' (2018) 33 *Journal of International*

いてペリング（Pelling）裁判官は，同裁判官が判示すべき契約解釈の論点により広い規制環境は無関係であるとして退けていることを参照。[39], [58]-[60]. 業界における協働の必要性に関する規制を強調することと比較。www.ogauthority.co.uk/regulatory-framework/commercial-good-practice/

(74) *Davis* v. *Lloyds Bank plc* [2021] EWCA Civ 557参照。金融行為規制機構（FCA）の提唱するところによれば，金融会社は顧客に注意義務を負っており，それは顧客の最善の利益となるように行動する義務（duty to act）を含むであろうとする。FCA, *Discussion Paper on a Duty of Care and Potential Alternative Approaches* DP 18/ 5 (July 2018).

(75) *Ogus, Regulation: Legal Form and Economic Theory*, pp. 2–3.

(76) Ogus, *Regulation: Legal Form and Economic Theory*, pp. 26–27; Andrei Shleifer, The Failure of Judges and the Rise of Regulators (MIT Press, 2012), p. 15も参照。

(77) 最近事業保険テストケースで見られた。*Financial Conduct Authority* v. *Arch Insurance (UK) Ltd and others* [2021] 2 WLR 123.

(78) CMA の公式目標は，「市場をうまく機能させる」ことである。Competition and Markets Authority, *Consumer Protection: Enforcement Guidance*, CMA 58, para 1.1.

(79) 例えば，*CMA Consumer Protection: Enforcement Guidance*, para 2.10参照。

(80) *Mastercard Incorporated* v. *Merricks* [2021] 3 All ER 285.

(81) Consumer Rights Act 2015, Paragraph 6 Schedule 3; www.fca.org.uk/firms/unfair-contract-terms/library も参照。CMA に関連して，www.gov.uk/government/publications/consumer-enforcement-outcomes 参照。

(82) *Davis* v. *Lloyds Bank plc*. 上記注（74），[13] 参照。

(83) *CMA Consumer Protection: Enforcement Guidance*, para 3.14.

(84) Financial Conduct Authority, *Handbook – Principles for Business*, s 2.1.1, principle 5.

(85) Financial Conduct Authority, *Handbook – Principles for Business*, s 2.1.1, principle 6.

(86) Financial Conduct Authority, Handbook – *Conduct of Business Sourcebook (COBS)* 2.1.1.

(87) *Barclays Bank PLC* v. *Unicredit Bank AG & ANR* [2014] 2 Lloyd's Rep 59.

(88) Competition and Markets Authority, *A New Pro-competition Regime for Digital Markets* CMA 135 (December 2020), para 4.35; and *Online Platforms and Digital Advertising: Market Study and Final Report* (1 July 2020), paras 7.76–7.77.

(89) Financial Conduct Authority, *Detailed Rules for the Price Cap on High-cost Short-term Credit* PS14/16 (November 2014).

(90) Financial Conduct Authority, *Understanding the Financial Lives of UK*

(61) David Campbell, 'The "Market" in the Theory of Regulation' (2018) 27 *Social and Legal Studies* 545, 547. Philip Selznick, 'Focusing Organisational Research on Regulation' in R. G. Noll (ed.) *Regulatory Policy and the Social Sciences* (University of California Press, 1985), p. 363; Anthony Ogus, Regulation: Legal Form and Economic Theory (Oxford University Press, 1994), p. 1を引用。

(62) Julia Black, 'Decentring Regulation: Understanding the Role of Regulation and Self-Regulation in a "Post-Regulatory" World' (2001) 54 *Current Legal Problems* 103, 142.

(63) Terence Daintith, 'Government Companies as Regulators' (2019) 82 *Modern Law Review* 397, 406.

(64) John Braithwaite, 'The Regulatory State?' in Robert E. Goodin (ed.) *The Oxford Handbook of Political Science* (Oxford University Press, 2011), pp. 217, 220.

(65) John Braithwaite, 'The Regulatory State?', p. 220; Edward L. Rubin, 'From Coherence to Effectiveness: A Legal Methodology for the Modern World' in Rob van Gestel, Hans-W. Micklitz and Edward L. Rubin (eds.) *Rethinking Legal Scholarship: A Transatlantic Dialogue* (Cambridge University Press, 2017), pp. 310, 314.

(66) Ogus, *Regulation: Legal Form and Economic Theory*, pp. 1–2.

(67) 2009年食料雑貨品（サプライチェーンにおける取引慣行）市場調査命令（Groceries〔Supply Chain Practices〕Market Investigation Order 2009）により設置された，www.gov.uk/government/organisations/groceries-code-adjudicator

(68) www.gov.uk/government/publications/groceries-supply-code-of-practice/groceriessupply-code-of-practice で利用できる。Simon Whittaker, 'Unfair Terms in Commercial Contracts and the Two Laws of Competition: French Law and English Law Contrasted' in (2019) 39 *Oxford Journal of Legal Studies* 404も参照。

(69) Seely, *Supermarkets: The Groceries Code Adjudicator*, HC Briefing Paper 6124, p. 4.

(70) 2009年食料雑貨品（サプライチェーンにおける取引慣行）市場調査命令5条1項。

(71) 例えば，信義則に関しては［2009年食料雑貨品（サプライチェーンにおける取引慣行）市場調査命令付則1における食料雑貨品供給に関する行動規約］第2パラグラフ，サプライ契約条項の変更に関しては同第3パラグラフ参照。

(72) 例えば，Richard Samuel, 'Tools for Changing Banking Culture: FCA Are You Listening?' (2016) 11 *Capital Markets Law Journal* 129, 130参照。

(73) *TAQA Bratani Ltd* v. *RockRose UKCS8 LLC* [2020] 2 Lloyd's Rep 64にお

versity Law Review 651.
(49) *Marz Ltd* v. *Bank of Scotland plc* [2017] EWHC 3618 (Ch).
(50) Gulati and Scott, *The 3½ Minute Transaction*, pp. 10–11.
(51) Braithwaite, 'Standard Form Contracts as Transnational Law', 798.
(52) Frank Partnoy and David A. Skeel Jr, 'The Promise and Perils of Credit Derivatives' (2007) 75 *University of Cincinnati Law Review* 1019, 1037ff; Maciej Borowicz, 'Private Power and International Law: The International Swaps and Derivatives Association' (2015) 8 *European Journal of Legal Studies* 46, 60ff, とりわけISDAのクレジット決定委員会（Credit Determination Committee）について。
(53) Stephen J. Choi and G. Mitu Gulati, 'Contract as Statute' (2006) 104 *Michigan Law Review* 1129, 1132.
(54) *Belmont Park Investments PTY Ltd* v. *BNY Corporate Trustee Services Ltd and Lehman Brothers Special Financing Inc* [2011] 3 WLR 521. 争点になっているコモンロー上の諸準則に関する簡潔な説明として，Roy Goode, 'Perpetual Trustees and Flip Clauses in Swap Transactions' (2011) 127 *Law Quarterly Review* 1, 3–4参照。
(55) *Belmont Park*, 上記注（54），[103]-[104].
(56) Hugh Collins, 'Flipping Wreck: Lex Mercatoria on the Shoals of Ius Cogens' in Stefan Grundmann, Florian Möslein and Karl Riesenhuber (eds.) *Contract Governance: Dimensions in Law and Interdisciplinary Research* (Oxford University Press, 2015), pp. 383, 398–99; Dan Wielsch, 'Global Law's Toolbox: Private Regulation by Standards' (2012) 60 *American Journal of Comparative Law* 1075, 1088–91参照。
(57) Joanne P. Braithwaite, 'Law after Lehmans', LSE Law, Society and Economy Working Papers 11/2014, pp. 8ff and 16ff; *Re Lehman Brothers International (Europe)* v. *Lehman Brothers Finance SA* [2013] EWCA Civ 188; Alireza M. Gharagozlou, 'Unregulable : Why Derivatives May Never Be Regulated' (2010) 4 *Brooklyn Journal of Corporate Financial and Commercial Law* 269, 271ff 参照。
(58) Biggins and Scott, 'Public-Private Relations', 334; Donal Casey and Colin Scott, 'The Crystallization of Regulatory Norms' (2011) 38 *Journal of Law and Society* 76, 77.
(59) Biggins and Scott, 'Public-Private Relations', 333.
(60) Gabriel V. Rauterberg and Andrew Verstein, 'Assessing Transnational Private Regulation of the OTC Derivatives Market: ISDA, the BBA, and the Future of Financial Reform' (2013) 54 *Virginia Journal of International Law* 9, 11. ISDAが店頭デリバティブ市場をどのように規制するかについては，p. 19ff も参照。

Faith, the Common Law and the CISG', 103参照。

(29) Collins, 'Regulatory Competition in International Trade', p. 125.

(30) Brithwaite, Standard Form Contracts as Transnational Law', 790は，世界的金融危機後にISDAマスター契約の救済制度の有効性に関する訴訟が増加しているとする。

(31) *Lehman Brothers Finance AG* (*in liquidation*) v. *Klaus Tschira Stiftung GMBH & Anor* [2019] EWHC 379 [162]ff, [166] and [174].

(32) Posner, 'Law, Economics and Inefficient Norms',1718; Maria Larrain and Jens Prufer, 'Trade Associations, Lobbying, and Endogenous Institutions' (2015) 7 *Journal of Legal Analysis* 467, 471ff.

(33) Bridge, 'Exception Clauses and Contractual Frustration Clauses', 3 参照。

(34) John Biggins and Colin Scott, 'Public-Private Relations in a Transnational Private Regulatory Regime: ISDA, the State and OTC Derivatives Market Reform' (2012) 13 *European Business Organization Law Review* 309, 336.

(35) Horst Eidenmüller, 'Regulatory Competition in Contract Law and Dispute Resolution' in Horst Eidenmüller (ed.) *Regulatory Competition in Contract Law and Dispute Resolution* (Verlag C H Beck, Hart Publishing, Nomos, 2013), pp. 1, 5-6.

(36) Shaffer, 'How Business Shapes Law', 169.

(37) Biggins and Scott, 'Public-Private Relations', 322.

(38) Biggins and Scott, 'Public-Private Relations', 323.

(39) Biggins and Scott, 'Public-Private Relations', 328-29; Riles, 'The Anti-network', 614-15.

(40) 全般的には，Braithwaite, 'Standard Form Contracts as Transnational Law', 785ff and 788参照。

(41) 2009年最高裁判所規則（Supreme Court Rules 2009）35条（2009 No. 1603〔L. 17〕）参照。

(42) *Lomas & Ors* v. *JFB Firth Rixson Inc* [2012] EWCA Civ 419.

(43) Edward Murray, 'Lomas v Firth Rixson: "As you were!"' (2013) 8 *Capital Markets Law Journal* 395, 395; Braithwaite, 'Standard Form Contracts as Transnational Law', 800ff.

(44) [2020] EWCA Civ 1064.

(45) 上記注（44），[41] および [48]。

(46) CFH対メリルリンチ事件（*CFH* v. *Merill Lynch*）において控訴院は，ブリッグス（Briggs）裁判官が引用しているところを繰り返すとともに（at [38]），その裏付けを行っている（at [41]）。

(47) [2010] EWHC 3372 (Ch) at [53].

(48) Gulati and Scott, *The 3½ Minute Transaction*; Omri Ben-Shahar and John A. E. Pottow, 'On the Stickiness of Default Rules' (2006) 33 *Florida State Uni-*

Connecticut Law Review 147, 162.

(14) Steven L. Schwarcz, 'Private Ordering' 97 (2002) *Northwestern University Law Review* 319, 327. こうしたシステムについての著名な研究には，Robert C. Ellickson, *Order Without Law* (Harvard University Press, 1994); Bernstein, 'Opting Out of the Legal System: Extralegal Contractual Relations in the Diamond Industry', 115; Dietz, *Global Order Beyond Law*, pp. 167-72がある。

(15) 例えばスーパーマーケットについて，Antony Seely, *Supermarkets: The Groceries Code Adjudicator,* HC Briefing Paper 6124 (12 November 2015), p. 9参照。

(16) Peter Cartwright, 'Publicity, Punishment and Protection: The Role(s) of Adverse Publicity in Consumer Policy' (2012) 32 *Legal Studies* 179, 183-85.

(17) Richman, 'Firms, Courts, and Reputation Mechanisms', 2329.

(18) Schwarcz, 'Private Ordering', 324-29.

(19) Annelise Riles, 'The Anti-Network: Private Global Governance, Legal Knowledge, and the Legitimacy of the State' (2008) 56 *American Journal of Comparative Law* 605, 606.

(20) Collins, 'Regulatory Competition in International Trade', p. 122.

(21) Rory Van Loo, 'The New Gatekeepers: Private Firms as Public Enforcers' (2020) 106 *Virginia Law Review* 467. 一例は，2017年マネーロンダリング，テロリストへの融資および資金移動（支払者の情報）規制（Money Laundering, Terrorist Financing and Transfer of Funds (Information on the Payer) Regulations 2017）の下において銀行およびその他の金融機関が負担する「顧客管理（Customer Due Diligence)」要件である。

(22) Richman, 'Firms, Courts, and Reputation Mechanisms', 2341ff.

(23) Richman, 'Firms, Courts, and Reputation Mechanisms', 2342. Bernstein, 'Private Commercial Law in the Cotton Industry: Creating Co-operation through Rules, Norms and Institutions', 1724も参照。

(24) David V. Snyder, 'Private Law Making' (2003) 64 *Ohio State Law Journal* 371, 377, 389 and 411.

(25) Michael Bridge, 'Good Faith, the Common Law and the CISG' (2017) 22 *Uniform Law Review* 98, 104; Mitu Gulati and Robert E. Scott, *The 3½ Minute Transaction* (University of Chicago Press, 2013), pp. 33ff; Jeffrey B. Golden, 'Setting Standards in the Evolution of Swap Documentation' (1994) 13 *International Financial Law Review* 18.

(26) Richman, 'Firms, Courts, and Reputation Mechanisms', 2339.

(27) Richman, 'Firms, Courts, and Reputation Mechanisms', 2347; Posner, 'Law, Economics and Inefficient Norms' も参照。

(28) 例えば，穀物飼料貿易協会（GAFTA）の標準条項に関する Bridge, 'Good

'Standard Form Contracts as Transnational Law: Evidence from the Derivatives Markets' (2012) 75 *Modern Law Review* 779.

(4) Michael Bridge, 'Exceptions Clauses and Contractual Frustration Clauses' (2020) 136 *Law Quarterly Review* 1, 3.

(5) Roger Brownsword, Rob A. J. van Gestel and Hans-W Micklitz (eds.), *Contract and Regulation: A Handbook on New Methods of Law Making in Private Law* (Edward Elgar Publishing, 2017), p. 10. Ronald J. Gilson, Charles F. Sabel and Robert E. Scott, 'Contract and Innovation: The Limited Role of Generalist Courts in the Evolution of Novel Contract Forms' (2013) 88 *New York University Law Review* 170, 176-77も参照。

(6) コモンロー裁判所およびその管轄権のこのような剝奪は，少なくとも仲裁条項を有効であると判示した *Scott* v. *Avery* (1856) 5 HLC 810以降に行われた。

(7) Avery W. Katz, 'Taking Private Ordering Seriously' (1996) 144 *University of Pennsylvania Law Review* 1745 ,1747.

(8) 全般的には，Katz, 'Taking Private Ordering Seriously', 1745参照。集団規範 (group norm) の有効性に関しては，Robert D. Cooter, 'Decentralized Law for a Complex Economy' (1994) 23 *Southwestern University Law Review* 443; 'Decentralized Law for a Complex Economy: The Structural Approach to Adjudicating the New Law Merchant' (1996) 144 *University of Pennsylvania Law Review* 1643参照。Eric A. Posner, 'Law, Economics and Inefficient Norms' (1996) 144 *University of Pennsylvania Law Review* 1697と比較せよ。

(9) 例えば，イギリスにおける債務返済保証保険 (payment protection insurance: PPI) スキャンダルでは，銀行および他のプロバイダーに対する約1,000万の苦情を生み出した。Ned Beale, 'Access to Financial Justice: Three Financial Services Conduct Scandals, and a Proposal for Reform' (2018) 33 *Journal of International Banking Law and Regulation* 153.

(10) Department for Business, Energy and Industrial Strategy, *Resolving Consumer Disputes-Alternative Dispute Resolution and the Court System: Final Report* (April 2018). 同リポートによると，イギリスでは2015年に実際に展開している消費者 ADR スキームが約95あったとのことである (p. 10)。

(11) www.ombudsmanassociation.org/about-where-ombusmen-work.php

(12) Cotterell, 'Transnational Communities', 7; Sally Engle Merry, 'Legal Pluralism' (1988) 22 *Law and Society Review* 869, 870; Bronwen Morgan and Karen Yeung, *An Introduction to Law and Regulation* (Cambridge University Press, 2007), p. 4.

(13) Barak D. Richman, 'Firms, Courts, and Reputation Mechanisms: Towards a Positive Theory of Private Ordering' (2004) 104 *Columbia Law Review* 2328, 2336-37; Katz, 'Taking Private Ordering Seriously', 1745; Gregory C. Shaffer, 'How Business Shapes Law: A Socio-Legal Framework' (2009) 42

One Parking Solution Ltd v. *W* (5 February 2020) Lewes County Court に関するものであり，事実関係に基づき，被告は「駐車」していないので駐車料金は発生することはないと判示された。

(156) Department for Transport, *Guidance on Section 56 and Schedule 4 of the Protection of Freedoms Act 2012: Recovery of Unpaid Parking Charges* (September 2012) s 7.1; *ParkingEye* v. *Beavis,* 上記注 (11), at [108]。

(157) *J Spurling Ltd* v. *Bradshaw* [1956] 1 WLR 461; *Interfoto Picture Library Ltd* v. *Stiletto Visual Programmes Ltd* [1989] QB 433. こうした根拠で組み入れることに最近失敗したことについて，*Green* v. *Petfre* (*Gibralter*) *Ltd t/a Betfred* [167] 参照。

(158) Competition and Markets Authority, *Leasehold Housing: Update Report CMA* 115 (February 2020), para 76.

(159) CMA, *Leasehold Housing: Update Report,* para 77 (c).

(160) Seana V. Shiffrin, 'Remedial Clauses: The Overprivatization of Private Law' (2016) 67 *Hastings Law Journa*l 407, 410 and 420–21.

第四章

(1) 例えば，Wioletta Konradi, 'The Role of Lex Mercatoria in Supporting Globalized Transactions: An Empirical Insight into the Governance Structure of the Timber Industry' in Volkmar Gessner (ed.) *Contractual Certainty in International Trade* (Hart Publishing, 2009), p. 49; Lisa Bernstein, 'Opting Out of the Legal System: Extralegal Contractual Relations in the Diamond Industry' (1992) 21 *Journal of Legal Studies* 115; Lisa Bernstein, 'Private Commercial Law in the Cotton Industry: Creating Co-operation through Rules, Norms and Institutions' (2001) 99 *Michigan Law Review* 1724; Thomas Dietz, *Global Order beyond Law* (Hart Publishing, 2014), pp. 167–72参照。

(2) 異なるタイプに関する有益なサマリーおよび分類については，John Linarelli, 'Global Legal Pluralism and Commercial Law' in Paul Schiff Berman (ed.) *Oxford Handbook on Global Legal Pluralism* (Oxford University Press, 2020), p. 689; Ingeborg Schwenzer, 'Global Unification of Contract Law' (2016) 21 *Uniform Law Review* 60; Ross Cranston, 'Theorizing Transnational Commercial Law' (2007) 42 *Texas International Law Journal* 597参 照。Roger Cotterell, 'Transnational Communities and the Concept of Law' (2008) 21 *Ratio Juris* 1, 3も参照。

(3) Hugh Collins, 'Regulatory Competition in International Trade: Transnational Regulation through Standard Form Contracts' in Horst Eidenmüller (ed.) *Regulatory Competition in Contract Law and Dispute Resolution* (Verlag C H Beck, Hart Publishing, Nomos, 2013), pp. 121, 123; Joanne P. Braithwaite,

Fine Print Fraud', 543.

(145) Sir Robert Goff, 'Commercial Contracts and the Commercial Court' [1984] *Lloyd's Maritime and Commercial Law Quarterly* 382, 391.

(146) 裁判官たちによって承認されている論点であり，*The Eurymedon* [1975] AC 154, 167におけるウイルバフォース（Wilberforce）卿参照。

(147) Law Commission, *Electronic Execution of Documents*, Law Com 386 (2019), para 1.3.

(148) Eliza Mik, 'The Unimportance of Being Electronic or- Popular Misconceptions about Internet Contracting' (2011) 19 *International Journal of Law and Information Technology* 324, 325（強調は原文通り）.

(149) イギリス法における古典的先例は，*Parker* v. *South Eastern Railway Co* [1877] 2 CPD 416という19世紀の判例である。Elizabeth Macdonald, 'When Is a Contract Formed by the Browse-wrap Process?' (2011) 19 *International Journal of Law and Information Technology* 285.

(150) Robert A. Hillman and Jeffrey J. Rachlinski, 'Standard -Form Contracting in the Electronic Age' (2002) 77 *New York University Law Review* 429. 比較のため，Nancy S. Kim, *Wrap Contracts* (Oxford University Press, 2013), pp. 175-76参照。最近のローコミッション報告「文書の電子的作成」が示すところでは，電子サインもまたウェブ上で「合意」ボタンをクリックすることを包含するとしている。*Bassano* v. *Toft* [2014] EWHC 377において，「私は承諾する」をクリックすると1974年消費者信用法61条における債務者の署名の要件を満たすと判示された。Law Commission, *Electronic Commerce-Formal Requirement in Commercial Transactions: Advice from the Law Commission* (December 2001), para 3.36 ff も参照。

(151) Mik, 'The Unimportance of Being Electronic', 336, 340. コメンテーターによっては，自宅から契約する能力は消費者に積極的利点を与え，電子契約のシナリオを売主の施設における対面契約よりも均衡のとれたものとしている。Hillmann and Rachlinski, 'Standard-Form Contracting in the Electronic Age', 477, 485.

(152) Kim, *Wrap Contracts*, p. 162; *Green* v. *Petfre (Gibraltar) Limited t/a Betfred* [2021] EWHC 842 (QB) [167], [172].

(153) *Green* v. *Petfre (Gibraltar) Limited t/a* において裁判官は，プラットフォームの使用を支配する条項はクリックラップを通じて組み込まれているものとした。[125]-[126] and [171]-[172]. 当該条項は，コモンローおよび2015年消費者権利法64条３項の下で無効であると判示された。[176]. *Spreadex Ltd* v. *Cochrane* [2012] EWHC 1290 at [14] も参照。

(154) [1971] 2 QB 163.

(155) David Campbell and Roger Halson, 'By Their Fruits Shall Ye Know Them' (2020) 79 *Cambridge Law Journal* 405参照。同稿は，未報告事件の

goode Hall Law Journal* 5, 20–21.

(131) Gulati and Scott, *3½ Minute Transaction*, pp. 91–92.

(132) Radin, *Boilerplate*, pp. 154ff.

(133) Boilerplate, pp. 130ffにおいて，ラディン（Radin）は強制仲裁合意を攻撃しているが，イギリスでは命令的仲裁条項は1996年仲裁法（Arbtiration Act 1996）91条１項の規定する少額請求を理由として強行できず，またより高額な請求については，2015年消費者権利法62条の不公正基準の対象となる。シュムエルI.ベチャー（Shmeul I. Becher）とユーリ・ベノリエル（Uri Benoliel）は，アメリカのボイラープレートにおいて一方的変更条項が蔓延しているとする。' Sneak in Contracts: An Empirical and Legal Analysis of Unilateral Modification Clauses in Consumer Contracts'（2020）55 *Georgia Law Review* 657, 664. 類似の規定はイギリスでは，2015年消費者権利法62条の下での審査対象となるであろう。

(134) Radin 'The Deformation of Contract', 510.

(135) *L'Estrange* v. *Graucob* [1934] 2 KB 394.

(136) Colin P. Marks, 'Online Terms as *In Terrorem* Devices'（2019）78 *Maryland Law Review* 247, 285–86. Yates, *Exclusion Clauses in Contracts*, pp. 19, 30も参照。Tess Wilkinson-Ryan, 'Do Liquidated Damages Encourage Breach? A Psychological Experiment'（2010）108 *Michigan Law Review* 633も参照。

(137) Yates, *Exclusion Clauses in Contracts*, pp. 19, 30; Tess Wilkinson-Ryan, 'Justifying Bad Deals'（2020）169 *University of Pennsylvania Law Review* 193. Meirav Furth-Matzkin and Roseanna Sommers, 'Consumer Psychology and the Problem of Fine Print Fraud'（2020）72 *Stanford Law Review* 503も参照。

(138) Wilkinson-Ryan, 'Justifying Bad Deals', 196.

(139) Tess Wilkinson-Ryan, 'Legal Promise and Psychological Contract'（2012）47 *Wake Forest Law Review* 843, 845–46; Tess-Wilkinson-Ryan and Jonathan Baron, 'Moral Judgment and Moral Heuristics in Breach of Contract'（2009）6 Journal of Empirical Legal Studies 405; Zev J. Eigen, 'When and Why Individuals Obey Contracts: Experimental Evidence of Consent, Compliance, Promise and Performance'（2012）41 *Journal of Legal Studies* 67.

(140) Randy E. Barnett, 'Consenting to Form Contracts'（2002）71 *Fordham Law Review* 627「私的合意の強行は約束に関してだけでなく，法的に拘束されることへの同意に関しても同様である」。634.

(141) Wilkinson-Ryan, 'Justifying Bad Deals', 197.

(142) Wilkinson-Ryan, 'Justifying Bad Deals', 240.

(143) Furth-Matzkin and Sommers, 'Consumer Psychology and the Problem of Fine Print Fraud', 525. 著者たちは，「法律の素人は契約の形式主義者である」と結論する。520.

(144) Furth-Matzkin and Sommers, 'Consumer Psychology and the Problem of

Under Consumer Law CMA 33(a)（12 March 2015）参照。

(117) https://assets.publishing.service.gov.uk/government/uploads/system/uploads/attachment_data/file/874410/2020_03_HE_LEO_main_text.pdf

(118) Swain, *The Law of Contract* 1670–1870, p. 88参照。

(119) Mark, A. Lemley, 'Terms of Use'（2006）91 *Minnesota Law Review* 459, 466.

(120) Yannis Bakos, Florencia Marotta-Wurgler and David R. Trossen, 'Does Anyone Read the Fine Print? Consumer Attention to Standard-Form Contracts'（2014）43 *Journal of Legal Studies* 1; Margaret Jane Radin, *Boilerplate: The Fine Print, Vanishing Rights and the Rule of Law*（Princeton University Press, 2013), p. 12; Lisa Bernstein and Hagay Volvovsky, 'Not What You Wanted to Know: The Real Deal and the Paper Deal in Consumer Contracts: Comment on the Work of Florencia Marotta-Wurgler'（2015）12 *Jerusalem Review of Legal Studies* 128, 130–32.

(121) Lemley, 'Terms of Use', 466; Florencia Marotta-Wurgler, 'What's in a Standard Form Contract-An Empirical Analysis of Software License Agreements'（2007）4 *Journal of Empirical Legal Studies* 677.

(122) Gardner, 'Contractualisation of Labour Law', p. 35.

(123) Patrick S. Atiyah, *The Rise and Fall of Freedom of Contract*（Oxford University Press, 1979), p. 58.

(124)「当事者自治は契約成立時まで機能するが，その後は当該契約が許す範囲においてである」。Per Lord Sumption in *Rock Advertising* v. *MWB Business Advice Centres*, 上記注（25），[11]。

(125) *BNY Mellon Corporate Trustee Services Ltd* v. *LBG Capital No 1 plc* [2017] 1 All ER 497 [33] 参照。

(126) 例えば，*Cavendish* v. *Makdessi; ParkingEye* v. *Beavis*，上記注（11），Lord Neuberger および Lord Sumption at [108] において用いられている合理人の概念を参照。

(127) 様々な疑問については，Arthur A. Leff, 'Contract as Thing'（1970）19 *American University Law Review* 131; W. David Slawson, 'Standard Form Contracts and Democratic Control of Lawmaking Power'（1971）84 *Harvard Law Review* 529, 544, 566; Radin, 'The Deformation of Contract', 506–08, 530; *Boilerplate*, pp. 14 and 56ff, 80–88, 242; Robin Bradley Kar and Margaret J. Radin, 'Pseudo-contract and Shared Meaning Analysis'（2019）132 *Harvard Law Review* 1135.

(128) Mitu Gulati and Robert E. Scott, *The 3 ½ Minute Transaction*（University of Chicago Press, 2013), pp. 138, 146.

(129) Atiyah, *Rise and Fall*, pp. 572ff.

(130) Ian R. Macneil, 'Bureaucracy and Contracts of Adhesion'（1984）22 *Os-*

Hugh Collins, Gillian Lester and Virginia Mantouvalou (eds.) *Philosophical Foundations of Labour Law* (Oxford University Press, 2018), p. 33; Peter Vincent-Jones, *The New Public Contracting* (Oxford University Press, 2006), p. xxviii 参照。

(103) Collins, *The Law of Contract*, pp. 110-11; また, *Regulating Contracts*, pp. 17-20, Chapter 13も参照。

(104) Gardner, 'Contractualisation of Labour Law', p. 36.

(105) Gardner, 'Contractualisation of Labour Law', pp. 36-37. Vincent-Jones, *The New Public Contracting*, p. 4 (脚注省略) も参照。

(106) J. Mark Ramseyer, 'Indentured Prostitution in Imperial Japan: Credible Commitments in the Commercial Sex Industry' (1991) 7 *Journal of Law, Economics and Organization* 89; 'Contracting for Sex in the Pacific War' (2021) 65 *International Review of Law and Economics* (art. 105971).

(107) Ian Macneil, *The Relational Theory of Contract: Selected Works of Ian Macneil*, David Campbell (ed.) (Sweet & Maxwell, 2001), p. 21.

(108) Ian R. Macneil, 'Relational Contract Theory: Challenges and Queries' (2000) 94 *Northwestern University Law Review* 877, 878; David Campbell, 'Ian Macneil and the Relational Theory of Contract' in *The Relational Theory of Contract: Selected Works of Ian Macneil*, pp. 5-6.

(109) Gardner, 'Contractualisation of Labour Law', p. 37.

(110) Collins, *The Law of Contract*, pp. 4-5.

(111) 1970年代以降のこの動きに関する簡潔な記述については, Ogus, *Regulation: Legal Form and Economic Theory* (Hart Publishing, 2004), pp. 8-12; Philip Arestis and Malcolm Sawyer, 'The Neoliberal Experience of the United Kingdom' in Alfredo Saad-Filho and Deborah Johnston (eds.) *Neoliberalism: A Critical Reader* (Pluto Press, 2005), p. 199; David Harvey, *A Brief History of Neo-liberalism* (Oxford University Press, 2007), pp. 55-63, Chapter 3; Trevor C. W. Farrow, *Civil Justice, Privatization and Democracy* (University of Toronto Press, 2014), pp. 51-57参照。

(112) Peter Vincent-Jones, 'Contractual Governance: Institutional and Organizational Analysis' (2000) 20 *Oxford Journal of Legal Studies* 317.

(113) Ian Harden, *The Contracting State* (Open University Press, 1992), Chapter 3; Sally Wheeler, 'Modelling the Contracts of the Future' (2017) 26 *Griffith Law Review* 593, 595ff.

(114) Wightman, *Contract A Critical Commentary*, pp. 115-19参照。

(115) Arestis and Sawyer, 'The Neoliberal Experience of the UK', p. 203.

(116) 納得しない学生は独立裁定局 (office of the independent adjudicator) に訴える。The Competition and Markets Authority, *Higher Education-Undergraduate Students: Higher Education-Undergraduate Students: Your Rights*

(86) [1915] AC 79.

(87) *Cavendish* v. *Makdessi*, 上記注（11），[106]. *Aziz* v. *Caixa d'Estalvis de Catalunya, Tarragona i Manresa*（Catalunyacaixa）Case C-415/11, [2013] 3 CMLR 5に依拠している。

(88) *Cavendish* v. *Makdessi* per Lord Sumption and Lord Neuberger [107]-[108].

(89) *Cavendish* v. *Makdessi* per Lord Toulson [307], [309].

(90) コモンローと規制とに接点がまったくない場合には，状況は異なったかもしれない。例えば，欧州議会理事会規則 No. 261/2004（搭乗拒否規則）（Regulation（EC）261/2004 of the European Parliament and of the Council〔Denied Boarding Regulation〕）に関する *Lipton and another* v. *BA City Flyer Ltd* [2021] 1 WLR 2545参照。控訴院は，判決を通じて同規則に関する消費者保護の論拠を述べている。

(91) *Office of Fair Trading* v. *Abbey National plc* [2010] 1 AC 696.

(92) Andrew Smiths 裁判官の *Office of Fair Trading* v. *Abbey National plc* 判決 [2008] EWHC 875; [2008] 2 All ER（Comm）625.

(93) *Andrews* v. *Australia and New Zealand Banking Group Ltd*（2012）247 CLR 205; [2012] HCA 30, および違約金準則は，契約違反が引き金となった二次的債務だけではなく，幅広い条項に適用されることができる旨判示する *Paciocco* v. *Australia and New Zealand Banking Group Ltd* [2016] HCA 28におけるオーストラリアの判例と比較せよ。

(94) *Office of Fair Trading* v. *Abbey National plc*, 上記注（91），per Lord Walker [47]; Lord Phillips [62].

(95) 1999年消費者契約における不公正契約条項規則（Unfair Terms in Consumer Contracts Regulations 1999）の規則 6 (2) は，しばしば「中核条項」例外と呼ばれる。

(96) *OFT* v. *Abbey National*, 上記注（91），Lady Hale [93].

(97) *OFT* v. *Abbey National*, 上記注（91），[331].

(98) Steve Hedley, 'Two Laws of Contract, or One?' in T.T. Arvind and Jenny Steele（eds.）*Contract Law and the Legislature*（Hart Publishing, 2020), p. 147参照。

(99) Waddams, *Sanctity of Contracts in a Secular Age*, pp. 3–4.

(100) Henry Sumner Maine, *Ancient Law*（John Murray, 1861; Cambridge University Press, 2012）p. 170.

(101) Hugh Collins, *Regulating Contracts*（Oxford University Press, 1999), p. 17.

(102) John Wightman, *Contract: A Critical Commentary*（Pluto Press, 1996), pp. 2–3; Collins, *The Law of Contract,* Chapter 6; Margaret Jane Radin, 'The Deformation of Contract in the Information Society'（2017）37 *Oxford Journal of Legal Studies* 505; John Gardner, 'The Contractualisation of Labour Law' in

(2016) *Law Quarterly Review* 119-21(契約上のエストッペルを広く支持する見解).

(72) Braithwaite, '*Springwell*-watch', p. 11.

(73) McMeel, 'Documentary Fundamentalism', 189-91.

(74) Uri Benoliel, 'The Interpretation of Commercial Contracts: An Empirical Study' (2017) 69 *Alabama Law Journal* 469.

(75) *Raiffeisen Zentralbank Osterreich* v. *Royal Bank of Scotland plc* [2011] 1 Lloyds Rep 123 [304] におけるクリストファー・クラーク (Christopher Clarke) 裁判官参照。

(76) Braithwaite, 'The Origins and Implications of Contractual Estoppel', 121は,「波及 (contagion)」の問題, すなわち2008年世界金融危機という非日常的な文脈において下された判決が契約法の一般原則として不釣り合いな重要性を帯びていることに言及する。

(77) [2002] 1 AC 481.

(78) *Director General of Fair Trading* v. *First National Bank* [56].

(79) 1974年消費者信用法 (Consumer Credit Act 1974) 130A 条改正を含む。

(80) *Director General of Fair Trading* v. *First National Bank* [2000] EWCA Civ 27; [2000] 2 WLR 1353.

(81) [2002] 1 WLR 685.

(82) *Cavendish* v. *Makdessi*; *ParkingEye Ltd* v. *Beavis,* 上記注 (11), at [32]. アトキンソン (Atkinson) 卿は, *Dunlop* v. *New Garage,* 上記注 (34), at 92において同様な考慮に言及している。「[Dunlop] はこの価格引き下げに明白な興味を示していた。……その興味は支払いが合意されていた金額に比べて不釣り合いであったということは不可能であったように思われる」。*Clydebank Engineering & Shipbuilding Co Ltd* v. *Don Jose Ramos Yzquierdo y Castaneda* [1905] AC 6, 19-20も参照。

(83) *Cavendish* v. *Makdessi; ParkingEye* v. *Beavis,* 上記注 (11), at [97]。

(84) *ICICI Bank UK plc* v. *Assam Oil Co Ltd* [2019] EWHC 750 (Comm). *ZCCM Investment Holdings plc* v. *Konkola Copper Mines plc* [2017] EWHC 3288 (Comm) において, リオネル・ペルシイ (Lionel Percy) 勅撰弁護士は, プラス10パーセントとするライボー(LIBOR:ロンドン金融市場における銀行間取引の金利管理者) の約定利率が「明らかに法外」であったことを示す証拠は何も見たことがないと述べていることも参照。プラス12パーセントのライボーの利率について, *Cargill International Trading Pte Ltd* v. *Uttam Galva Steels Ltd* [2019] EWHC 476 (Comm) においてブライアン (Bryan) 裁判官は,「履行における合法的利率」判断基準に基づいて違約金ではないと判示した。

(85) *Cavendish* v. *Makdessi* at [33] における最高裁判所。 *Cavendish* v. *Makdessi* [2013] EWCA Civ 1539において控訴院は, 違約金準則は「契約の自由への露骨な干渉である」とした。Per Lord Justice Christopher Clarke at [44].

[2001] All ER (Comm) 696 at [39]-[41]. Kwan Ho Lau and Ben Mathias Tan, 'Basis Clauses and the Unfair Contract Terms Act 1977' (2014) 130 *Law Quarterly Review* 377; Jo Braithwaite, '*Springwell*watch: New Insights into the Nature of Contractual Estoppel', LSE Law Society and Economy Working Paper No 12/2017, p. 13も参照。

(58) Brian Coote, 'The Function of Exception Clauses' in Rick Bigwood (ed.) *Contract as Assumption : Essays on a Theme* (Hart Publishing, 2010), pp. 81, 86.

(59) Lord Wilberforce, *Suisse Atlantique* v. *Rotterdamsche* [1967] AC 361, 432.

(60) 例えば，3条2項b号，11条3項および13条1項参照。

(61) John N. Adams and Roger Brownsword, 'The Unfair Contract Terms Act: A Decade of Discretion' (1988) 104 *Law Quarterly Review* 94. 1977年不公正契約条項法のアプローチに関する初期の批評について，Yates, *Exclusion Clauses in Contracts*, pp. 269-70参照。

(62) *Smith* v. *Eric S. Bush* [1990] 1 AC 831および *Phillips Products Ltd* v. *Hyland and Hamstead Plant Hire Co. Ltd* [1987] 1 WLR 659参照。

(63) 1994年 /1999年消費者契約における不公正条項規則における「中核条項」の例外に関しては，*Director General of Fair Trading* v. *First National Bank* [2002] 1 AC 481, 499.

(64) *Cremdean Properties* v. *Nash* [1977] 2 Estates Gazette LR 80, per Lord Justice Bridge at 82 and Lord Justice Scarman at 82-83; *Brikom Investments Ltd* v. *Carr* [1979] 2 All ER 753; *Thomas Witter* v. *TBP Industries* [1996] 2 All ER 573; *Goff* v. *Gaultier* (1991) 62 P & C R 388 (ChD).

(65) 他の賛同する判例に関して，*E A Grimstead & Son Ltd* v. *McGarrigan* [1999] EWCA Civ 3029; *Axa Sun Life Services plc* v. *Campbell Martin Ltd* [2011] 2 Lloyd's Rep 1 at [34] and [64]-[65]; *Peekay Intermark Ltd* v. *Australia and New Zealand Banking Group Ltd* [2006] 2 Lloyd's Rep 511参照。

(66) 全般的には，Jo Braithwaite, 'Law after Lehmans', LSE Law, Society and Economy Working Papers 11/2014参照。

(67) *Thornbridge Ltd* v. *Barclays Bank plc* [2015] EWHC 3430 [109]; *Carney* v. *Rothschild*, 上記注 (54), at [346]; *Property Alliance Group Ltd* v. *Royal Bank of Scotland plc* [2018] EWCA Civ 355; [2018] 1 WLR 3529 [98]; *Crestsign Ltd* v. *National Westminster Bank plc* [2014] EWHC 3043 [94], [114]; 反対するのは，*Thomas* v. *Triodos Bank NV* [2017] EWHC 314 [68], [80]; Braithwaite, '*Springwell*-watch', pp. 10-12.

(68) *Carney* v. *Rothschild*, 上記注 (54), at [80].

(69) [2019] 1 WLR 637 [98].

(70) *First Tower Trustees* [99].

(71) Jo Braithwaite, 'The Origins and Implications of Contractual Estoppel'

Mummery, 'Commercial Notions and Equitable Potions' in Sarah Worthington (ed.) *Commercial Law and Commercial Practice* (Hart Publishing,2003), pp. 29, 42–43; *UBS AG* (*London Branch*) v. *Kommunale Wasserwerke Leipzig GmbH* [2017] 2 Lloyd's Rep 621, per Lady Justice Gloster at [347]; *Yeoman's Row Management Ltd* v. *Cobbe* [2008] WLR 1752, per Lord Walker at [85] and [91].

(47) *Fujitsu Services Ltd* v. *IBM United Kingdom Ltd* [2014] EWHC 752 at [126]. *Scandinavian Trading Tanker Co AB* v. *Flota Petrolera Ecuatoriana* (*The Scaptrade*) [1983] 1 QB 529 (CA), 貴族院認容 [1983] 2 AC 694; *Union Eagle Ltd* v. *Golden Achievement Ltd* [1997] AC 514.

(48) *Yeoman's Row Management Ltd* per Lord Walker at [81].

(49) Irit Samet, *Equity: Conscience Goes to Market* (Oxford University Press, 2018), pp. 14–15.

(50) Jody P. Kraus and Robert E. Scott, 'The Case against Equity in American Contract Law' (2020) 93 *Southern California Law Review* 1323, 1327, 1332.

(51) T. T. Arvind, 'Contract Transactions and Equity' in Larry A. DiMatteo, Qi Zhou, Séverine Saintier and Keith Rowley (eds.) *Commercial Contract Law: Transatlantic Perspectives* (Cambridge University Press, 2013), pp.146, 166; Sir Terence Etherton, 'Equity and Conscience', Eldon Professor's Lecture, Northumbria University (24 October 2017) [53]-[57]. Lord Justice Millett, 'Equity's Place in the Law of Commerce' (1998) 114 *Law Quarterly Review* 214, 216.

(52) Lord Sumption, 'A Question of Taste: The Supreme Court and the Interpretation of Contracts' (2017) 17 *Oxford University Commonwealth Law Journal* 301, 310. *Daventry District Council* v. *Daventry & District Housing Ltd* [2011] EWCA Civ 1153 [139] も参照。

(53) Yip and Lee, 'The Commercialisation of Equity', 648–49.

(54) *Carney* v. *N M Rothschild & Sons Ltd* [2018] EWHC 958 [73].

(55) 枢密院（司法委員会）により慣行によるエストッペル（estoppel by convention）として承認されている。*Prime Sight Ltd* v. *Lavarello* [2014] AC 436 [46]-[47]. Jonathan Morgan, 'Opting for "Documentary Fundamentalism": Respecting Party Choice for Entire Agreement and Non-reliance Clauses' in Paul S. Davies and Magda Raczynska (eds.) *Contents of Commercial Contracts: Terms Affecting Freedoms* (Hart Publishing, 2020), pp. 239, 246–47も参照。

(56) Gerard McMeel, 'Documentary Fundamentalism in the Senior Courts: The Myth of Contractual Estoppel' [2011] *Lloyd's Maritime and Commercial Law Quarterly* 185.

(57) *Watford Electronics Ltd* v. *Sanderson CFL Ltd* [2001] EWCA Civ 317,

3880274 at 43, 46.

(27) Hugh Beale (ed.), *Chitty on Contracts*, 33rd ed. (Sweet & Maxwell, 2020), 16-008.

(28) Beale, *Chitty on Contracts*, 16-007; *Johnstone* v. *Bloomsbury Health Authority* [1992] 1 QB 333, 346.

(29) Warren Swain, *The Law of Contract 1670-1870* (Cambridge University Press, 2015), pp. 245-46. 例えば，*Multiservice Bookbinding* v. *Marden* [1979] 1 Ch 84 at 104参照。

(30) Beale, *Chitty on Contracts*, 16-005. 公序良俗問題としての契約自由については，*Printing and Numerical Registering Co.* v. *Sampson* (1875) 19 Eq 462, 465における記録長官ジョージ・ジェッセル（George Jessel）卿参照。

(31) *Patel* v. *Mirza* [2017] AC 467.

(32) *Patel* v. *Mirza* per Lord Toulson at [108].

(33) *Patel* v. *Mirza* per Lord Mance, Lord Clarke and Lord Sumption.

(34) *Dunlop Pneumatic Tyre Co Ltd* v. *New Garage and Motor Co Ltd* [1915] AC 79.

(35) Waddams, *Sanctity of Contracts in a Secular Age*, pp. 17-18.

(36) *Multiservice Bookbinding* v. *Marden* [1979] 1 Ch 84, 110.

(37) *CTN Cash and Carry Ltd* v. *Gallaher Ltd* [1994] 4 All ER 714.

(38) *Carillion Construction Ltd* v. *Felix (UK) Ltd* [2000] All ER (D) 1696; *Adam Opel GmbH* v. *Mitras Automotive* [2007] EWHC 3252 [26].

(39) *CTN Cash and Carry Ltd* v. *Gallaher Ltd*, per Lord Steyn, 717.

(40) [2019] 3 WLR 445 [73].

(41) *Times Travel* [101]-[102].

(42) イギリスおよびスコットランドのローコミッションは，商業的代理出産の合法化を正当化するために自律性およびリバタリアンの議論を用いている。*Building Families through Surrogacy: A New Law*, Joint Consultation Paper 244/167, (June 2019) at para 2.65. *XX* v. *Whittington Hospital NHS Trust* [2021] AC 275.「外国の商事的な代理母出産に関する損害賠償の支払いは，もはや公序良俗に反するものではない」。Per Lady Hale at [53]; Cressida Auckland and Imogen Goold, 'Claiming in Contract for Wrongful Conception' (2020) 136 *Law Quarterly Review* 45, 48も参照。

(43) Nelson Enonchong, 'The Modern English Doctrine of Unconscionability' (2018) 34 *Journal of Contract Law* 211, 217.

(44) Waddams, *Sanctity of Contracts in a Secular Age*, pp. 34, 158-59.

(45) Man Yip and James Lee, 'The Commercialisation of Equity' [2017] 37 *Legal Studies* 647, 650.

(46) William Goodhart and Gareth Jones, 'The Infiltration of Equitable Doctrine into English Commercial Law' (1980) 43 *Modern Law Review* 489; Sir J.

(10) エクイティ上の錯誤は一例である。*Great Peace Shipping Ltd* v. *Tsavliris Salvage (International) Ltd* [2003] QB 679 (CA) [155]-[157].

(11) *Cavendish Square Holding BV* v. *Makdessi*; *ParkingEye Ltd* v. *Beavis* [2016] AC 1172.

(12) *Arnold* v. *Britton* [2015] AC 1619. さらに Catherine Mitchell, *Interpretation of Contracts*, 2nd ed. (Routledge, 2018), pp. 62-71参照。

(13) *Marks and Spencer plc* v. *BNP Paribas Securities Services Trust Co Ltd* [2016] AC 742.

(14) Magda Raczynska and Paul S. Davies, 'Freedom of Contract and Terms Affecting Freedoms' in Paul S. Davies and Magda Raczynska (eds.) *Contents of Commercial Contracts: Terms Affecting Freedoms* (Hart Publishing, 2020), pp. 1, 4.

(15) Raczynska and Davies, 'Freedom of Contract and Terms Affecting Freedoms', pp. 4-5.

(16) Hanoch Dagan, Avihay Dorfman, Roy Kreitner and Daniel Markovits, 'The Law of the Market' (2020) 83 *Law and Contemporary Problems* i, ii; Hugh Collins, *The Law of Contract*, 4th ed. (Butterworths, 2003), p. 107.

(17) Lord Hodge, 'Judicial Development of the Law of Contract in the United Kingdom' (2017) 85 *George Washington Law Review* 1587, 1588.

(18) 利用可能なすべてのデータを得るために，控訴院民事部判決に関するレクシス調査は2019年 8 月28日に実施した。*Williams* v. *Roffey Bros & Nicholls (Contractors) Ltd* [1991] 1 QB（コンシダレーションに関する）を引用する判例は17件，*Hadley* v. *Baxendale* (1854) 9 ExCh 341（損害の疎遠性に関する）は149件，*Transfield Shipping Inc* v. *Mercator Shipping Inc (The Achilleas)* [2009] 1 AC 61は61件，*Investors Compensation Scheme* v. *West Bromwich Building Society* [1998] 1 WLR（契約解釈の文脈的方法に関する）は402件であった。

(19) [2015] 1 WLR 1661.

(20) *Cavendish Square Holding BV* v. *Makdessi*; *ParkingEye Ltd* v. *Beavis*，上記注 (11)。

(21) *Arnold* v. *Britton* [2015] AC 1619; *Wood* v. *Capita Insurance Services Ltd* [2017] AC 1173.

(22) *Cusack* v. *Harrow LBC* [2013] 1 WLR 2022 [57].

(23) [2004] 1 AC 919.

(24) *Patel* v. *Mirza* [2017] AC 467; *Morris-Garner* v. *One Step (Support) Ltd* [2019] AC 649.

(25) [2019] AC 119.

(26) Linda Mulcahy and Wendy Teeder, 'Are Litigants, Trials and Precedents Vanishing After All?' *Modern Law Review*（近刊）https://ssrn.com/abstract=

tion, revised ed.（Oxford University Press, 1989）参照。

(133) Hedley, 'Looking Outward or Looking Inward?', 202と比較。

(134) Brownsword, 'The Law of Contract: Doctrinal Impulses, External Pressures, Future Directions', 81ff.

(135) Jason N. E. Varuhas, 'The Socialisation of Private Law: Balancing Private Right and Public Good'（2021）137 *Law Quarterly Review* 141, 141–42. Magda Raczynska and Paul S. Davies, 'Freedom of Contract and Terms Affecting Freedoms' in Paul S. Davies and Magda Raczynska（eds.）*Contents of Commercial Contracts: Terms Affecting Freedoms*（Hart Publishing, 2020）, pp. 1, 4–5も参照。

(136) *Co-operative Insurance Society Ltd* v. *Argyll Stores*（*Holdings*）*Ltd* [1998] AC 1.

(137) Varuhas, *Braganza* v. *BP Shipping Ltd*（上記注（114）を引用）。; *Societe Generale, London Branch* v. *Geys* [2013] 1 AC 523.

第三章

(1) David Yates, *Exclusion Clauses in Contracts*, 2nd ed.（Sweet & Maxwell, 1982）, Chapter 6; Brian Coote, 'The Second Rise and Fall of Fundamental Breach'（1981）55 *Australian Law Journal* 788.

(2) Yates, *Exclusion Clauses in Contracts*, pp. 216–17.

(3) *Karsales*（*Harrow*）*Ltd* v. *Wallis* [1956] 1 WLR 936, per Lord Denning at 940; なお, *Charterhouse Credit Co Ltd* v. *Tolly* [1963] 2 WLR 1168; Yates, *Exclusion Clauses in Contracts*, p. 226; Stephen Waddams, S*anctity of Contracts in a Secular Age*（Cambridge University Press, 2019）, pp. 62–69.

(4) *Suisse Atlantique Société d'Armement Maritime SA* v. *NV Rotterdamsche Kolen Centrale* [1967] 1 AC 361; *Photo Production Ltd* v. *Securicor Transport Ltd* [1980] AC 827.

(5) *Suisse Atlantique*, per Viscount Dilhorne, 392.

(6) *Photo Production*, per Lord Wilberforce, 843; Lord Diplock, 848.

(7) *National Westminster Bank plc* v. *Morgan* [1985] AC 686, per Lord Scarman, 708.

(8) [2001] EWCA Civ 317.

(9) *Triple Point Technology Inc* v. *PTT Public Company Ltd* [2021] UKSC 29 [107]-[108]; *Mott MacDonald Ltd* v. *Trant Engineering Ltd* [2021] EWHC 754 [64]. *Goodlife Foods Ltd* v. *Hall Fire Protection Ltd* [2018] EWCA Civ 1371; *Persimmon Homes Ltd* v. *Ove Arup & Partners Ltd* [2017] EWCA Civ 373; *Transocean Drilling UK Ltd* v. *Providence Resources plc* [2016] 2 Lloyd's Rep 51, [2016] EWCA Civ 372も参照。

Contract (Oxford University Press, 1990), pp. 355, 357.

(123) Ian Harden, *The Contracting State* (Open University Press, 1992); Mark R. Freeland, 'Government by Contract and Public Law' (1994) *Public Law* 86; Jody Freeman, 'The Contracting State' (2000) 28 *Florida State University Law Review* 155; Peter Vincent-Jones, *The New Public Contracting* (Oxford University Press, 2006).

(124) こうした態度はかなり早い時期まで遡ることができるのであり，したがって1974年消費者信用法（Consumer Credit Act 1974）へと結実したクローザー報告（Crowther Report）*Consumer Credit* Cmnd 4596 (HMSO, 1971) は，「人々自身が自らの重要な福祉に何が寄与するかの裁判官でなければならない」との見解を有していた。para 3.9.1; Atiyah, 'Freedom of Contract and the New Right', p. 358.

(125) Atiyah, 'Freedom of Contract and the New Right', p. 356.

(126) Atiyah, 'Freedom of Contract and the New Right', p. 360.

(127) H. L. A. Hart, *The Concept of Law*, 1st ed. (Oxford University Press, 1961).

(128) Ronald Dworkin, *Law's Empire* (Fontana, 1986); Duncan Kennedy, 'A Transnational Genealogy of Proportionality in Private Law' in Roger Brownsword, Hans-W. Micklitz, Leone Niglia and Stephen Weatherill (eds.) *The Foundations of European Private Law* (Hart Publishing, 2011), pp. 185, 216–17.

(129) Robert E. Scott, 'The Death of Contract Law' (2004) 54 *University of Toronto Law Journal* 369–70.

(130) Lisa Bernstein, 'Merchant Law in a Merchant Court: Rethinking the Code's Search for Immanent Business Norms' (1996) 144 *University of Pennsylvania Law Review* 1765; 'The Questionable Empirical Basis of Article 2's Incorporation Strategy: A Preliminary Study' (1999) 66 *University of Chicago Law Review* 710: 'Private Commercial Law in the Cotton Industry: Creating Co-operation through Rules, Norms and Institutions' (2001) 99 *Michigan Law Review* 1724.

(131) Steve Hedley, 'Looking Outward or Looking Inward? Obligations Scholarship in the Early 21st Century' in Andrew Robertson and Tang Hang Wu (eds.) *The Goals of Private Law* (Hart Publishing, 2009), pp. 193, 196–97.

(132) Hedley, 'Looking Outward or Looking Inward?', pp. 202. こうした傾向は，恐らく契約においてよりも不法行為学においてより顕著である。例えば，Ernest Weinrib, *The Idea of Private Law* (Harvard University Press, 1995); Allan Beever, *Rediscovering the Law of Negligence* (Hart Publishing, 2007); Robert Stevens, *Torts and Rights* (Oxford University Press, 2007) 参照。また不当利得においては，Peter Birks, *An Introduction to the Law of Restitu-*

(111) Atiyah, *Rise and Fall*, p. 599.

(112) Atiyah, *Rise and Fall*, pp. 718ff.

(113) Atiyah, *Rise and Fall*, pp. 726. Jack Beatson, 'Public Law Influences in Contract Law' in Jack Beatson and Daniel Friedmann (eds.) *Good Faith and Fault in Contract Law* (Oxford University Press, 1995).

(114) *Braganza* v. *BP Shipping Ltd* [2015] 1 WLR 1661.

(115) Atiyah, *Introduction to the Law of Contract*, p. 302.

(116) ウィテカー(Whittaker) が言及するところでは，イギリスにおいては企業間の契約規制は概ね契約法というよりは競争法の問題とされており，2016年のフランス民法典に基づくフランス法と対照的であり，同法典は1110条および1171条の不公正を理由として企業間の契約条項を審査する裁判所の権限を創設している。Simon Whittaker, 'Unfair Terms in Commercial Contracts and the Two Laws of Competition: French Law and English Law Contrasted' in (2019) 39 *Oxford Journal of Legal Studies* 404.

(117) Campbell, 'The Undeath of Contract: A Study in the Degeneration of a Research Programme', 20.

(118) Brownsword, *Contract Law: Themes for the Twenty-First Century*, p. 65; Roger Brownsword, 'The Law of Contract: Doctrinal Impulses, External Pressures, Future Directions' (2014) 31 *Journal of Contract Law* 73, 75.

(119) Robert E. Scott, 'The Case for Formalism in Relational Contract' (2000) 94 *Northwestern University Law Review* 847; David A. Charny, 'The New Formalism in Contract' (1999) 66 *University of Chicago Law Review*, 842; Omri Ben-Shahar, 'The Tentative Case against Flexibility in Commercial Law' (1999) 66 *University of Chicago Law Review* 781; Richard A. Epstein, 'Confusion about Custom: Disentangling Informal Customs from Standard Contractual Provisions' (1999) 66 *University of Chicago Law Review* 821; William J. Woodward, 'Neoformalism in a Real World of Forms' (2001) *Wisconsin Law Review* 971; John E. Murray, 'Contract Theories and the Rise of Neoformalism' (2002) 71 *Fordham Law Review* 869; William C. Whitford, 'Relational Contracts and the New Formalism' (2004) *Wisconsin Law Review* 631. イギリスにおいては，Jonathan Morgan, *Contract Law Minimalism: A Formalist Restatement of Commercial Contract Law* (Cambridge University Press, 2013). コモンローにおける制度上のおよび憲法上の制約を強調する多少異なる形式主義者の視点につき，John Gava, 'False Lessons from the Real, and Network Contracts?' (2005) 21 *Journal of Contract Law* 182参照。

(120) Hanoch Dagan, Avihay Dorfman, Roy Kreitner and Daniel Markovits, 'The Law of the Market' (2020) 83 *Law and Contemporary Problems* i, i.

(121) Nolan, 'The Classical Legacy and Modern English Contract Law', 619.

(122) Patrick S. Atiyah, 'Freedom of Contract and the New Right' in *Essays on*

(96) *Walford* v. *Miles* [1992] 2 AC 128.

(97) *Williams* v. *Roffey Bros & Nicholls* (*Contractors*) *Ltd* [1991] 1 QB 1.

(98) *Blackpool and Fylde Aero Club* v. *Blackpool Borough Council* [1990] 1 WLR 1195; John N. Adams and Roger Brownsword, 'More in Expectation than Hope: The Blackpool Airport Case' (1991) 54 *Modern Law Review* 281.

(99) *Investors Compensation Scheme* v. *West Bromwich Building Society* [1998] 1 WLR 896; ホフマン卿のリステイトメントは，*Prenn* v. *Simmonds* [1971] 1 WLR 1381, 1383–84; *Reardon Smith Line Ltd* v. *Yngvar Hansen-Tangen* [1976] 1 WLR 989, 995におけるウイルバフォース卿のそれ以前の傍論に道筋をつけた。ウイルバフォース卿は，1877年までのより自由なアプローチに賛成する先例および *River Wear Commissioners* v. *Adamson* (1877) 2 App Cas 743におけるブラックバーン卿の判決を辿っている。

(100) Simpson, 'Contract: The Twitching Corpse'.

(101) 概要については，Christian Twigg-Flesner, *The Europeanisation of Contract Law*, 2nd ed. (Routledge, 2013). ここでの重要な発展は，Ole Lando and Hugh Beale (eds.) *The Principles of European Contract Law, Parts I and II* (Kluwer, 2000); Study Group on a European Civil Code/Research Group on the Existing EC Private Law (Acquis Group) (eds.) *Principles, Definitions and Model Rules on European Private Law-Draft Common Frame of Reference* (Sellier, 2009) である。

(102) Arthur S. Hartkamp, Martijn W. Hesselink, Ewoud Hondius, C. Mak and Edgar Du Perron (eds.) *Towards a European Civil Code*, 4th ed. (Wolters Kluwer, 2010).

(103) Pierre Legrand, 'Against a European Civil Code' (1997) 60 *Modern Law Review* 44.

(104) Gunther Teubner, 'Legal Irritants: Good Faith in British Law or How Unifying Law Ends up in New Divergences' (1998) 61 *Modern Law Review* 11.

(105) David Campbell, 'Relational Contract and the Nature of Private Ordering: A Comment on Vincent-Jones' (2007) 14 *Indiana Journal of Global Legal Studies* 279, 281–82. David Campbell, 'Reflexivity and Welfarism in the Modern Law of Contract' (2000) 20 *Oxford Journal of Legal Studies* 477も参照。

(106) Collins, *Regulating Contracts*, p. 53.

(107) 例えば，Financial Conduct Authority, *Guidance for Firms on the Fair Treatment of Vulnerable Customers* (FG21/1, February 2021) 参照。

(108) Collins, *Regulating Contracts*, p. 32.

(109) Atiyah, *Rise and Fall*, pp. 717–18.

(110) Atiyah, *Rise and Fall*, pp. 596ff, 716ff. Campbell, 'Relational Contract and the Nature of Private Ordering: A Comment on Vincent-Jones', 282ff も参照。

Movement from Static to Dynamic Market-Individualism' in Simon Deakin and Jonathan Michie (eds.) *Contracts, Cooperation, and Competition: Studies in Economics, Management, and Law* (Oxford University Press, 1998), pp. 255, 272-79.

(81) John Wightman, *Contract: A Critical Commentary* (Pluto Press, 1996), pp. 114-15. アメリカにおけるボイラープレート（boilerplate）の諸問題は，Margaret Jane Radin, *Boilerplate*: The Fine Print, Vanishing Rights and the Rule of Law (Princeton University Press, 2013), pp. 7-11において調査されている。

(82) David Harvey, *A Brief History of Neoliberalism* (Oxford University Press, 2007), p. 71.

(83) Law Reform (Frustrated Contracts) Act 1943.

(84) Adams and Brownsword, 'The Ideologies of Contract', 210-12.

(85) Roger Brownsword, Geraint Howells, Thomas Wilhelmsson, 'General Introduction' in Roger Brownsword, Geraint Howells, Thomas Wilhelmsson (eds.) *Welfarism in Contract Law* (Dartmouth, 1994), pp. 1-2.

(86) 上記注（85）。

(87) 注（36）で論及した判例参照。

(88) Roger Brownsword, 'The Philosopy of Welfarism and Its Emergence in the Modern English Law of Contract' in Brownsword, Howells and Wilhelmsson (eds.) *Welfarism in Contract Law*, 上記注（85）, at pp. 21, 29-38.

(89) Baker, 'From Sanctity of Contract to Reasonable Expectation?'; Lord Steyn, 'Contract Law: Fulfilling the Reasonable Expectations of Honest Men' (1997) 113 *Law Quarterly Review* 433, 442; Roger Brownsword, 'After Investors: Interpretation, Expectation and the Implicit Dimension of the "New Contextualism"'in David Campbell, Hugh Collins and John Wightman (eds.) *Implicit Dimensions of Contract* (Hart Publishing, 2003), p. 103; Catherine Mitchell, 'Leading a Life of its Own?' The Roles of Reasonable Expectation in Contract Law' (2003) 23 *Oxford Journal of Legal Studies* 639.

(90) 1977年不公正契約条項法（Unfair Contract Terms Act 1977） 3条2項b号iiの下で。

(91) *Ruxley Electronics and Construction Ltd* v. *Forsyth* [1996] AC 344; *Farley* v. *Skinner* [2001] 3 WLR 899.

(92) 1999年契約（第三者の権利）法。

(93) *Interfoto Picture Library Ltd* v. *Stiletto Visual Programmes Ltd* [1989] QB 433.

(94) *Abu Dhabi National Tanker Co* v. *Product Star Shipping Ltd* (*The Product Star*) (*No 2*) [1993] 1 Lloyd's Rep 397; *Paragon Finance plc* v. *Nash and others* [2002] 1 WLR 685.

(95) Baker, 'From Sanctity of Contract to Reasonable Expectation?', 30.

(64) [1985] AC 686.

(65) Smith, *Atiyah's Introduction to the Law of Contract*, pp. 153, 310-11をそれぞれ参照。

(66) Nelson Enonchong, 'The Modern English Doctrine of Unconscionability' (2018) 34 *Journal of Contract Law* 211, 217.

(67) 発展的なやり方には，消費者契約における不公正条項に関する1993年４月５日の理事会指令93/13/EEC（Council Directive 93/13/EEC）がある。イギリスでは，1994年および1999年消費者契約における不公正条項規則により制定され，現在は2015年消費者権利法に吸収されている。

(68) Lord Diplock, 'Law of Contract in the Eighties', 382.

(69) David Campbell, 'The Undeath of Contract: A Study in the Degeneration of a Research Programme' (1992) 22 *Hong Kong Law Journa*l 20.

(70) Macaulay, 'Non-contractual Relations in Business: A Preliminary Study'; Ian Macneil, *The Relational Theory of Contract: Selected Works of Ian Macneil*, David Campbell (ed.) (Sweet & Maxwell, 2001).

(71) 全般的には，Catherine Mitchell, *Contract Law and Contract Practice* (Hart Publishing, 2013), Chapter 6参照。

(72) Atiyah, *Rise and Fall*, pp. 716-17.

(73) David Campbell and Hugh Collins, 'Discovering the Implicit Dimensions of Contracts' in David Campbell, Hugh Collins and John Wightman (eds.), *Implicit Dimensions of Contract* (Hart Publishing, 2003), pp. 25-27.

(74) Ian R. Macneil, 'Contracts: Adjustment of Long-Term Economic Relations under Classical, Neoclassical and Relational Contract Law' (1978) 72 *Northwestern University Law Review* 854; Jay M. Feinman, 'Relational Contract Theory in Context' (2000) 94 *Northwestern University Law Revie*w 737, 748; 'Un-making Law: The Classical Revival in Common Law', 1, 3. Oliver E. Williamson, *The Economic Institutions of Capitalism* (Free Press, 1985), pp. 68-72も参照。

(75) 1943年法改正（契約目的達成不能な契約）法（Law Reform〔Frustrated Contracts〕Act 1943), 1967年不実表示法（Misrepresentation Act 1967), 1999年契約（第三者の権利）法（Contracts〔Rights of Third Parties〕Act 1999）において顕著である。

(76) Baker, 'From Sanctity of Contract to Reasonable Expectation?', 21.

(77) Atiyah, *Rise and Fall*, p. 754.

(78) Donal Nolan, 'The Classical Legacy and Modern English Contract Law' (1996) 59 *Modern Law Review* 603, 603.

(79) John N. Adams and Roger Brownsword, 'The Ideologies of Contract' (1987) 7 *Legal Studies* 205.

(80) Roger Brownsword, 'Contract Law, Co-operation, and Good Faith: The

ER 504.

(48) *Attorney General* v. *Blake* [2001] 1 AC 268.

(49) Smith, *Atiyah's Introduction to the Law of Contract*, pp. 15-19.

(50) Collins, *The Law of Contract*, Chapter 2, p. 29.

(51) Collins, *The Law of Contract*, p. 35; Hugh Collins, *Regulating Contracts* (Oxford University Press, 1999); Duncan Kennedy, 'Form and Substance in Private Law Adjudication' (1976) 89 *Harvard Law Review* 1685.

(52) *Photo Production Ltd* v. *Securicor Transport* [1980] AC 827; *George Mitchell (Chesterhall) Ltd* v. *Finney Lock Seeds Ltd* [1983] 2 AC 803; *Smith* v. *Eric S. Bush* [1990] 1 AC 831; John N. Adams and Roger Brownsword, 'The Unfair Contract Terms Act: A Decade of Discretion (1988) 104 *Law Quarterly Review* 94.

(53) 例えば，*L Schuler AG* v. *Wickman Machine Tool Sales Ltd* [1974] AC 235. 無名条項は，この点についての一つの発展でもある。*Hong Kong Fir Shipping Co Ltd* v. *Kawasaki Kisen Kaisha Ltd* [1962] 1 All ER 474.

(54) Law Commission, *Law of Contract: The Parol Evidence Rule* No 154 (1986), paras 1.7, 2.45 and 3.8.

(55) *North Ocean Shipping Co Ltd* v. *Hyundai Construction Co Ltd* [1979] QB 705.

(56) *Central London Property Trust Ltd* v. *High Trees House Ltd* [1947] KB 130; 行為によるエストッペルについては，*Panchaud Frères SA* v. *Etablissements General Grain Co* [1970] 1 Lloyd's Rep 53:「ここにあるのは，恐らく私たちの法において別の法理としてはいまだ完全には発展していない何かで，公正な行為の要件の性質が強く，当事者間における公正な行為は何かに関する判断基準である」。per Lord Justice Winn, 59.

(57) *Lloyds Bank Ltd* v. *Bundy* [1975] QB 326; *Smith* v. *Eric S. Bush* [1990] 1 AC 831; *Paragon Finance plc* v. *Nash and others* [2002] 1 WLR 685.

(58) *National Westminster Bank plc* v. *Morgan* [1985] AC 686, per Lord Scarman, 708.

(59) *Photo Productions Ltd* v. *Securicor Transport Ltd* [1980] AC 827.

(60) Atiyah, *Introduction to the Law of Contract*, p. 287.

(61) 特に，*Junior Books* v. *Veitchi,* 上記注 (44); *D & F Estates Ltd* v. *Church Commissioners for England* [1989] AC 177; *Murphy* v. *Brentwood District Council* [1991] 1 AC 398において。

(62) 例えば，*New Zealand Shipping Company Ltd* v. *A M Satterthwaite & Company Limited* (*New Zealand*) (*The Eurymedon*) [1975] AC 154参照。*Tai Hing Cotton Mill Ltd* v. *Liu Chong Hing Bank Ltd* [1986] 1 AC 80, per Lord Scarman at 107参照。

(63) [1980] AC 827.

(31) 17世紀の法学者ジョン・セルデン（John Selden), *The Table-Talk of John Selden*（Cambridge University Press, 2015), p. 64による。Henry H. Brown, 'Equity'（1914）26 *Juridical Review* 338, 338も参照。

(32) Wait（Re）[1927] 1 Ch 606, 635-36.

(33) Ibbetson, *Historical Introduction to the Law of Obligations*, pp. 249-51; Swain, *Law of Contract 1670-1870*, pp. 245-48. 営業制限に関する主要判例については, Egerton v. Earl of Brownlow [1853] 4 HLC 1; *Nordenfelt* v. *Maxim Nordenfelt Guns and Ammunition Co Ltd* [1894] AC 535参照。

(34) Atiyah, *Rise and Fall*, pp. 697ff; Betty Mensch, 'Freedom of Contract as Ideology'（1981）33 *Stanford Law Review* 753, 759.

(35) Atiyah, *Rise and Fall*, p. 384.

(36) Atiyah, *Rise and Fall*, p. 742. 営業制限に関してより強い交渉力の立場の濫用を否定する裁判所の権限を認める判例については, *Esso Petroleum Co Ltd* v. *Harper's Garage（Stourport）Ltd* [1968] AC 269; *Schroeder Music Publishing Co Ltd* v. *Macaulay* [1974] 1 WLR 1308参照。*Alec Lobb（Garages）Ltd* v. *Total Oil（GB）Ltd* [1985] 1 WLR 173と比較せよ。

(37) Simpson, 'Contract': The Twitching Corpse', 266.

(38) Simpson, 'Contract': The Twitching Corpse', 265.

(39) Patrick S. Atiyah, *An Introduction to the Law of Contract*, 5th ed.（Oxford University Press, 1995), p. 15.

(40) David Campbell, 'Ian Macneil and the Relational Theory of Contract' in David Campbell（ed.）*The Relational Theory of Contract: Selected Works of Ian Macneil*（Sweet & Maxwell, 2001), pp. 3, 5.

(41) 画期的な Ian Macneil, 'The Many Futures of Contract'（1974）47 *Southern California Law Review* 691において最高潮に達した。

(42) 独創的には, Stewart Macaulay, 'Non-contractual Relations in Business: A Preliminary Study'（1963）28 *American Sociological Review* 55; Hugh Beale and Tony Dugdale, 'Contracts between Businessmen: Planning and the Use of Contractual Remedies'（1975）2 *British Journal of Law and Society* 45.

(43) Grant Gilmore, *The Death of Contract*（Ohio University Press, 1974).

(44) *Hedley Byrne & Co Ltd* v. *Heller & Partners Ltd* [1964] AC 465; *Junior Books Ltd* v. *Veitchi Co Ltd* [1983] 1 AC 520; *White* v. *Jones* [1995] 2 AC 207; *Henderson* v. *Merrett Syndicates Ltd* [1995] 2 AC 145.

(45) Basil S. Markesinis, 'An Expanding Tort Law-The Price of a Rigid Contract Law'（1987）103 *Law Quarterly Review* 354.

(46) Gilmore, *The Death of Contract*; Patrick S. Atiyah, 'Contracts, Promises and the Law of Obligations' in Patrick S. Atiyah（ed.）*Essays on Contract*（Oxford University Press, 1990), pp. 10, 54.

(47) *British Steel Corp* v. *Cleveland Bridge and Engineering Co Ltd* [1984] 1 All

thinking Legal Scholarship: A Transatlantic Dialogue (Cambridge University Press, 2017), pp. 310, 314

(17) Swain, *Law of Contract 1670–1870*, p. 201; A. W. B. Simpson, 'Contract: The Twitching Corpse (1981) 1 *Oxford Journal of Legal Studies* 265, 269.

(18) もっとも，契約法はずっと前にこうしたテーマを反映したことがしばしば議論されている。例えば，Baker, 'Rise and Fall of Freedom of Contract', 467参照。

(19) John Joseph Powell, *Essay upon the Law of Contract and Agreements*, vol. 1 (J. Johnson, 1790), pp. ix-x; Oldham, *English Common Law in the Time of Mansfield*, pp. 103–06.

(20) Andrew Burrows, 'We Do this at Common Law but that in Equity' (2002) 22 *Oxford Journal of Legal Studies* 1, 3.

(21) Horwitz, 'Historical Foundations of Modern Contract Law', 917–18はその考えの源を，Powellの *Essays upon the Law of Contracts and Agreements* に求める。

(22) 少なくとも19世紀において。Swain, *Law of Contract 1670–1870, p.* 167; Waddams, *Sanctity of Contracts in a Secular Age*, p. 27; David Ibbetson, *A Historical Introduction to the Law of Obligations* (Oxford University Press, 2001), pp. 224–25.

(23) Stephen, A. Smith, *Atiyah's Introduction to the Law of Contract*, 6th ed. (Oxford University Press, 2005), pp. 9–11; Hugh Collins, *The Law of Contract*, 4th ed. (Butterworths, 2003), pp. 3–7; Roger Brownsword, *Contract Law: Themes for the Twenty-First Century*, 2nd ed. (Oxford University Press, 2006), Chapter 3も参照。

(24) Atiyah, *Rise and Fall*, p. 414.

(25) Atiyah, *Rise and Fall*, pp. 420, 463. 未履行契約の考えが新たな発展であることと比較せよ。Simpson, 'Contract: The Twitching Corpse', 275–76参照。

(26) Atiyah, *Rise and Fall*, pp. 426–27.

(27) Thomas C. Grey, 'The New Formalism', Stanford Public Law and Legal Theory Working Paper Series, 5 (6 September 1999), http://papaers.ssrn.com/paper.taf?abstract-id=200732で入手可 ; Jay M. Feinman, 'Un-Making Law: The Classical Revival in the Common Law' (2004) 28 *Seattle University Law Review* 1, 4–5. 形式的類似による法的推論方法に関する古典的陳述については，Edward H. Levi, 'An Introduction to Legal Reasoning' (1948) 15 *University of Chicago Law Review* 501参照。

(28) 簡潔な陳述については Atiyah, Rise and Fall, pp. 388–89参照。

(29) Smith, *Atiyah's Introduction to the Law of Contract*, p. 10; Ibbetson, *Historical Introduction to the Law of Obligations*, p. 221参照。

(30) Collins, *The Law of Contract*, p. 6.

Review 533, 536も参照。

(3) Simpson, 'Horwitz Thesis', 534; James Gordley, *Foundations of Private Law* (Oxford University Press, 2006), p. 288; Alan D. Morrison and William J. Wilhelm Jr, 'Trust, Reputation and Law: The Evolution of Commitment in Investment Banking' (2015) 7 *Journal of Legal Analysis* 363は，19世紀の間の初期投資銀行業務における信頼と名声への依存から20世紀中の契約形式への進化を指摘する。379ff.

(4) Patrick S. Atiyah, *The Rise and Fall of Freedom of Contract* (Oxford University Press, 1979), pp. 388-97. しかし，このことに疑義を呈する者もいる。J. H. Baker, 'The Rise and Fall of Freedom of Contract by P. S. Atiyah' (1980) 43 *Modern Law Review* 467, 469.

(5) Stephen Waddams, *Sanctity of Contracts in a Secular Age* (Cambridge University Press, 2019), pp. 27-28; Lord Sales, 'The Interface between Contract and Equity', *Lehane Memorial Lecture* (29 August 2019), pp. 3-4も参照。

(6) Atiyah, *Rise and Fall*, p. 123の主張。Lord Diplock, 'The Law of Contract in the Eighties' (1981) 15 *University of British Columbia Law Review* 371, 373も参照。

(7) H. G. Hanbury, 'The Field of Modern Equity' (1929) 45 *Law Quarterly Review* 196, 200.

(8) Warren Swain, *The Law of Contract 1670-1870* (Cambridge University Press, 2015), p. 78.

(9) James Oldham, *English Common Law in the Time of Mansfield* (University of North Carolina Press, 2004), p. 79.

(10) Swain, *Law of Contract 1670-1870*, p. 29. Baker, 'Rise and Fall of Freedom of Contract', 469も参照。

(11) Atiyah, *Rise and Fall*, p. 394.

(12) Swain, *Law of Contract 1670-1870*, p. 16. 訴訟方式は，1852年コモンロー訴訟手続法（Common Law Procedure Act 1852）3条により廃止された。Geoffrey Samuel, *A Short Introduction to Judging and to Legal Reasoning* (Edward Elgar Publishing, 2016), pp. 24-25.

(13) Baker, 'Rise and Fall of Freedom of Contract', 469; J. H. Baker, 'From Sanctity of Contract to Reasonable Expectation?' (1979) 32 *Current Legal Problems* 17, 20.

(14) Baker, 'Rise and Fall of Freedom of Contract', 469.

(15) Atiyah, *Rise and Fall*, p. 342.

(16)「自然法理論の信念は，……合法的体制の法システムは一貫した諸準則の体系で構成されていなければならないという考えにつながる」。Edward L. Rubin, 'From Coherence to Effectiveness: A Legal Methodology for the Modern World' in Rob van Gestel, Hans-W. Micklitz and Edward L. Rubin (eds.) *Re-*

(85) Morgan, *Contract Law Minimalism*, p. 85.

(86) Morgan, *Contract Law Minimalism*, p. 87.

(87) Morris, R. Cohen, 'The Basis of Contract' (1933) *Harvard Law Review* 553, 562.

(88) *Arnold* v. *Britton*, 上記注 (19) [20]。

(89) John Gava and Janey Greene, 'Do We Need a Hybrid Law of Contract? Why Hugh Collins Is Wrong and Why It Matters' (2004) 63 *Cambridge Law Journal* 605; John Gava, 'Dixonian Strict Legalism: Wilson v. Darling Island Stevedoring and Contracting in the Real World' (2010) 30 *Oxford Journal of Legal Studies* 519; John Gava, 'How Should Judges Decide Commercial Contract Cases?' (2013) 30 *Journal of Contract Law* 133.

(90) Morgan, *Contract Law Minimalism*, p. 89.

(91) 例えば, *Arnold* v. *Britton* 上記 (19) [64]-[65] におけるノイベルガー(Neuberger)卿。

(92) Cohen, 'The Basis of Contract', 562.

(93) Zhong Xing Tan, 'The Propotionality Puzzle in Contract Law: A Challenge for Private Law Theory' (2020) 33 *Canadian Journal of Law and Jurisprudence* 215, 215–16.

(94) Tan, 'Proportionality Puzzle', 217.

(95) Duncan Kennedy, 'A Transnational Genealogy of Proportionality in Private Law' in Roger Brownsword, Hans-W. Micklitz, Leone Niglia and Stephen Weatherill (eds.) *The Foundations of European Private Law* (Hart Publishing, 2011), pp. 185–86. Nicola Lacey, 'The Metaphor of Proportionality' (2016) 43 *Journal of Law and Society* 27は, 均衡は新自由主義の概念であり, 「社会福祉および分配的正義の手段を提供しかつ純粋な市場支配力に対抗するその他の社会的政治的諸制度の減衰」の一因であることを論じていることも参照。Tan, 'Proportionality Puzzle', 239–40.

(96) Kevin Werbach and Nicolas Cornell, 'Contracts *Ex Machina*' (2017) 67 *Duke Law Journal* 313; Kevin Werbach, 'Trust, But Verify: Why the Blockchain Needs the Law' (2018) 33 *Berkeley Technology Law Journal* 487.

第二章

(1) Morton J. Horwitz, 'The Historical Foundations of Modern Contract Law' (1974) 87 *Harvard Law Review* 917, 917.

(2) David Ibbetson, 'Revolutions in Private Law?' in Sarah Worthington, Andrew Robertson and Graham Virgo (eds.) *Revolution and Evolution in Private Law* (Hart Publishing, 2018), pp. 20–23; A. W. B. Simpson, 'The Horwitz Thesis and the History of Contracts' (1979) 46 *University of Chicago Law*

契約法の法典化におけるいろいろな試みについての概要に関して，Neil Andrews, *Contract Law*, 2nd ed.（Cambridge University Press, 2015）, pp. 609-10。A. Diamond, 'Codification of the Law of Contract'（1968）31 *Modern Law Review* 361; John Eldridge, 'Contract Codification: Cautionary Lessons from Australia'（2019）23 *Edinburgh Law Review* 204-29も参照。

（73）例えば，*Prime Sight Ltd* v. *Lavarello* [2014] AC 436（PC）[47] におけるトルソン（Toulson）卿；Paul S. Davies, 'Bad Bargains'（2019）72 *Current Legal Problems* 253参照。

（74）Richard A. Posner, 'The Path Away from the Law'（1997）110（Harvard University Press, 1998）*Harvard Law Review* 1039-41は，'The Path of the Law'（1897）1 *Boston Law School Magazine* 1 におけるホームズ（O. W. Holmes）判事の法へのアプローチに言及している。

（75）Robert E. Scott, 'The Death of Contract Law'（2004）54 *University of Toronto Law Journal* 369, 390.

（76）Leon E. Trakman, 'Public Responsibilities beyond Consent: Rethinking Contract Theory'（2016）45 *Hofstra Law Review* 217-18.

（77）例えば，Duncan Kennedy, *A Critique of Adjudication*（Harvard University Press, 1998）参照。

（78）Hedley, 'Rise and Fall of Private Law Theory', 214. John Gardner, 'The Contractualization of Labour Law' in Hugh Collins, Gillian Lester, and Virginia Mantouvalou（eds.）*Philosophical Foundations of Labour Law*（Oxford University Press, 2018）, p. 33も参照。

（79）Hedley, 'Rise and Fall of Private Law Theory', 216.

（80）Hedley, 'Rise and Fall of Private Law Theory', 216-17. Feinman, 'Un-Making Law', 58も参照。

（81）Lord Sumption, 'Law and the Decline of Politics': Reith Lecture, Lecture 1（21 May 2019）:「私たちは個人の権利を拡大してきたが，それと同時に個人の選択の幅を大幅に削減している」。

（82）司法積極主義と過度に政治的判決に対する懸念が，最近，ブレグジットとの関係で表面化している。*R*（*Miller and another*）v. *The Secretary of State for Exiting the European Union* [2018] AC 61; *R*（*Miller*）v. *The Prime Minister and Cherry* v. *Advocate General for Scotland* [2020] AC 373. こうした類の議論は人権（特に1998年人権法第3条および第4条に関連して）および司法審査領域においてよく行われている。David Campbell and James Allan, 'Procedural Innovation and the Surreptitious Creation of Judicial Supremacy in the United Kingdom'（2019）46 *Journal of Law and Society* 347, 351.

（83）Hedley, 'Rise and Fall of Private Law Theory', 231.

（84）Patrick S. Atiyah, *The Rise and Fall of Freedom of Contract*（Oxford University Press, 1979）, p. 394.

Vincent-Jones, *The New Public Contracting* (Oxford University Press, 2006), p. 233は，階層的コントロールが，犯罪者の行動との関係における選択，責任および犯罪者の代理人の有する諸価値を強調する「契約」によって補われている，犯罪者のリハビリテーションに特に言及している。

(61)「合理的に十分な情報を得ており，合理的に注意深くかつ用意周到な」とされるEU消費者法上の「平均的消費者（average consumer)」の概念と比較せよ。不公正な取引慣行に関するEU指令2005/29/EC（Unfair Commercial Practices Directive 2005/29/EC)，リサイタル（18); 2015年消費者権利法Consumer Rights Act 2015）64条5項。

(62) 学校，両親および生徒間の「行動」および「宿題」契約の利用は良い例である。ある報告は，生徒が最初の学校入学時にそうした契約に合意し（4歳の幼児のこともある)，その後更新することを勧告している。Social Market Foundation, *Commission on Inequality in Education* (2017), pp. 8 and 64–65.

(63) Ogus, *Regulation: Legal Form and Economic Theory*, p. 3.

(64) 例えば，Competition and Markets Authority, *Consumer Protection: Enforcement Guidance CMA* 58 (2016) 23参照。

(65) 例えば，Financial Conduct Authority, *Handbook,* www.handbook.fca.org.uk/ 参照。

(66) Roger Brownsword, Rob A. J. van Gestel and Hans-W Micklitz (eds.) *Contract and Regulation: A Handbook on New Methods of Law Making in Private Law* (Edward Elgar Publishing, 2017), p. 6.

(67) 例えば，Competition and Markets Authority, *Unfair Contract Terms Guidance* CMA 37 (31 July 2015), at para 1.8参照。

(68) Steve Hedley, 'Looking Outward or Looking Inward? Obligations Scholarship in the Early 21st Century, in Andrew Robertson and Tang Hang Wu (eds.) *The Goals of Private Law* (Hart Publishing, 2009), pp. 193, 202.

(69) Morgan, *Contract Law Minimalism*, p. 87.

(70) 異なる文脈において，リード（Reed）卿は，*R* (*on the application of UNISON*) v. *Lord Chancellor* [2020] AC 869(労働審判所への申立料金の導入に関する事件）[66]-[85] において，紛争解決における裁判所の重要な公的役割および公益を主張している。

(71) David A. Hoffman and Eric Lampmann, 'Hushing Contracts' (2019) 97 *Washington University Law Review* 165, 209; *R* (*on the application of UNISON*) per Lord Reed [71].

(72) Eva Steiner, 'Challenging (Again) the Undemocratic Form of the Common Law: Codification as a Method of Making the Law Accessible to Citizens' (2020) 32 *Kings Law Journal* 27. イギリス契約法における法典化の取り組みは勢いを失ったように思われるが，Andrew Burrows, *A Restatement of the English Law of Contract* (Oxford University Press, 2016) 参照。イギリス

bridge University Press, 2017), pp. 7–8.

(46) Robert E. Scott, 'The Paradox of Contracting in Markets' (2020) 83 *Law and Contemporary Problems* 71, 71.「すべての市場における契約だけでなく，市場はまたすべての契約において存在しており……市場の性格が変化するので，それらに埋め込まれている契約もまた変化することになる」。

(47) *The Dignity of Commerce* における *Harmer* v. *Sidway* 27 NE 256 (NY 1891) についてのナーサン・オーマン（Nathan Oman）の説明参照。取引を強行することは「十分に機能している市場を拡大する」かもしれない，p. 103; Brian H. Bix, 'Contract Law and the Common Good' (2018) 9 *William& Mary Business Law Review* 373, 383.

(48) *Granatino* v. *Radmacher* [2011] 1 AC 534 [132]; Lady Hale, 'Legislation or Judicial Law Reform: Where Should Judges Fear to Tread?' *Society of Legal Scholars Conference* (7 September 2016) 3も参照。

(49) *Springwell Navigation Corp* v. *JP Morgan Chase Bank* [2010] EWCA Civ 1221.

(50) *Inntrepreneur Pub Co Ltd* v. *East Crown* [2000] All ER (D) 1100.

(51) *Rock Advertising Ltd* v. *MWB Business Exchange Centres Ltd*, 上記注（22）。

(52) *Cavendish* v. *Makdessi*, 上記注（18）参照。

(53) Per Lord Mance, *Cavendish* v. *Makdessi* [152].

(54) Annelise Riles, 'The Anti-Network: Private Global Governance, Legal Knowledge, and the Legitimacy of the State' (2008) 56 *American Journal of Comparative Law* 605–06.

(55) Lisa Bernstein, 'Opting Out of the Legal System: Extralegal Contractual Relations in the Diamond Industry' (1992) 21 *Journal of Legal Studies* 115.

(56) Collins, Law of Contract, pp. 4–5.「契約化」を19世紀の古典期まで遡っている。

(57) 1970年代以降のこの動きの簡単な記述について，Anthony Ogus, *Regulation: Legal Form and Economic Theory* (Hart Publishing, 2004), pp. 8–12; Philip Arestis and Malcolm Sawyer, 'The Neoliberal Experience of the United Kingdom' in Alfredo Saad-Filho and Deborah Johnston (eds.) *Neoliberalism: A Critical Reader* (Pluto Press, 2005), p. 199.

(58) 例えば，現在では終了している，低リスク犯罪者に対するリハビリテーションおよび保護観察サービスを提供するのに民間セクターの地域リハビリテーション会社を利用すること。

(59) 国民保険サービスが最も有名である。Ian Harden, *The Contracting State* (Open University Press, 1992), Chapter 3; Sally Wheeler, 'Modelling the Contracts of the Future' (2017) 26 *Griffith Law Review* 593, 595ff.

(60) Peter Vincent-Jones, 'The New Public Contracting: Public versus Private Ordering?' (2007) 14 *Indiana Journal of Global Legal Studies* 259, 261; Peter

8参照。

(31) [2015] AC 1619.

(32) [2016] AC 1172.

(33) 他の法域においてはすでに議論されている。*Quoine Pte Ltd* v. *B2C2 Ltd* [2020] (Ⅰ) SGCA 02.

(34) 例えば，立法，契約条項およびコモンローのすべてが相互に交差する直接の契約関係（privity of contract），もしくは，消費者契約における銀行およびクレジットカードによる請求額のコントロールであり，後者は制定法（2015年消費者権利法〔Consumer Rights Act 2015〕，1974年消費者信用法〔Consumer Credit Act 1974〕）の下で規制される他，コモンロー（違約金および非良心性に関する準則）の規制対象となり，さらに英国金融行為規制機構および競争・市場庁の規制を受けることになることを考えよ。

(35) Neil MacCormick, *Legal Reasoning and Legal Theory*, revised ed. (Oxford University Press, 1994); Ronald Dworkin, *Law's Empire* (Fortuna, 1989).

(36) 1999年契約（第三者の権利）法（Contracts〔Rights of Third Parties〕Act 1999）で見られるところである。1967年不実表示法（Misrepresentation Act 1967）3条による不実表示責任の排除に関するコントロールを巡る，契約に対する「契約の基礎」条項による試みについても参照。この点については，さらに**第三章**において議論される。

(37) 1977年不公平契約条項法（Unfair Contract Terms Act 1977）の効力に関する初期の事例，特に *Smith* v. *Eric S Bush* [1990] 1 AC 831参照。

(38) このような諸要因に関するより深い検討については，Catherine Mitchell, *Interpretation of Contracts*, 2nd ed. (Routhledge, 2018) 参照。

(39) *Rock Advertising Ltd* v. *MWB Business Exchange Centers Ltd*, 上記注 (22)。

(40) **第七章**参照。

(41) マーガレット・ジェイン・ラディン（Margaret Jane Radin）は，*Bolierplate: The Fine Print, Vanishing Rights and the Rule of Law* (Princeton University Press, 2013) において，アメリカの消費者文脈においてこの現象を詳細に説明している。

(42) 特に，「契約の基礎」条項の支持に関連した「契約上のエストッペル」の発展である。Gerard McMeel, 'Documentary Fundamentalism in the Senior Courts: The Myth of Contractual Estoppel' (2011) *Lloyd's Maritime and Commercial Law Quarterly* 185: Jo Braithwaite, 'The Origins and Implications of Contractual Estoppel' (2016) 132 *Law Quarterly Review* 120.

(43) Robert E. Scott, 'The Case for Formalism in Relational Contract' (2000) 94 *Northwestern University Law Review* 847 at 852参照。

(44) 上記 Scott. David Charny, 'The New Formalism in Contract' (1999) 66 *University of Chicago Law Review* 842も参照。

(45) Hanoch Dagan and Michell Heller, *The Choice Theory of Contracts* (Cam-

Nederlandse Industrie van Eiprodukten v. *Rembrandt Enterprises Inc* [2020] QB 551.

(19) *Arnold* v. *Britton* [2015] AC 1619; *Wood* v. *Capita Insurance Services Ltd* [2017] AC 1173.

(20) *Marks and Spencer plc* v. *BNP Paribas Securities Services Trust Co Ltd* [2016] AC 742.

(21) *Simantob* v. *Shavleyan* [2019] EWCA Civ 1105; *MWB Business Exchange Centres Ltd* v. *Rock Advertising Ltd* [2017] QB 604 (CA).

(22) 著名なのが「口頭変更禁止」条項である。*Rock Advertising Ltd* v. *MWB Business Exchange Centres Ltd* [2019] AC 119 (SC).

(23) *Yam Seng Pte Ltd* v. *International Trade Corporation* [2013] EWHC 111; *Sheikh Tahnoon Bin Saeed Bin Shakhboot Al Nehayan* v. *Kent* [2018] EWHC 333; *Amey Birmingham Highways Ltd* v. *Birmingham City Council* [2018] EWCA Civ 264; *Alan Bates and Others* v. *Post Office Limited* (*No 3*) [2019] EWHC 606.

(24) Zhong Xing Tan, 'Disrupting Doctrine: Revisiting the Doctrinal Impact of Relational Contract Theory' (2019) 39 *Legal Studies* 98, 100.

(25) *Mid Essex Hospital Services NHS Trust* v. *Compass Group UK and Ireland Ltd* (*t/a Medirest*) [2013] EWCA Civ 200; [2013] BLR 265; *MSC Mediterranean Shipping Company SA* v. *Cottonex Anstalt* [2016] EWCA Civ 789.

(26) Catherine Mitchell, 'Contracts and Contract Law: Challenging the Distinction between the Real and Paper Deal' (2009) 29 *Oxford Journal of Legal Studies* 675; Commercial Law and Commercial Practice (Hart Publishing, 2013), pp. 91ff; Dori Kimel, 'The Choice of Paradigm for Theory of Contract: Reflections on the Relational Model' (2007) 27 *Oxford Journal of Legal Studies* 232, 247.

(27) Jonathan Morgan, 'Opting for "Documentary Fundamentalism": Respecting Party Choice for Entire Agreement and Non-Reliance Clauses' in Paul S. Davies and Magda Raczynska (eds.) *Contents of Commercial Contracts: Terms Affecting Freedoms* (Hart Publishing, 2020), pp. 239–40.

(28) Feinman, 'Un-Making Law', 58.

(29) カナダ法においては，契約法における組織化原則としての信義則に関して *Bahsin* v. *Hyrnew* [2014] SCC 71および非良心性に関して *Uber Technologies Inc* v. *Heller* [2020] SCC 16参照。オーストラリア法においては，違約金準則に関する働きに関して *Andrews* v. *Australia and New Zealand Banking Group Ltd* (2012) 247 CLR 205; *Paciocco* v. *Australia and New Zealand Banking Group Limited* [2016] HCA 28参照。

(30) 例えば，*Carlill* v. *Carbolic Smoke Ball* [1893] 1 QB 256において発生している問題に対する現代の規制的アプローチに関しては，Collins, *Law of Contract*,

tion〔Distance Selling〕Regulations 2000), 2008年不公正な取引行為から消費者を保護する規則 (Consumer Protection from Unfair Trading Regulations 2008), 2013年消費者契約(情報, キャンセル, 追加料金)規則 (Consumer Contracts〔Information, Cancellation and Additional Charges〕Regulations 2013), 2014年消費者保護(改正)規則 (Consumer Protection〔Amendment〕Regulations 2014), 2015年消費者紛争の代替的紛争解決手段(管轄当局および情報)規則 (Alternative Dispute Resolution for Consumer Disputes〔Component Authorities and Information〕Regulations 2015) も参照。介入は消費者契約に限定されてはいない。例えば, 1993年商事代理人(理事会指令)規則 (Commercial Agents〔Council Directive〕Regulations 1993) も参照。

(8) 例えば, Ian R. Macneil, 'Whither Contracts?' (1969) 21 *Journal of Legal Education* 403, 403参照。

(9) 規制的文脈における不都合な情報の開示(adverse publicity)の分析については, Peter Cartwright, 'Publicity, Punishment and Protection: The Role(s) of Adverse Publicity in Consumer Policy' (2012) 32 *Legal Studies* 179参照。

(10) 10万ポンドまでの定額請求については, 金銭請求オンラインサービス (MoneyClaimOnline service), 1万ポンドまでの請求については民事の金銭請求サイト (Civil Money Claim site), また2万5千ポンドまでの人身損害請求を処理するにはクレーム・ポータル(Claim Portal) (www.claimspotal.org.uk/) 参照。

(11) Wightman, *Contract: A Critical Commentary*, pp. 1-2; Morgan, *Contract Law Minimalism*, pp. 87-88; Ian Ayres and Robert Gertner, 'Filling Gaps in Incomplete Contracts: An Economic Theory of Default Rules' (1989) 99 *Yale Law Journal* 87; Ian Ayres and Robert Gertner, 'Majoritarian vs Minoritarian Defaults' (1999) 51 *Stanford Law Review* 1591.

(12) Collins, *The Law of Contract*, pp. 39ff.

(13) Ian R. Macneil, 'Bureaucracy and Contracts of Adhesion' (1984) 22 *Osgoode Hall Law Journal* 5, 8.

(14) こうした流れに沿った裁判官の発言は数多ある。例えば, Lord Scarman in *National Westminster Bank plc* v. *Morgan* [1985] 1 AC 686, 708参照。

(15)「集団的」を欠いていることに関するこの批判および実際には私法理論においてその考えが疑問視されていることについて, Steve Hedley, 'The Rise and Fall of Private Law Theory' (2018) 134 *Law Quarterly Review* 214, 228ff を参照。

(16) *Wells* v. *Devani* [2020] AC 129.

(17) *Patel* v. *Mirza* [2017] AC 467.

(18) *Morris-Garner and another* v. *One Step (Support) Ltd* [2019] AC 649; *Cavendish Square Holding BV* v. *Markdessi; ParkingEye Ltd* v. *Beavis* [2016] AC 1172; *Lowick Rose Llp (in Liquidation)* v. *Swynson Ltd* [2018] AC 313; *BV*

原注

第一章

(1) Guido Calabresi, *A Common Law for the Age of Statutes* (Harvard University Press, 1982), p. 181; Andrew Burrows, *Thinking about Statutes: Interpretation, Interaction, Improvement* (Cambridge University Press, 2017), p. 1における引用；Patric S. Atiyah, 'Freedom of Contract and the New Right' in *Essays on Contract* (Oxford University Press, 1990), pp. 355, 363ff も参照。

(2) 契約化については，John Wightman, *Contract: A Critical Commentary* (Pluto Press, 1996), p. 3; Hugh Collins, *The Law of Contract*, 4th ed. (Butterworths, 2003), Chapter 6; Margaret Jane Radin, 'The Deformation of Contract in the Information Society' (2017) 37 *Oxford Journal of Legal Studies* 505も参照。

(3) Nathan B. Oman, *The Dignity of Commerce* (University of Chicago Press, 2016); Hanoch Dagan, Avihay Dorfman, Roy Kreitner and Daniel Markovits, 'The Law of the Market' (2020) 83 *Law and Contemporary Problems* ii；Collins, *The Law of Contract*, p. 107.

(4) Jay M. Feinman, 'Un-Making Law: The Classical Revival in the Common Law' (2004) 28 *Seattle University Law Review* 1, 55. 契約法における形式主義を総合的に擁護するものとして，Jonathan Morgan, *Contract Law Minimalism: A Formalist Restatement of Commercial Contract Law* (Cambridge University Press, 2013) 参照。

(5) 私法概念が不必要になっているとの考えについては，Steve Hedley, 'Tort: The Long Goodbye' (8 April 2020) https: //ssrn.com/abstract=3571950参照。

(6) 2010年平等法（Equality Act 2010）は，いくつかの商品およびサービスに関して差別禁止事由に基づき人との契約を拒否することを禁止している。同法規定に関連する契約についても禁止されている（s 142)。1986年破産法（Insolvency Act 1986）(2020年企業倒産およびガバナンス法〔Corporate Insolvency and Governance Act 2020〕により改正）は，相手方の破産を理由として供給契約を解除する契約条項を無効とする（s 233B(3))。

(7) 消費者契約規則は現在のところほとんどすべてが制定法事項であり，その代表的なのが2015年消費者権利法（Consumer Rights Act 2015）である。1999年消費者契約における不公正条項規則（Unfair Terms in Consumer Contracts Regulations 1999)，2000年消費者保護（遠隔地販売）規則（Consumer Protec-

Wheeler, Sally, 'Modelling the Contracts of the Future' (2017) 26 *Griffith Law Review* 593
Whitford, William C., 'Relational Contracts and the New Formalism' (2004) *Wisconsin Law Review* 631
Whittaker, Simon., 'Unfair Terms in Commercial Contracts and the Two Laws of Competition: French Law and English Law Contrasted' in (2019) 39 *Oxford Journal of Legal Studies* 404
Wielsch, Dan, 'Global Law's Toolbox: Private Regulation by Standards' (2012) 60 *American Journal of Comparative Law* 1075
Wightman, John, *Contract: A Critical Commentary* (Pluto Press, 1996)
Wilkinson-Ryan, Tess, 'Do Liquidated Damages Encourage Breach? A Psychological Experiment' (2010) 108 *Michigan Law Review* 633
Wilkinson-Ryan, Tess, 'Justifying Bad Deals' (2020) 169 *University of Pennsylvania Law Review* 193
Wilkinson-Ryan, Tess, 'Legal Promise and Psychological Contract' (2012) 47 *Wake Forest Law Review* 843
Wilkinson-Ryan, Tess and Baron, Jonathan, 'Moral Judgment and Moral Heuristics in Breach of Contract' (2009) 6 *Journal of Empirical Legal Studies* 405
Williamson, Oliver E., *The Economic Institutions of Capitalism* (Free Press, 1985)
Woodward, William J., 'Neoformalism in a Real World of Forms' (2001) *Wisconsin Law Review* 971
Wright, Aaron and De Filippi, Primavera, 'Decentralized Blockchain Technology and the Rise of Lex Cryptographia' (2015) www.ssrn.com/abstract=2580664,
Yates, David, *Exclusion Clauses in Contracts*, 2nd ed. (Sweet & Maxwell, 1982)
Yeung, Karen, 'Regulation by Blockchain: The Emerging Battle for Supremacy between the Code of Law and Code as Law' (2019) 82 *Modern Law Review* 207
Yip, Man and Lee, James, 'The Commercialisation of Equity' (2017) 37 *Legal Studies* 647
Zuckerman, Adrian, 'Artificial Intelligence – Implications for the Legal Profession, Adversarial Process and Rule of Law' (2020) 136 *Law Quarterly Review* 427

Press, 2019)
Swain, Warren, *The Law of Contract 1670–1870* (Cambridge University Press, 2015)
Tan, Zhong Xing, 'Disrupting Doctrine: Revisiting the Doctrinal Impact of Relational Contract Theory' (2019) 39 *Legal Studies* 98
Tan, Zhong Xing, 'The Proportionality Puzzle in Contract Law: A Challenge for Private Law Theory' (2020) 33 *Canadian Journal of Law and Jurisprudence* 215
Teubner, Gunther, 'Legal Irritants: Good Faith in British Law or How Unifying Law Ends Up in New Divergences' (1998) 61 *Modern Law Review* 11
Thomas, Lord, 'Developing Commercial Law through the Courts: Rebalancing the Relationship between the Courts and Arbitration' BAILII Lecture (9 March 2016)
Thomas, Lord, 'Keeping Commercial Law Up to Date' Jill Poole Memorial Lecture, Aston University (8 March 2017)
Trakman, Leon E., 'Public Responsibilities Beyond Consent: Rethinking Contract Theory' (2016) 45 *Hofstra Law Review* 217
Twigg-Flesner, Christian, *The Europeanisation of Contract Law*, 2nd ed. (Routledge, 2013)
Van Loo, Rory, 'The New Gatekeepers: Private Firms as Public Enforcers' (2020) 106 *Virginia Law Review* 467
Varuhas, Jason N.E., 'The Socialisation of Private Law: Balancing Private Right and Public Good' (2021) 137 *Law Quarterly Review* 141
Vincent-Jones, Peter, 'Contractual Governance: Institutional and Organizational Analysis' (2000) 20 *Oxford Journal of Legal Studies* 317
Vincent-Jones, Peter, *The New Public Contracting* (Oxford University Press, 2006)
Vincent-Jones, Peter, 'The New Public Contracting: Public versus Private Ordering?' (2007) 14 *Indiana Journal of Global Legal Studies* 259
Vos, Sir Geoffrey, 'Cryptoassets as Property: How can English Law Boost the Confidence of Would-be Parties to Smart Legal Contracts?' Joint Northern Chancery Bar Association and University of Liverpool Lecture (2 May 2019)
Vos, Sir Geoffrey, 'The Relationship between Formal and Informal Justice' Hull University (26 March 2021)
Vos, Sir Geoffrey, 'Technological Challenges for English Law and Jurisdiction' ISDA Virtual Annual Legal Forum (10 March 2021)
Waddams, Stephen, *Sanctity of Contracts in a Secular Age* (Cambridge University Press, 2019)
Walters, Adrian, 'Individual Voluntary Arrangements: A 'Fresh Start' for Salaried Consumer Debtors in England and Wales?' (2009) 18 *International Insolvency Review* 5
Weinrib, Ernest, *The Idea of Private Law* (Harvard University Press, 1995)
Werbach, Kevin, *Blockchain and the New Architecture of Trust* (MIT Press, 2018)
Werbach, Kevin, 'Trust, But Verify: Why the Blockchain Needs the Law' (2018) 33 *Berkeley Technology Law Journal* 487
Werbach, Kevin and Cornell, Nicolas, 'Contracts *Ex Machina*' (2017) 67 *Duke Law Journal* 313

Savelyev, Alexander, 'Contract Law 2.0: 'Smart' Contracts as the Beginning of the End of Classic Contract Law' (2017) 26 *Information & Communications Technology Law* 116

Schwarcz, Steven L., 'Private Ordering' 97 (2002) *Northwestern University Law Review* 319

Schwenzer, Ingeborg, 'Global Unification of Contract Law' (2016) 21 *Uniform Law Review* 60

Scott, Robert E., 'The Case for Formalism in Relational Contract' (2000) 94 *Northwestern University Law Review* 847

Scott, Robert E., 'The Death of Contract Law' (2004) 54 *University of Toronto Law Journal* 369

Scott, Robert E., 'The Paradox of Contracting in Markets' (2020) 83 *Law and Contemporary Problems* 71

Selden, John, *The Table-Talk of John Selden* (Cambridge University Press, 2015)

Shaffer, Gregory C., 'How Business Shapes Law: A Socio-Legal Framework' (2009) 42 *Connecticut Law Review* 147

Shiffrin, Seana V., 'Remedial Clauses: The Overprivatization of Private Law' (2016) 67 *Hastings Law Journal* 407

Shleifer, Andrei, *The Failure of Judges and the Rise of Regulators* (MIT Press, 2012)

Simpson, A. W. B., 'Contract: The Twitching Corpse' (1981) 1 *Oxford Journal of Legal Studies* 265

Simpson, A. W. B., 'The Horwitz Thesis and the History of Contracts' (1979) 46 *University Chicago Law Review* 533

Sklaroff, Jeremy M., 'Smart Contracts and the Cost of Inflexibility (2017) 166 *University of Pennsylvania Law Review* 263

Slawson, W. David, 'Standard Form Contracts and Democratic Control of Lawmaking Power' (1971) 84 *Harvard Law Review* 529

Smith, Stephen A., *Atiyah's Introduction to the Law of Contract*, 6th ed. (Oxford University Press, 2005)

Snyder, David V., 'Private Law Making' (2003) 64 *Ohio State Law Journal* 371

Steiner, Eva, 'Challenging (Again) the Undemocratic Form of the Common Law: Codification as a Method of Making the Law Accessible to Citizens' (2020) 32 *Kings Law Journal* 27

Stevens, Robert, *Torts and Rights* (Oxford University Press, 2007)

Steyn, Lord, 'Contract Law: Fulfilling the Reasonable Expectations of Honest Men' (1997) 113 *Law Quarterly Review* 433

Strauss, Emily, 'Crisis Construction in Contract Boilerplate' (2019) 82 *Law and Contemporary Problems* 163

Study Group on a European Civil Code/Research Group on the Existing EC Private Law (Acquis Group), (eds.) *Principles, Definitions and Model Rules on European Private Law – Draft Common Frame of Reference* (Sellier, 2009)

Sumption, Lord, 'Law and the Decline of Politics' Reith Lecture, Lecture 1 (21 May 2019)

Sumption, Lord, 'A Question of Taste: The Supreme Court and the Interpretation of Contracts' (2017) 17 *Oxford University Commonwealth Law Journal* 301

Susskind, Richard, *Online Courts and the Future of Justice* (Oxford University

of Law (Princeton University Press, 2013)
Radin, Margaret Jane, 'The Deformation of Contract in the Information Society' (2017) 37 *Oxford Journal of Legal Studies* 505
Rajah, Vijaya Kumar, 'W(h)ither Adversarial Commercial Dispute Resolution?' (2017) 33 *Arbitration International* 17
Ramseyer, J. Mark, 'Contracting for Sex in the Pacific War' (2021) 65 *International Review of Law and Economics* (article 105971)
Ramseyer, J. Mark, 'Indentured Prostitution in Imperial Japan: Credible Commitments in the Commercial Sex Industry' (1991) 7 *Journal of Law, Economics and Organization* 89
Rauterberg, Gabriel V. and Verstein, Andrew, 'Assessing Transnational Private Regulation of the OTC Derivatives Market: ISDA, the BBA, and the Future of Financial Reform' (2013) 54 *Virginia Journal of International Law* 9
Resnik, Judith, 'Diffusing Disputes: The Public in the Private of Arbitration, the Private in Courts, and the Erasure of Rights' (2015) 124 *Yale Law Journal* 2804
Resnik, Judith, 'Managerial Judges' (1982) 96 *Harvard Law Review* 376
Reynolds, Francis, 'Commercial Law' in Louis Blom-Cooper, Brice Dickson, and Gavin Drewry (eds.) *The Judicial House of Lords 1876–2009* (Oxford University Press, 2009), 700
Reynolds, Piers and Collins, Anthony, 'Non-advised sales of Financial Products: An End to Caveat Emptor' (2018) 33 *Journal of International Banking Law and Regulation* 148
Richman, Barak D., 'Firms, Courts, and Reputation Mechanisms: Towards a Positive Theory of Private Ordering' (2004) 104 *Columbia Law Review* 2328
Riles, Annelise, 'The Anti-Network: Private Global Governance, Legal Knowledge, and the Legitimacy of the State' (2008) 56 *American Journal of Comparative Law* 605
Rowlingson, Karen, Appleyard, Lindsey, and Gardner, Jodi, 'Payday Lending in the UK: The Regul(aris)ation of a Necessary Evil?' (2016) 45 *Journal of Social Policy* 527
Rubin, Edward L., 'From Coherence to Effectiveness: A Legal Methodology for the Modern World' in Rob van Gestel, Hans-W. Micklitz, and Edward L. Rubin (eds.) *Rethinking Legal Scholarship: A Transatlantic Dialogue* (Cambridge University Press, 2017)
Sales, Lord, 'Algorithms, Artificial Intelligence and the Law' Sir Henry Brooke Lecture for BAILII, Freshfields Bruckhaus Deringer (12 November 2019)
Sales, Lord, 'Being a Supreme Court Justice in 2030' Law and the Digital World Cour de Cassation Seminar, (16 April 2021)
Sales, Lord, 'The Interface Between Contract and Equity' Lehane Memorial Lecture, Sydney (29 August 2019)
Samet, Irit, *Equity: Conscience Goes to Market* (Oxford University Press, 2018)
Samuel, Geoffrey, *A Short Introduction to Judging and to Legal Reasoning* (Edward Elgar Publishing, 2016)
Samuel, Richard, 'Tools for Changing Banking Culture: FCA Are You Listening?' (2016) 11 *Capital Markets Law Journal* 129

Möslein, Florian, 'Legal Boundaries of Blockchain Technologies: Smart Contracts as Self-Help?' in Alberto De Franceschi and Reiner Schulze (eds.) *Digital Revolution – New Challenges for Law* (C H Beck Nomos, 2019), 313

Mulcahy, Linda, 'The Collective Interest in Private Dispute Resolution' (2013) 33 *Oxford Journal of Legal Studies* 59

Mulcahy, Linda, *Legal Architecture: Justice, Due Process and the Place of Law* (Routledge, 2011)

Mulcahy, Linda and Teeder, Wendy, 'Are Litigants, Trials and Precedents Vanishing After All?' *Modern Law Review* (forthcoming) www.ssrn.com/abstract=3880274

Mummery, Sir J., 'Commercial Notions and Equitable Potions' in Sarah Worthington (ed.) *Commercial Law and Commercial Practice* (Hart Publishing, 2003)

Murray, Edward, 'Lomas v Firth Rixson: "As you were!"' (2013) 8 *Capital Markets Law Journal* 395

Murray, John E. Jr, 'Contract Theories and the Rise of Neoformalism' (2002) 71 *Fordham Law Review* 869

Neuberger, Lord, 'Equity, ADR, Arbitration and the Law: Different Dimensions of Justice' Fourth Keating Lecture (19 May 2010)

Neuberger, Lord, 'Has Mediation Had Its Day?' Gordon Slynn Memorial Lecture (10 November 2010)

Nolan, Donal, 'The Classical Legacy and Modern English Contract Law' (1996) 59 *Modern Law Review* 603

Ogus, Anthony, *Regulation: Legal Form and Economic Theory* (Hart Publishing, 2004)

Oldham, James, *English Common Law in the Time of Mansfield* (University of North Carolina Press, 2004)

Oman, Nathan B., *The Dignity of Commerce* (University of Chicago Press, 2016)

Paech, Phillip, 'The Governance of Blockchain Financial Networks' (2017) 80 *Modern Law Review* 1073

Partnoy, Frank and Skeel, David A. Jr, 'The Promise and Perils of Credit Derivatives' (2007) 75 *University of Cincinnati Law Review* 1019

Phipps, Charles, Harman, William, and Teasdale, Simon, *Toulson and Phipps on Confidentiality*, 4th ed. (Sweet & Maxwell, 2020)

Posner, Eric A., 'Law, Economics and Inefficient Norms' (1996) 144 *University of Pennsylvania Law Review* 1697

Posner, Richard A., 'The Path Away from the Law' (1997) 110 *Harvard Law Review* 1039

Powell, John Joseph, *Essay Upon the Law of Contract and Agreements*, Vol 1 (J. Johnson, 1790)

Raczynska, Magda, 'Good Faiths and Contract Terms' in Paul S. Davies and Magda Raczynska (eds.) *Contents of Commercial Contracts: Terms Affecting Freedoms* (Hart Publishing, 2020), 65

Raczynska, Magda and Davies, Paul S. 'Freedom of Contract and Terms Affecting Freedoms' in Paul S. Davies and Magda Raczynska (eds.) *Contents of Commercial Contracts: Terms Affecting Freedoms* (Hart Publishing, 2020), 1

Radin, Margaret Jane, *Boilerplate: The Fine Print, Vanishing Rights and the Rule*

Mensch, Betty, 'Freedom of Contract as Ideology' (1981) 33 *Stanford Law Review* 753
Merry, Sally Engle, 'Legal Pluralism' (1988) 22 *Law and Society Review* 869
Mik, Eliza, 'From Automation to Autonomy: Some Non-existent Problems in Contract Law' (2020) 36 *Journal of Contract Law* 205
Mik, Eliza, 'The Resilience of Contract Law in Light of Technological Change' in Michael Furmston (ed.) *The Future of the Law of Contract* (Routledge, 2020), 112
Mik, Eliza, 'Smart Contracts: A Requiem' (2019) 36 *Journal of Contract Law* 70
Mik, Eliza, 'Smart Contracts: Terminology, Technical Limitations and Real World Complexity' (2017) 9 *Law, Innovation and Technology* 269
Mik, Eliza, 'The Unimportance of Being Electronic or – Popular Misconceptions about Internet Contracting' (2011) 19 *International Journal of Law and Information Technology* 324
Millett, Peter J., (Lord Justice) 'Equity's Place in the Law of Commerce' (1998) 114 *Law Quarterly Review* 214
Mitchell, Catherine, *Contract Law and Contract Practice* (Hart Publishing, 2013)
Mitchell, Catherine, 'Contracts and Contract Law: Challenging the Distinction between the Real and Paper Deal' (2009) 29 *Oxford Journal of Legal Studies* 675
Mitchell, Catherine, *Interpretation of Contracts*, 2nd ed. (Routledge, 2018)
Mitchell, Catherine, 'Leading a Life of its Own? The Roles of Reasonable Expectation in Contract Law' (2003) 23 *Oxford Journal of Legal Studies* 639
Moorhead, Richard, 'Professional Ethics and NDAs: Contracts as Lies and Abuse' in Paul S. Davies and Magda Raczynska (eds.) *Contents of Commercial Contracts: Terms Affecting Freedoms* (Hart Publishing, 2020), 339
Moorhead, Richard and Hinchly, Victoria, 'Professional Minimalism: The Ethical Consciousness of Commercial Lawyers' (2015) 42 *Journal of Law and Society* 387
Morgan, Bronwen and Yeung, Karen, *An Introduction to Law and Regulation* (Cambridge University Press, 2007)
Morgan, Jonathan, *Contract Law Minimalism: A Formalist Restatement of Commercial Contract Law* (Cambridge University Press, 2013)
Morgan, Jonathan, 'Contracting for Self-Denial: On Enforcing "No Oral Modification" Clauses' (2017) 76 *Cambridge Law Journal* 589
Morgan, Jonathan, 'Opting for "Documentary Fundamentalism": Respecting Party Choice for Entire Agreement and Non-Reliance Clauses' in Paul S. Davies and Magda Raczynska (eds.) *Contents of Commercial Contracts: Terms Affecting Freedoms* (Hart Publishing, 2020), 239
Morgan, Jonathan, 'Resisting Judicial Review of Discretionary Contractual Powers' [2015] *Lloyd's Maritime and Commercial Law Quarterly* 483
Morrison, Alan D. and Wilhelm, William J. Jr, 'Trust, Reputation and Law: The Evolution of Commitment in Investment Banking' (2015) 7 *Journal of Legal Analysis* 363
Möser, Katharina, 'Making Sense of the Numbers: The Shift from Nonconsensual to Consensual Debt Relief and the Construction of the Consumer Debtor' (2019) 46 *Journal of Law and Society* 240

Georgetown Law Journal 2619
Macaulay, Stewart, 'Non-Contractual Relations in Business: A Preliminary Study' (1963) 28 *American Sociological Review* 55
Macaulay, Stewart, 'The Real and the Paper Deal: Empirical Pictures of Relationships, Complexity and the Urge for Transparent Simple Rules' in David Campbell, Hugh Collins, and John Wightman (eds.) *Implicit Dimensions of Contract* (Hart Publishing, 2003), 51
Macdonald, Elizabeth, 'When is a Contract Formed by the Browse-wrap Process?' (2011) 19 *International Journal of Law and Information Technology* 285
MacMillan, Catharine, 'The Impact of Brexit upon English Contract Law' (2016) 27 *King's Law Journal* 420
MacMillan, Catharine, 'Private Law and Public Concerns: Non-Disclosure Agreements in English Contract Law' in Paul S. Davies and Magda Raczynska (eds.) *Contents of Commercial Contracts: Terms Affecting Freedoms* (Hart Publishing, 2020), 315
Macneil, Ian, *The Relational Theory of Contract: Selected Works of Ian Macneil*, David Campbell (ed.) (Sweet & Maxwell, 2001).
Macneil, Ian R., 'Bureaucracy and Contracts of Adhesion' (1984) 22 *Osgoode Hall Law Journal* 5
Macneil, Ian R., 'Contracts: Adjustment of Long-Term Economic Relations under Classical, Neoclassical and Relational Contract Law' (1978) 72 *Northwestern University Law Review* 854
Macneil, Ian R., 'The Many Futures of Contract' (1974) 47 *Southern California Law Review* 691
Macneil, Ian R., 'Relational Contract Theory: Challenges and Queries' (2000) 94 *Northwestern University Law Review* 877
Macneil, Ian R., 'Values in Contract: Internal and External' (1983) 78 *Northwestern University Law Review* 340
Macneil, Ian R., 'Whither Contracts?' (1969) 21 *Journal of Legal Education* 403
Maine, Henry Sumner, *Ancient Law* (John Murray, 1861 Cambridge University Press, 2012)
Markesinis, Basil S., 'An Expanding Tort Law – The Price of a Rigid Contract Law' (1987) 103 *Law Quarterly Review* 354
Marks, Colin P., 'Online Terms as *In Terrorem* Devices' (2019) 78 *Maryland Law Review* 247
Marotta-Wurgler, Florencia, 'What's in a Standard Form Contract – An Empirical Analysis of Software License Agreements' (2007) 4 *Journal of Empirical Legal Studies* 677
Mattli, Walter, 'Private Justice in a Global Economy: From Litigation to Arbitration' (2001) 55 *International Organization* 919
MacCormick, Neil, *Legal Reasoning and Legal Theory*, revised ed. (Oxford University Press, 1994)
McKinney, Scott A., Landy, Rachel, and Wilka, Rachel, 'Smart Contracts, Blockchain, and the Next Frontier of Transactional Law' (2018) 13 *Washington Journal of Law, Technology and Arts* 313
McMeel, Gerard, 'Documentary Fundamentalism in the Senior Courts: The Myth of Contractual Estoppel' [2011] *Lloyd's Maritime and Commercial Law Quarterly* 185

Katz, Avery W., 'Taking Private Ordering Seriously' (1996) 144 *University of Pennsylvania Law Review* 1745

Kennedy, Duncan, *A Critique of Adjudication* (Harvard University Press, 1998)

Kennedy, Duncan, 'Form and Substance in Private Law Adjudication' (1976) 89 *Harvard Law Review* 1685

Kennedy, Duncan, 'A Transnational Genealogy of Proportionality in Private Law' in Roger Brownsword, Hans-W. Micklitz, Leone Niglia, and Stephen Weatherill (eds.) *The Foundations of European Private Law* (Hart Publishing, 2011)

Kim, Nancy S., *Wrap Contracts* (Oxford University Press, 2013)

Kimel, Dori, 'The Choice of Paradigm for Theory of Contract: Reflections on the Relational Model' (2007) 27 *Oxford Journal of Legal Studies* 232

Konradi, Wioletta, 'The Role of Lex Mercatoria in Supporting Globalized Transactions: An Empirical Insight into the Governance Structure of the Timber Industry' in Volkmar Gessner (ed.) *Contractual Certainty in International Trade* (Hart Publishing, 2009), 49

Kraus, Jody P. and Scott, Robert E., 'The Case against Equity in American Contract Law' (2020) 93 *Southern California Law Review* 1323

Lacey, Nicola, 'The Metaphor of Proportionality' (2016) 43 *Journal of Law and Society* 27

Landes, William M. and Posner, Richard A., 'Adjudication as a Private Good' (1979) 8 *Journal of Legal Studies* 235

Lando, Ole and Beale, Hugh, (eds.) *The Principles of European Contract Law, Parts I and II* (Kluwer, 2000)

Larrain, Maria and Prufer, Jens, 'Trade Associations, Lobbying, and Endogenous Institutions' (2015) 7 *Journal of Legal Analysis* 467

Lau, Kwan Ho and Tan, Ben Mathias, 'Basis Clauses and the Unfair Contract Terms Act 1977' (2014) 130 *Law Quarterly Review* 377

Law Commission, *Digital Assets: Electronic Trade Documents – A Consultation Paper* CP 254 (30 April 2021).

Law Commission, *Electronic Commerce – Formal Requirements in Commercial Transactions: Advice from the Law Commission* (December 2001)

Law Commission, *Electronic Execution of Documents* Law Com No 386 (2019)

Law Commission, *Law of Contract: The Parol Evidence Rule* No 154 (1986)

Law Commission, *Smart Contracts: Call for Evidence* (December 2020)

Law Commissions (England and Scotland), *Building Families through Surrogacy: A New Law,* Joint Consultation Paper 244/167, (June 2019)

Leff, Arthur A., 'Contract as Thing' (1970) 19 *American University Law Review* 131

Legrand, Pierre, 'Against a European Civil Code' (1997) 60 *Modern Law Review* 44

Lemley, Mark A., 'Terms of Use' (2006) 91 *Minnesota Law Review* 459

Levi, Edward H., '*An Introduction to Legal Reasoning*' (1948) 15 *University of Chicago Law Review* 501

Linarelli, John, 'Global Legal Pluralism and Commercial Law' in Paul Schiff Berman (ed.) *Oxford Handbook on Global Legal Pluralism* (Oxford University Press, 2020), 689

Luban, David, 'Settlements and the Erosion of the Public Realm' (1995) 83

Working Paper Series, 5 (6 September 1999) www.papers.ssrn.com/paper.taf?abstract-id=200732

Gulati, Mitu and Scott, Robert E., *The 3½ Minute Transaction* (University of Chicago Press, 2013)

Hadfield, Gillian K., 'Where Have All the Trials Gone? Settlements, Nontrial Adjudications, and Statistical Artifacts in the Changing Disposition of Federal Civil Cases' (2004) 1 *Journal of Empirical Legal Studies* 705

Hale, Lady, 'Legislation or Judicial Law Reform: Where Should Judges Fear to Tread?' Society of Legal Scholars Conference, 7 September 2016

Hanbury, H. G., 'The Field of Modern Equity' (1929) 45 *Law Quarterly Review* 196

Harden, Ian, *The Contracting State* (Open University Press, 1992)

Hart, H. L. A., *The Concept of Law*, 1st ed. (Oxford University Press, 1961)

Hartkamp, Arthur S., Hesselink, Martijn W., Hondius, Ewoud, Mak, C., and Du Perron, Edgar, (eds.) *Towards a European Civil Code*, 4th ed. (Wolters Kluwer, 2010)

Harvey, David, *A Brief History of Neoliberalism* (Oxford University Press, 2007)

Hedley, Steve, 'Looking Outward or Looking Inward? Obligations Scholarship in the Early 21st Century' in Andrew Robertson and Tang Hang Wu (eds.) *The Goals of Private Law* (Hart Publishing, 2009), 193

Hedley, Steve, 'The Rise and Fall of Private Law Theory' (2018) 134 *Law Quarterly Review* 214

Hedley, Steve, 'Tort: The Long Goodbye' (8 April 2020) www.ssrn.com/abstract=3571950

Hedley, Steve, 'Two Laws of Contract, or One?' in T. T. Arvind and Jenny Steele (eds.) *Contract Law and the Legislature* (Hart Publishing, 2020), 147

Hillman, Robert A. and Rachlinski, Jeffrey J., 'Standard-Form Contracting in the Electronic Age' (2002) 77 *New York University Law Review* 429

Hodge, Lord, 'Judicial Development of the Law of Contract in the United Kingdom' (2017) 85 *George Washington Law Review* 1587

Hodge, Lord, 'Technology and the Law' Dover House Lecture (10 March 2020)

Hoffman, David A. and Lampmann, Eric., 'Hushing Contracts' (2019) 97 *Washington University Law Review* 165

Hooley, Richard, 'Controlling Contractual Discretion' (2013) 72 *Cambridge Law Journal* 65

Horwitz, Morton J., 'The Historical Foundations of Modern Contract Law (1974) 87 *Harvard Law Review* 917

Howells, Geraint G. and Bently, Lionel, 'Judicial Treatment of Extortionate Credit Bargains: Part 1' [1989] *Conveyancer and Property Lawyer* 164

Howells, Geraint G. and Bently, Lionel, 'Loansharks and Extortionate Credit Bargains: Part 2' [1989] *Conveyancer and Property Lawyer* 234

Ibbetson, David, *An Historical Introduction to the Law of Obligations* (Oxford University Press, 2001)

Ibbetson, David, 'Revolutions in Private Law?' in Sarah Worthington, Andrew Robertson, and Graham Virgo (eds.) *Revolution and Evolution in Private Law* (Hart Publishing, 2018), 20

Kar, Robin Bradley and Radin, Margaret J., 'Pseudo-contract and Shared Meaning Analysis' (2019) 132 *Harvard Law Review* 1135

Freeman, Jody, 'The Contracting State' (2000) 28 *Florida State University Law Review* 155
Furth-Matzkin, Meirav and Sommers, Roseanna, 'Consumer Psychology and the Problem of Fine Print Fraud' (2020) 72 *Stanford Law Review* 503
Gardner, John, 'The Contractualisation of Labour Law' in Hugh Collins, Gillian Lester, and Virginia Mantouvalou (eds.) *Philosophical Foundations of Labour Law* (Oxford University Press, 2018), 33
Gava, John, 'Dixonian Strict Legalism: Wilson v. Darling Island Stevedoring and Contracting in the Real World' (2010) 30 *Oxford Journal of Legal Studies* 519
Gava, John, 'False Lessons from the Real Deal: Campbell, Collins and Wightman on Implicit Dimensions of Contract - Discrete, Relational, and Network Contracts?' (2005) 21 *Journal of Contract Law* 182
Gava, John, 'How Should Judges Decide Commercial Contract Cases?' (2013) 30 *Journal of Contract Law* 133
Gava, John and Greene, Janey, 'Do We Need a Hybrid Law of Contract? Why Hugh Collins is Wrong and Why It Matters' (2004) 63 *Cambridge Law Journal* 605
Genn, Hazel, *Judging Civil Justice* (Cambridge University Press, 2010)
Genn, Hazel, 'Why the Privatisation of Civil Justice is a Rule of Law Issue' 36th F A Mann Lecture (19 November 2012)
Gharagozlou, Alireza M., 'Unregulable: Why Derivatives May Never Be Regulated' (2010) 4 *Brooklyn Journal of Corporate Financial and Commercial Law* 269
Giancaspro, Mark, 'Is a 'Smart Contract' Really a Smart Idea? Insights From a Legal Perspective' (2017) 33 *Computer Law & Security Review* 825
Gill, Chris, Mullen, Tom, and Vivian, Nial, 'The Managerial Ombudsman' (2020) 83 *Modern Law Review* 797
Gilmore, Grant, *The Death of Contract* (Ohio University Press, 1974)
Gilson, Ronald J., Sabel, Charles F., and Scott, Robert E., 'Contract and Innovation: The Limited Role of Generalist Courts in the Evolution of Novel Contract Forms' (2013) 88 *New York University Law Review* 170
Goetz, Charles J. and Scott, Robert E.,'Principles of Relational Contracts' (1981) 67 *Virginia Law Review* 1089
Goff, Lord, 'Commercial Contracts and the Commercial Court' [1984] *Lloyd's Maritime and Commercial Law Quarterly* 382
Golden, Jeffrey B., 'Setting Standards in the Evolution of Swap Documentation' (1994) 13 *International Financial Law Review* 18
Goode, Roy, 'Perpetual Trustee and Flip Clauses in Swap Transactions' (2011) 127 *Law Quarterly Review* 1
Goodhart, William and Jones, Gareth, 'The Infiltration of Equitable Doctrine into English Commercial Law' (1980) 43 *Modern Law Review* 489
Gordley, James, *Foundations of Private Law* (Oxford University Press, 2006)
Gordon, Jeffrey Steven, 'Silence for Sale' (2020) 71 *Alabama Law Review* 1109
Green, Sarah and Sanitt, Adam, 'Smart Contracts' in Paul S. Davies and Magda Raczynska (eds.) *Commercial Contracts: Terms Affecting Freedoms* (Hart Publishing, 2020), 191
Grey, Thomas C., *The New Formalism,* Stanford Public Law and Legal Theory

Davies, Paul S., 'Bad Bargains' (2019) 72 *Current Legal Problems* 253
Davies, Paul S., 'Excluding Good Faith and Restricting Discretion' in Paul S. Davies and Magda Raczynska (eds.) *Contents of Commercial Contracts: Terms Affecting Freedoms* (Hart Publishing, 2020), 89
Devlin, Lord, 'The Relation between Commercial Law and Commercial Practice' (1951) 14 *Modern Law Review* 250
Diamond, A., 'Codification of the Law of Contract' (1968) 31 *Modern Law Review* 36
Dietz, Thomas, *Global Order Beyond Law* (Hart Publishing, 2014)
Dingwall, Robert and Cloatre, Emilie, 'Vanishing Trials?: An English Perspective' (2006) 7 *Journal of Dispute Resolution* 51
Diplock, Lord, 'The Law of Contract in the Eighties' (1981) 15 *University of British Columbia Law Review* 371
Dworkin, Ronald, *Law's Empire* (Fontana, 1986)
Eidenmüller, Horst, 'Regulatory Competition in Contract Law and Dispute Resolution' in Horst Eidenmüller (ed.) *Regulatory Competition in Contract Law and Dispute Resolution* (Verlag C H Beck, Hart Publishing, Nomos, 2013), 1
Eigen, Zev J., 'When and Why Individuals Obey Contracts: Experimental Evidence of Consent, Compliance, Promise and Performance' (2012) 41 *Journal of Legal Studies* 67
Eldridge, John, 'Contract Codification: Cautionary Lessons from Australia' (2019) 23 *Edinburgh Law Review* 204
Ellickson, Robert C., *Order Without Law* (Harvard University Press 1994)
Enonchong, Nelson, 'The Modern English Doctrine of Unconscionability' (2018) 34 *Journal of Contract Law* 211
Epstein, Richard A., 'Confusion about Custom: Disentangling Informal Customs from Standard Contractual Provisions' (1999) 66 *University of Chicago Law Review* 821
Etherton, Sir Terence, 'Equity and Conscience', Eldon Professor's Lecture, Northumbria University (24 October 2017)
Fairweather, Karen, 'Redressing Inequality in Personal Credit Transactions: 1700–1974' in Kit Barker, Simone Degeling, Karen Fairweather, and Ross Grantham (eds.) *Private Law and Power* (Hart Publishing, 2016), 53
Farrow, Trevor C. W., *Civil Justice, Privatization and Democracy* (University of Toronto Press, 2014)
Feinman, Jay M., 'Relational Contract Theory in Context' (2000) 94 *Northwestern University Law Review* 737
Feinman, Jay M., 'Un-Making Law: The Classical Revival in the Common Law' (2004) 28 *Seattle University Law Review* 1
Finck, Michèle, 'Blockchains: Regulating the Unknown' (2018) 19 *German Law Journal* 665
Fiss, Owen M., 'Against Settlement' (1984) 93 *Yale Law Journal* 1073
Fiss, Owen M., 'The Bureaucratization of the Judiciary' (1983) 92 *Yale Law Journal* 1442
Fiss, Owen M., 'The History of an Idea' (2009) 78 *Fordham Law Review* 1273
Freeland, Mark R., 'Government by Contract and Public Law' [1994] *Public Law* 86

Commercial Dispute Resolution: A Misguided Policy Decision' (1999) 88 *Kentucky Law Journal* 183
Cartwright, Peter 'Publicity, Punishment and Protection: The Role(s) of Adverse Publicity in Consumer Policy' (2012) 32 *Legal Studies* 179
Casey, Donal and Scott, Colin, 'The Crystallization of Regulatory Norms' (2011) 38 *Journal of Law and Society* 76
Charny, David, 'The New Formalism in Contract' (1999) 66 *University of Chicago Law Review* 842
Chiu, Iris H.-Y. and Brener, Alan H., 'Articulating the Gaps in Financial Consumer Protection and Policy Choices for the Financial Conduct Authority – Moving Beyond the Question of Imposing a Duty of Care' (2019) 14 *Capital Markets Law Journal* 217
Choi, Stephen J. and Gulati, G. Mitu, 'Contract as Statute' (2006) 104 *Michigan Law Review* 1129
Cohen, Morris R., 'The Basis of Contract' (1933) *Harvard Law Review* 553
Collins, Hugh, 'Flipping Wreck: Lex Mercatoria on the Shoals of Ius Cogens' in Stefan Grundmann, Florian Möslein, and Karl Riesenhuber (eds.) *Contract Governance: Dimensions in Law and Interdisciplinary Research* (Oxford University Press, 2015), 383
Collins, Hugh, *The Law of Contract*, 4th ed. (Butterworths, 2003)
Collins, Hugh, *Regulating Contracts* (Oxford University Press, 1999)
Collins, Hugh, 'Regulatory Competition in International Trade: Transnational Regulation through Standard Form Contracts' in Horst Eidenmüller (ed.) *Regulatory Competition in Contract Law and Dispute Resolution* (Verlag C H Beck, Hart Publishing, Nomos, 2013), 121
Cooper, Betsy, 'Judges in Jeopardy! Could IBM's Watson Beat Courts at Their Own Game?' (2011) 121 *Yale Law Journal Online* 87
Coote, Brian, 'The Function of Exception Clauses' in Rick Bigwood (ed.) *Contract as Assumption: Essays on a Theme* (Hart Publishing, 2010)
Coote, Brian, 'The Second Rise and Fall of Fundamental Breach' (1981) 55 *Australian Law Journal* 788
Cooter, Robert D., 'Decentralized Law for a Complex Economy' (1994) 23 *Southwestern University Law Review* 443
Cooter, Robert D., 'Decentralized Law for a Complex Economy: The Structural Approach to Adjudicating the New Law Merchant' (1996) 144 *University of Pennsylvania Law Review* 1643
Cotterell, Roger, 'Transnational Communities and the Concept of Law' (2008) 21 *Ratio Juris* 1
Cranston, Ross, 'Theorizing Transnational Commercial Law' (2007) 42 *Texas International Law Journal* 597
Cuccuru, Pierluigi, 'Beyond Bitcoin: An Early Overview on Smart Contracts' (2017) 25 *International Journal of Law and Information Technology* 179
Dagan, Hanoch, Dorfman, Avihay, Kreitner, Roy, and Markovits, Daniel, 'The Law of the Market' (2020) 83 *Law and Contemporary Problems* i
Dagan, Hanoch and Heller, Michael, *The Choice Theory of Contracts* (Cambridge University Press, 2017)
Daintith, Terence, 'Government Companies as Regulators' (2019) 82 *Modern Law Review* 397

Legal Debates' in Philipp Hacker, Ioannis Lianos, Georgios Dimitropoulos, and Stefan Eich (eds.) *Regulating Blockchain: Techno-Social and Legal Challenges* (Oxford University Press, 2019), 311

Brownsword, Roger, 'Suisse Atlantique Société d'Armement Maritime SA v. NV Rotterdamsche Kolen Centrale' in Charles Mitchell and Paul Mitchell (eds.) *Landmark Cases in the Law of Contract* (Hart Publishing, 2008), 299

Brownsword, Roger, van Gestel, Rob A. J., and Micklitz, Hans-W., (eds.) *Contract and Regulation: A Handbook on New Methods of Law Making in Private Law* (Edward Elgar Publishing, 2017)

Brownsword, Roger, Howells, Geraint, and Wilhelmsson, Thomas, (eds.) *Welfarism in Contract Law* (Dartmouth, 1994)

Burrows, Andrew, 'Illegality after *Patel v Mirza*' (2017) 70 *Current Legal Problems* 55

Burrows, Andrew, *A Restatement of the English Law of Contract* (Oxford University Press, 2016)

Burrows, Andrew, *Thinking About Statutes: Interpretation, Interaction, Improvement* (Cambridge University Press, 2017)

Burrows, Andrew, 'We Do This at Common Law but That in Equity' (2002) 22 *Oxford Journal of Legal Studies* 1

Calabresi, Guido, *A Common Law for the Age of Statutes* (Harvard University Press, 1982)

Campbell, David, 'Good Faith and the Ubiquity of Relational Contract' (2014) 77 *Modern Law Review* 475

Campbell, David, 'Ian Macneil and the Relational Theory of Contract' in David Campbell (ed.) *The Relational Theory of Contract: Selected Works of Ian Macneil* (Sweet and Maxwell, 2001), 3

Campbell, David, 'The "Market" in the Theory of Regulation' (2018) 27 *Social and Legal Studies* 545

Campbell, David, 'Reflexivity and Welfarism in the Modern Law of Contract' (2000) 20 *Oxford Journal of Legal Studies* 477

Campbell, David, 'The Relational Constitution of the Discrete Contract' in David Campbell and Peter Vincent-Jones (eds.) *Contract and Economic Organisation* (Dartmouth, 1996), 40

Campbell, David 'Relational Contract and the Nature of Private Ordering: A Comment on Vincent-Jones' (2007) 14 *Indiana Journal of Global Legal Studies* 279

Campbell, David, 'The Undeath of Contract: A Study in the Degeneration of a Research Programme' (1992) 22 *Hong Kong Law Journal* 20

Campbell, David and Allan, James, 'Procedural Innovation and the Surreptitious Creation of Judicial Supremacy in the United Kingdom' (2019) 46 *Journal of Law and Society* 347

Campbell, David and Collins, Hugh, 'Discovering the Implicit Dimensions of Contracts' in David Campbell, Hugh Collins, and John Wightman (eds.) *Implicit Dimensions of Contract* (Hart Publishing, 2003), 25

Campbell, David and Halson, Roger, 'By Their Fruits Shall Ye Know Them' (2020) 79 *Cambridge Law Journal* 405

Carr, Chris A. and Jencks, Michael R., 'The Privatization of Business and

Biggins, John and Scott, Colin, 'Public-Private Relations in a Transnational Private Regulatory Regime: ISDA, the State and OTC Derivatives Market Reform' (2012) 13 *European Business Organization Law Review* 309
Birks, Peter, *An Introduction to the Law of Restitution*, rev. ed. (Oxford University Press, 1989)
Bix, Brian H., 'Contract Law and the Common Good' (2018) 9 *William & Mary Business Law Review* 373
Black, Julia, 'Decentring Regulation: Understanding the Role of Regulation and Self-Regulation in a "Post-Regulatory" World' (2001) 54 *Current Legal Problems* 103
Borowicz, Maciej, 'Private Power and International Law: The International Swaps and Derivatives Association' (2015) 8 *European Journal of Legal Studies* 46
Braithwaite, Jo, 'Law After Lehmans' LSE Law, Society and Economy Working Papers 11/2014
Braithwaite, Jo, 'The Origins and Implications of Contractual Estoppel' (2016) 132 *Law Quarterly Review* 120
Braithwaite, Jo, '*Springwell*-watch: New Insights into the Nature of Contractual Estoppel' LSE Law Society and Economy Working Paper No 12/2017
Braithwaite, Joanne P., 'Standard Form Contracts as Transnational Law: Evidence from the Derivatives Markets' (2012) 75 *Modern Law Review* 779
Braithwaite, John, 'The Regulatory State?' in Robert E. Goodin (ed.) *The Oxford Handbook of Political Science* (Oxford University Press, 2011), 217
Bridge, Michael, 'Exceptions Clauses and Contractual Frustration Clauses' (2020) 136 *Law Quarterly Review* 1
Bridge, Michael, 'The Exercise of Contractual Discretion' (2019) 135 *Law Quarterly Review* 227
Bridge, Michael, 'Good Faith, the Common Law and the CISG' (2017) 22 *Uniform Law Review* 98
Bridge, Michael and Braithwaite, Jo, 'Private Law and Financial Crises' (2013) 13 *Journal of Corporate Law Studies* 361
Brown, Henry H., 'Equity' (1914) 26 *Juridical Review* 338
Brownsword, Roger, 'After Investors: Interpretation, Expectation and the Implicit Dimension of the "New Contextualism"' in David Campbell, Hugh Collins, and John Wightman (eds.) *Implicit Dimensions of Contract* (Hart Publishing, 2003), 103
Brownsword, Roger, 'Contract Law, Co-operation, and Good Faith: The Movement from Static to Dynamic Market-Individualism' in Simon Deakin and Jonathan Michie (eds.) *Contracts, Cooperation, and Competition: Studies in Economics, Management, and Law* (Oxford University Press, 1998)
Brownsword, Roger, *Contract Law: Themes for the Twenty-First Century*, 2nd ed. (Oxford University Press, 2006)
Brownsword, Roger, 'The Law of Contract: Doctrinal Impulses, External Pressures, Future Directions' (2014) 31 *Journal of Contract Law* 73
Brownsword, Roger, 'The Philosophy of Welfarism and its Emergence in the Modern English Law of Contract' in Roger Brownsword, Geraint G. Howells, and Thomas Wilhelmsson (eds.) *Welfarism in Contract Law* (Dartmouth, 1994), 21
Brownsword, Roger, 'Smart Contracts: Coding the Transaction, Decoding the

Baker, John H., 'The Rise and Fall of Freedom of Contract by P.S. Atiyah' (1980) 43 *Modern Law Review* 467

Baker, John H., 'From Sanctity of Contract to Reasonable Expectation?' (1979) 32 *Current Legal Problems* 17

Bakos, Yannis, Marotta-Wurgler, Florencia, and Trossen, David R., 'Does Anyone Read the Fine Print? Consumer Attention to Standard-Form Contracts' (2014) 43 *Journal of Legal Studies* 1

Bantekas, Ilias, 'The Globalisation of English Contract Law: Three Salient Illustrations' (2021) 137 *Law Quarterly Review* 330

Barmes, Lizzie, 'Common Law Implied Terms and Behavioural Standards at Work' (2007) 36 *Industrial Law Journal* 35

Barnett, Randy E., 'Consenting to Form Contracts' (2002) 71 *Fordham Law Review* 627

Beale, Hugh, (ed.) *Chitty on Contracts*, 33rd ed. (Sweet & Maxwell, 2020)

Beale, Hugh and Dugdale, Tony, 'Contracts between Businessmen: Planning and the Use of Contractual Remedies' (1975) 2 *British Journal of Law and Society* 45

Beale, Ned, 'Access to Financial Justice: Three Financial Services Conduct Scandals, and a Proposal for Reform' (2018) 33 *Journal of International Banking Law and Regulation* 153

Beatson, Jack, 'Public Law Influences in Contract Law' in Jack Beatson and Daniel Friedmann (eds.) *Good Faith and Fault in Contract Law* (Oxford University Press, 1995), 263

Becher, Shmeul I. and Benoliel, Uri, 'Sneak in Contracts: An Empirical and Legal Analysis of Unilateral Modification Clauses in Consumer Contracts' (2020) 55 *Georgia Law Review* 657

Beever, Allan, *Rediscovering the Law of Negligence* (Hart Publishing, 2007)

Ben-Shahar, Omri, 'The Tentative Case against Flexibility in Commercial Law' (1999) 66 *University of Chicago Law Review* 781

Ben-Shahar, Omri and Pottow, John A. E., 'On the Stickiness of Default Rules' (2006) 33 *Florida State University Law Review* 651

Benoliel, Uri, 'The Interpretation of Commercial Contracts: An Empirical Study' (2017) 69 *Alabama Law Journal* 469

Bernstein, Lisa, 'Merchant Law in a Merchant Court: Rethinking the Code's Search for Immanent Business Norms' (1996) 144 *University of Pennsylvania Law Review* 1765

Bernstein, Lisa, 'Opting Out of the Legal System: Extralegal Contractual Relations in the Diamond Industry' (1992) 21 *Journal of Legal Studies* 115

Bernstein, Lisa, 'Private Commercial Law in the Cotton Industry: Creating Cooperation through Rules, Norms and Institutions' (2001) 99 *Michigan Law Review* 1724

Bernstein, Lisa, 'The Questionable Empirical Basis of Article 2's Incorporation Strategy: A Preliminary Study' (1999) 66 *University of Chicago Law Review* 710

Bernstein, Lisa and Volvovsky, Hagay, 'Not What You Wanted to Know: The Real Deal and the Paper Deal in Consumer Contracts: Comment on the Work of Florencia Marotta-Wurgler' (2015) 12 *Jerusalem Review of Legal Studies* 128

参考文献

Ackermann, Thomas, 'Private Production of Transnational Regulation through Standard Form Contracts' in Horst Eidenmüller (ed.) *Regulatory Competition in Contract Law and Dispute Resolution* (Verlag C. H. Beck/ Hart Publishing/Nomos, 2013), 142

Adams, John N. and Brownsword, Roger, 'The Ideologies of Contact' (1987) 7 *Legal Studies* 205

Adams, John N. and Brownsword, Roger, 'More in Expectation than Hope: The Blackpool Airport Case' (1991) 54 *Modern Law Review* 281

Adams, John N. and Brownsword, Roger, 'The Unfair Contract Terms Act: A Decade of Discretion' (1988) 104 *Law Quarterly Review* 94

Aldohni, Abdul Karim, 'The UK New Regulatory Framework of High-Cost Short-Term Credit: Is There a Shift Towards a More "Law and Society" Based Approach?' (2017) 40 *Journal of Consumer Policy* 321

Allen, Jason G., 'Wrapped and Stacked: "Smart Contracts" and the Interaction of Natural and Formal Language' (2018) 14 *European Review of Contract Law* 307

Andrews, Neil, *Contract Law*, 2nd ed. (Cambridge University Press, 2015)

Arestis, Philip and Sawyer, Malcolm, 'The Neoliberal Experience of the United Kingdom' in Alfredo Saad-Filho and Deborah Johnston (eds.) *Neoliberalism: A Critical Reader* (Pluto Press, 2005), 199

Armour, John, 'Brexit and Financial Services' (2017) 33 *Oxford Review of Economic Policy* S54

Arvind, T. T., 'Contract Transactions and Equity' in Larry A. DiMatteo, Qi Zhou, Séverine Saintier and Keith Rowley (eds.) *Commercial Contract Law: Transatlantic Perspectives* (Cambridge University Press, 2013), 146

Atiyah, Patrick S., 'Contracts, Promises and the Law of Obligations' in Patrick S. Atiyah, *Essays on Contract* (Oxford University Press, 1990), 10

Atiyah, Patrick S., 'Freedom of Contract and the New Right' in Patrick S. Atiyah, *Essays on Contract* (Oxford University Press, 1990), 355

Atiyah, Patrick S., *An Introduction to the Law of Contract*, 5th ed. (Oxford University Press, 1995)

Atiyah, Patrick S., *The Rise and Fall of Freedom of Contract* (Oxford University Press, 1979)

Auckland, Cressida and Goold, Imogen, 'Claiming in Contract for Wrongful Conception' (2020) 136 *Law Quarterly Review* 45

Ayres, Ian, 'Targeting Repeat Offender NDAs' (2018) 71 *Stanford Law Review Online* 76

Ayres, Ian and Gertner, Robert, 'Filling Gaps in Incomplete Contracts: An Economic Theory of Default Rules' (1989) 99 *Yale Law Journal* 87

Ayres, Ian and Gertner, Robert, 'Majoritarian vs Minoritarian Defaults' (1999) 51 *Stanford Law Review* 1591

Legal Aid, Sentencing and Punishment of Offenders Act 2012（2012年法律扶助、犯罪者の量刑および処遇に関する法律〔LASPO〕） 17, 226
Misrepresentation Act 1967（1967年不実表示法） 63, 64, 263, 272
Moneylenders Act 1900（1900年貸金業者法） 235
Moneylenders Act 1927（1927年貸金業者法） 121
Public Interest Disclosure Act 1998（1998年公益情報開示法） 231
Sale of Goods Act 1893（1893年動産売買法） 33
Sale of Student Loans Act 2008（2008年学資ローン売却法） 130, 232
Teaching and Higher Education Act 1998（1998年教授・高等教育法） 127, 128
Unfair Contract Terms Act 1977（1977年不公正契約条項法） 36, 38, 42, 46, 51, 55, 62-63, 106, 240, 272

規則・EU 指令

Alternative Dispute Resolution for Consumer Disputes (Competent Authorities and Information) Regulations 2015（2015年消費者紛争の代替的紛争解決手段〔管轄当局および情報〕規則） 274
Unfair Commercial Practices Directive 2005/29/EC（不公正商事慣行に関する EU 指令2005/29/EC） 270
Unfair Terms in Consumer Contracts Directive 93/13/EEC（消費者契約における不公正条項に関する1993年4月5日の理事会指令93/13/EEC） 263
Unfair Terms in Consumer Contracts Regulations 1994/1999（1994年 /1999年消費者契約における不公正条項規則） 69, 252, 254

Russell v. Cartwright（ラッセル対カートライト事件） 185
Saab v. Angate Consulting Ltd（サーブ対アンゲイト・コンサルティング有限責任会社事件） 138
Samuel v. Newbold（サムエル対ニューボールド事件） 121
Shogun Finance Ltd v. Hudson（ショーグン金融有限責任会社対ハドスン事件） 57
Springwell Navigation Corp v. JP Morgan Chase Bank（スプリングウェル海運会社対 JP モルガン・チェース銀行事件） 63
Standish v. Royal Bank of Scotland plc and others（スタンディッシュ対スコットランド王立銀行株式会社他事件） 109
Suisse Atlantique v. Rotterdamsche（スイスアトランティック事件） 206
TAQA Bratani Ltd v. RockRose（TAQA ブラタニ有限責任会社対ロックローズ事件） 182-183
Thornton v. Shoe Lane Parking Ltd（ソーンタン対シュー・レーン駐車場有限責任会社事件） 82
Times Travel (UK) Ltd v. Pakistan International Airlines Corporation（タイムズ旅行有限責任会社〔イギリス〕対パキスタン国際航空会社事件） 60
Transfield Shipping Inc v. Mercator Shipping Inc (The Achilleas)（アキレス号事件） 56
Uber Technologies Inc v. Heller（ウーバー・テクノロジーズ社対ヘラー事件） 189
UTB LLC v. Sheffield Utd Ltd（UTB 合同会社対シェフィールド・ユナイテッド非公開有限責任会社事件） 185
Watford Electronics Ltd v. Sanderson CFL Ltd（ウォットフォド・コンピュータ有限責任会社対サンダーソン CFL 有限責任会社事件） 55
Williams v. Roffey（ウイリアムズ対ロッフィ事件） 56
Wilton & Co v. Osborn（ウイルトン・アンド・カンパニー対オズボーン事件） 120
Yam Seng Pte Ltd v. International Trade Corporation Ltd（ヤム・セング非公開有限責任会社対国際貿易有限責任会社事件） 180

法令索引

イギリスの制定法

Arbitration Act 1996（1996年仲裁法） 198, 225, 249
Competition Act 1998（1998年競争法） 197
Consumer Credit Act 1974（1974年消費者信用法） 36, 116, 121–122, 129, 235, 240, 248, 253, 259, 272
Consumer Rights Act 2015（2015年消費者権利法） 80, 83, 100, 124, 126, 129, 197, 214, 225, 232, 248, 249, 263, 270, 272, 275
Contracts (Rights of Third Parties) Act 1999（1999年契約〔第三者の権利〕法） 262–263, 272
Coronavirus Act 2020（2020年コロナウイルス法） 179
Corporate Insolvency and Governance Act 2020（2020年企業倒産およびガバナンス法） 219, 275
Education (Student Loans) Act 1990（1990年教育〔学資ローン〕法） 127
Employment Rights Act 1996（1996年雇用権法） 231
Enterprise and Regulatory Reform Act 2013（2013年企業規制改革法） 231
Equality Act 2010（2010年平等法） 275
Financial Services and Markets Act 2000（2000年金融サービス・市場法〔FSMA〕） 104, 108, 110, 232
Groceries Code Adjudicator Act 2013（2013年食料雑貨品規約仲裁者法） 225
Insolvency Act 1986（1986年破産法） 219, 237, 275
Law Reform (Frustrated Contracts) Act 1943（1943年法改正〔契約目的達成不能な契約〕法） 262–263

Belmont Park Investment PTY Ltd v. BNY Corporate Trustee Services Ltd（ベルモント・パーク投資非公開有限責任会社対 BNY 法人受託者サービス有限責任会社事件）　95
Bhasin v. Hyrnew（バシーン対フリニュー事件）　185, 187-189
Boustany v. Piggot（ボウスタニィ対ピゴット事件）　125
Braganza v. BP Shipping Ltd（ブラガンザ対 BP シッピング有限責任会社事件）　56, 195
Cavendish v. Makdessi（カーベンディシュ対マクデッシ事件）　56, 59, 69, 130
CFH Clearing Ltd v. Merrill Lynch International（CFH クリアリング有限責任会社対メリルリンチ・インターナショナル事件）　94
CFL Finance Ltd v. Laser Trust and Gertner（CFL 金融有限責任会社対レーザー信託・ガートナー事件）　116
Crestsign Ltd v. National Westminster Bank（クレストサイン有限責任会社対国立ウエストミンスター銀行事件）　106
Director General of Fair Trading v. First National Bank（公正取引庁長官対第一国立銀行事件）　66-67
Dunlop Pneumatic Tyre Co Ltd v. New Garage and Motor Co Ltd（ダンロップ・ニューマチック・タイヤ有限責任会社対新ガレージ自動車有限責任会社事件）　69
First Tower Trustees Ltd v. CDS (Superstores International) Ltd（ファースト・タワー受託有限責任会社対 CDS〔国際スーパーストア〕有限責任会社事件）　64
Gartside v. Outram（ガートサイド対アウトラム事件）　138
Gibbon v. Manchester City Council（ギボン対マンチェスター市議会事件）　160
Green v. Wright（グリーン対ライト事件）　117
Hadlely v. Baxendale（ハドレイ対バクセンデール事件）　56
Investors Compensation Scheme v. West Bromwich Building Society（投資家補償制度事件）　56
Kabab-Ji SAL v. Kout Food Group（カバブジ SAL 対カウト食品グループ事件）　182
Lomas & Ors v. JFB Firth Rixson Inc（ローマス他対 JFB ファース・リクソン社事件）　93-94
Mastercard Incorporated v. Merrick（マスターカード社対メリック事件）　197
MSC Mediterranean Shipping Co SA v. Cottonex Anstalt（MSC 地中海海運合同会社対コトネックス・アンシュタルト事件）　188
Multiservice Bookbinding Ltd v. Marden（マルティサービス製本有限責任会社対マーデン事件）　125
National Westminster Bank plc v. Morgan（ナショナル・ウエストミンスター銀行株式会社対モルガン事件）　38
Office of Fair Trading v. Abbey National plc（公正取引庁対アビー・ナショナル株式会社事件）　70
Paragon Finance plc v. Nash（パラゴン・ファイナンス公開有限責任会社対ナッシュ事件）　67, 194
ParkingEye v. Beavis（パーキングアイ対ビービス事件）　9, 68-70, 83
Patel v. Mirza（パテル対ミルザ事件）　58, 175, 191-192
Peninsula Securities Ltd v. Dunnes Stores (Bangor) Ltd（ペニンシュラ証券有限責任会社対デューンズ・ストアーズ〔バンガー〕有限責任会社事件）　139
Photo Production Ltd v. Securicor Transport Ltd（フォト・プロダクション有限責任会社対セキュリコー運送有限責任会社事件）　38, 55
Plevin v. Paragon Personal Finance Ltd（プレビン対パラゴン・パーソナル・ファイナンス有限責任会社事件）　123-124
Quoine Pte Ltd v. B2C2 Ltd（コイン非公開有限責任会社対 B2C2有限責任会社事件）　169-171
Rock Advertising Ltd v. MWB Business Exchange Centres Ltd（ロック広告有限責任会社対 MWB ビジネス交流センター有限責任会社事件）　57, 114
Russell Adams v. Options SIPP UK LLP（ラッセル・アダムズ対オプション自己投資型個人年金英国有限責任事業組合事件）　107

マ行

ヤ行

ラ行

ワ行

判例索引

タ行

ナ行

ハ行

サ行

事項索引

著者

キャサリン・ミッチェル（Catherine Mitchell）

エセックス大学法学部卒業（1988年），アバディーン大学法学修士（1992年），ハル大学法学博士（2015年）。ハル大学ロースクール教員として23年間勤務した後，2016年にバーミンガム大学ロースクールに移り，2023年同大学教授，2024年９月に退職し，現在同大学名誉教授。2015年より，高等教育アカデミー・フェロー。専門分野は，契約法，商事法および関連領域であり，著書には『契約の解釈（Interpretation of Contracts）』（Routhledge-Cavendish, 2007年，第２版 Routhledge, 2018年），『契約法と契約実務（Contract Law and Contract Practice）』（Hart Publishing, 2013年）がある。

訳者

山口裕博（やまぐち やすひろ）

山梨県大月市出身（1951年）。中央大学法学部法律学科卒業（1974年），同大学大学院法学研究科修士課程英米法専攻修了（1978年），同大学大学院博士課程後期民事法専攻満期退学（1986年）。新潟大学博士（法学）（2002年）。女子美術大学芸術学部助教授（1990年），桐蔭学園横浜大学法学部助教授（1994年），桐蔭横浜大学法学部教授（1999年），2020年に同大学退職。中央大学法学部，東洋大学法学部，明海大学経済学部，国立音楽大学音楽学部，女子美術大学芸術学部および熊本大学大学院法曹養成研究科の非常勤講師を務める。専門分野は，英米法，芸術法であり，著書には『芸術と法』（尚学社，2001年），『芸術法学入門――アートの法の広がり』（尚学社，2006年），『芸術法の基礎』（尚学社，2013年），『英米法・芸術法の研究――芸術と法 第２巻』（尚学社，2023年）などがある。

消滅する契約法――契約の時代におけるコモンローの危機

2024年12月26日　第１刷発行

著者　キャサリン・ミッチェル
訳者　山 口 裕 博

発行者　苧 野 圭 太
発行所　尚　学　社

〒113-0033　東京都文京区本郷 1-25-7　TEL（03）3818-8784　FAX（03）3818-9737
ISBN978-4-86031-193-3　C3032

印刷・日之出印刷株式会社／製本・松島製本